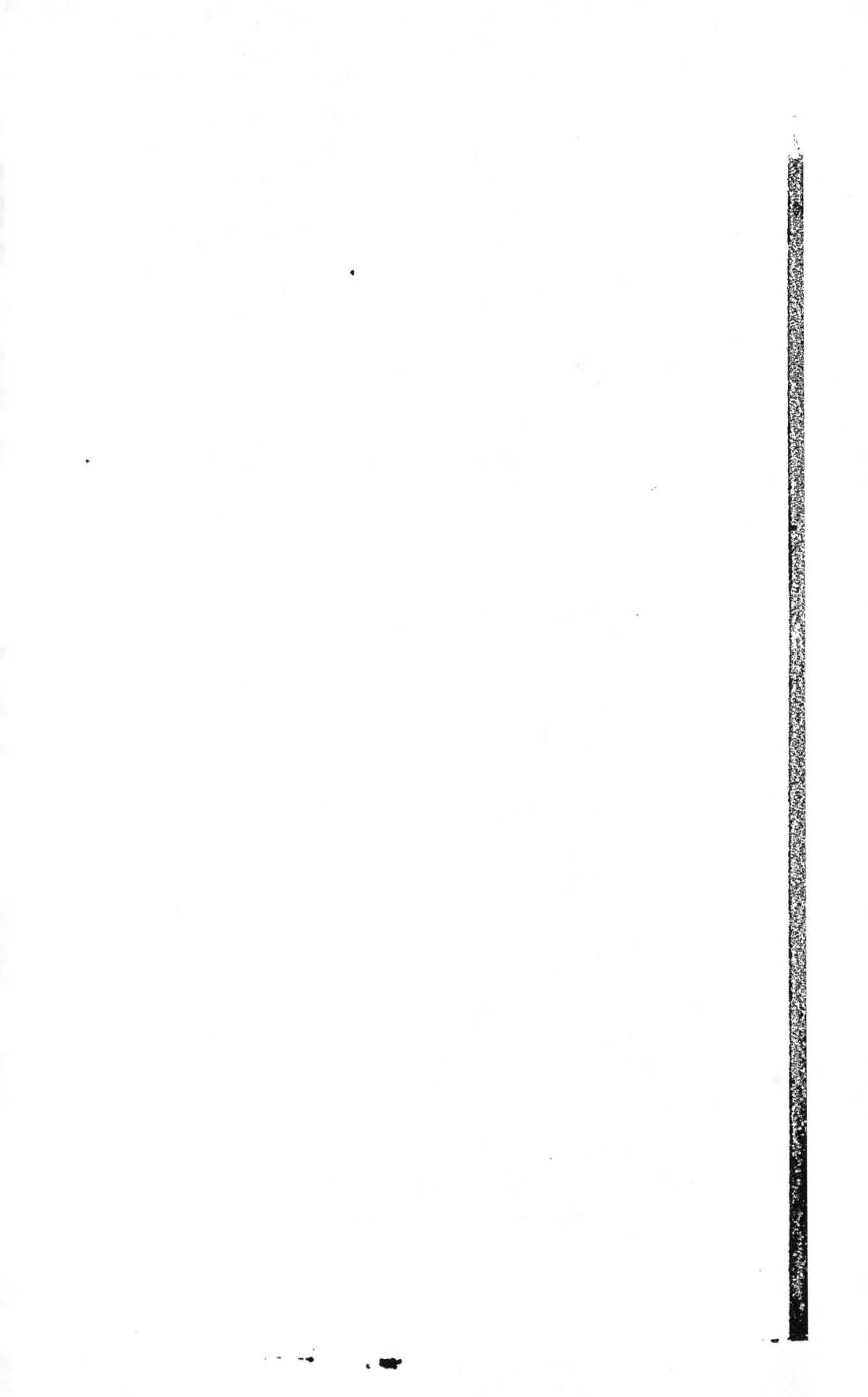

LES

RALLIÉS

Histoire d'un Parti

(1886-1898)

PAR

Maxime LECOMTE

SÉNATEUR

PARIS

ERNEST FLAMMARION, ÉDITEUR

26, RUE RACINE, 26

LES RALLIÉS

HISTOIRE D'UN PARTI

LES
ALLIÉS

Histoire d'un Parti

(1886-1898)

PAR

Maxime LECOMTE

SÉNATEUR

PARIS

ERNEST FLAMMARION, ÉDITEUR

26, RUE RACINE, 26

LES RALLIÉS

HISTOIRE D'UN PARTI
(1886-1898)

INTRODUCTION

Le 3 mars 1890, MM. Barthou, Poincaré et Saint-Germain proposèrent à la Chambre des Députés un ordre du jour ainsi conçu : « La Chambre, confiante dans les déclarations du Gouvernement (Cabinet Tirard) et convaincue qu'il continuera à suivre une politique *résolument républicaine* conforme aux vœux du pays, passe à l'ordre du jour. » Si cette politique résolument républicaine avait besoin d'être commentée, elle l'avait été par le *maiden-speech* du jeune député des Basses-Pyrénées, qui avait dit : « Le mandat du Cabinet, son devoir politique étaient dictés par le mandat même que le pays avait imposé à la majorité de la Chambre, et ce mandat — toute équivoque serait impossible, — se présente de la façon la plus nette, la plus claire; il se résume dans ces deux mots : *Union du parti républicain pour les réformes démocratiques.* »

Cette politique résolument républicaine était la *politique de concentration*, et, le 3 mars 1890, elle fut consacrée pas les suffrages de 257 républicains contre 195 opposants.

Nous n'en sommes plus là. La concentration, paraît-il, a fait son temps. C'est un instrument qui a pu rendre des services, mais aujourd'hui démodé et usé. C'est l'homogénéité qui triomphe.

L'ancien parti républicain est coupé en deux. On s'est dit bonsoir ; les uns sont allés à droite, d'autres à gauche, et ceux qui sont restés en place constatent que si on ne se décide pas à revenir à cette concentration dont on a tant médit, les modérés seront contraints de gouverner avec la droite, comme les radicaux avec les socialistes.

Que s'est-il donc passé depuis 1889 pour que le *devoir* républicain cesse d'être ce qu'il était au lendemain de la défaite du boulangisme ?

Il s'est passé que, parmi les débris de la coalition plébiscitaire, a surgi une forme nouvelle de l'opposition au régime républicain, c'est le ralliement même à la République. Les monarchistes ont constaté que la restauration de la Monarchie était réellement devenue impossible, après de honteuses compromissions, et, par suite, la plupart se sont engagés à ne pas tenter cette restauration. L'Église les a encouragés, conseillés, dirigés dans cette évolution. Le Pape a rappelé que c'était une obligation de conscience de respecter les pouvoirs établis, et a déclaré que, cette adhésion pleinement accordée, les fidèles y puiseraient une force plus efficace et une plus grande unité d'action pour combattre les lois qu'ils jugent mauvaises.

Les élections générales de 1893 n'ont livré accès au Parlement qu'à un très petit nombre de ces ralliés. Mais les exagérations socialistes et les divisions des républicains leur ont peu à peu donné une importance telle qu'ils aspirent à dominer les autres partis et à gouverner le pays. Avec un certain nombre de démocrates repentants et de républicains timides, ils veulent marcher sur les traces de la « République honnête et modérée » de 1848, tout en manifestant l'espoir de ne pas échouer comme elle sur le redoutable écueil de la dictature.

Les républicains modérés, désireux de se maintenir au pouvoir, et toujours férus d'homogénéité, sont obligés à l'action parallèle avec les ralliés et avec la droite. La formule nouvelle est donc : *division des républicains et union des modérés et des conservateurs pour empêcher les réformes démocratiques.*

Il nous a paru utile d'étudier ce nouveau parti, les ralliés, dans ses origines, ses formes successives, ses doctrines et son but, de voir quelles sont ses étroites relations avec la politique pontificale et le parti clérical, de rechercher quel appui, dans des circonstances difficiles, ce parti a donné ou refusé au régime républicain.

Nous nous sommes livrés à cette étude qui nous a paru pleine d'intérêt, avec le même esprit d'impartialité que s'il s'agissait d'un parti disparu, et non d'un parti vivant, agissant, comptant sur des victoires prochaines. Nous avons surtout laissé parler les faits et nous avons placé équitablement sous les yeux du lecteur les documents importants pour ou contre, de sorte que, loin de chercher à imposer nos jugements, nous donnons tous les moyens qui paraîtraient propres à les infirmer.

Nous n'appelons ralliés que ceux qui sont entrés dans la République pour mieux la combattre, et nous faisons soigneusement la distinction entre les bons et les mauvais ralliés.

Qu'est-ce qu'un ralliement ? L'expression est empruntée à la tactique militaire. Une troupe occupe une position ; une autre troupe se rabat sur elle et la rejoint, s'y rallie. Les bons ralliés sont ceux qui, faisant l'abandon de leurs positions anciennes, se réunissent franchement aux masses républicaines et viennent faire corps avec elles. Les mauvais ralliés ont fait choix de la position nouvelle et attendent que les républicains viennent s'y rallier ; ils s'étonnent et se fâchent qu'on hésite ou se refuse à opérer ce ralliement à l'envers.

Beaucoup d'électeurs sont venus aux républicains et en ont été bien accueillis. Cette adjonction était toute naturelle. Ces nouveaux venus ont reconnu, après beaucoup de temps et des expériences diverses, qu'on s'était trompé et qu'on les avait trompés en calomniant l'œuvre républicaine : que cette forme de gouvernement durait, qu'elle durait même plus que les autres ; qu'elle assurait la paix, qu'elle permettait les alliances ; qu'elle avait relevé la France et lui avait restitué son rang dans le monde.

Nous ne les appelons pas ainsi, mais ce sont les véritables ralliés. Ils ont mis du temps à venir à nous ; ils nous resteront longtemps, d'autant plus tenaces qu'ils ont été plus lents à se décider. Nous ne devons par les effrayer ; mais il nous appartient de les guider, de les amener plus complètement encore aux véritables principes républicains.

Paris, 1er décembre 1897.

CHAPITRE PREMIER

Les Ralliés sous la Seconde République

Le philosophe politique observe avec un vif intérêt les oscillations d'action ou de réaction qui agitent notre pays; il recherche les causes qui ont précipité ces oscillations, c'est-à-dire les erreurs et les excès des gouvernants et des partis; il considère sans surprise, mais non parfois sans un sentiment empreint de tristesse et d'amertume, les modifications qui se produisent dans les idées, et les changements beaucoup plus brusques et plus fréquents d'hommes qui croient diriger les événements et qui la plupart du temps n'en sont que les jouets.

1

M. Lerminier, dans une page brillante (1), a résumé les modifications si rapides et si nombreuses de notre politique nationale depuis la Révolution jusqu'à la monarchie de Juillet, et ce tableau, pour nous inachevé, n'en comporte pas moins de graves enseignements :

« La Révolution de 1789 a mis au monde une société nouvelle qui, depuis environ cinquante ans, cherche son équilibre et commence aujourd'hui à le trouver. Que de changements! Que de secousses! Que de transformations rapides! Une partie des novateurs de 89 se montre, à deux ans de distance, déjà préoccupée du besoin de faire halte, et Mirabeau meurt conservateur. Mais alors l'extrême gauche de la Révolution a le dessus; les Girondins remplacent les Constituants; tournez la page et vous les cherchez; ils ont été dévorés par le Jacobinisme, qui triomphe et succombe en dix-huit mois. Quelques moments encore, et vous ne reconnaîtrez plus ceux qui n'ont pas disparu dans la tempête. Le Sièyès de 89 ressemble-t-il à celui de 95 ? Mais voici d'autres nouveautés: un jeune lieutenant, dont l'âme avait un instant brûlé des ardeurs de la Montagne, consent, pendant quelques jours, à n'être que premier consul. C'est une dernière politesse qu'il fait à la République; puis, il passe subitement empereur, et il montre, à l'étonnement de l'Europe, les soldats républicains devenus conseillers d'État. Cependant, après un peu moins de quinze ans, la calèche de Louis XVIII remplace, aux yeux des Parisiens, Napoléon à cheval, et voilà les hommes de l'empire obligés de

---

1. *Des théories et des affaires en politique. Revue des Deux-Mondes*, année 1838, p. 411.

se mettre, au milieu des générations nouvelles, au régime des deux chambres et de la publicité. Enfin, Charles X perd sa monarchie pendant une partie de whist, et le principe de 89 est mis sur le trône. »

C'était, en effet, la prétention du roi Louis-Philippe d'être pour le peuple français la meilleure des républiques. Mais ce n'était qu'une prétention, et le torrent de 1830 avait été habilement dérivé pour arroser les paisibles bords du pays légal. Au lieu de tendre, suivant le principe de 89, à l'organisation du gouvernement de la démocratie, à la fusion de toutes les classes dans un grand tout, le peuple, la nation, au lieu de faire de l'égalité politique le complément et la sanction de l'égalité devant la loi civile, le roi-citoyen s'efforça de plus en plus de faire oublier ses origines révolutionnaires et de constituer la prépotence de la classe bourgeoise, le gouvernement d'une oligarchie. Le réveil fut dur pour ceux dont l'oracle était M. Guizot, disant : enrichissez-vous ! disant aussi : il n'y aura pas de jour pour le suffrage universel.

Au milieu d'une tempête d'hiver, au bruit de la fusillade, au roulement des tambours, au grondement sourd des canons, par une aube de février, ce jour vint, et ce fut réellement alors l'avènement du principe de 89.

Mirabeau ne l'avait-il pas proclamé?

« Lorsqu'une nation est trop nombreuse pour être réunie dans une seule assemblée, elle en forme plusieurs, et les individus de chaque assemblée par-

ticulière donnent à un seul le droit de voter pour
eux. Tout représentant est par conséquent un élu.
La collection des représentants est la nation et tous
ceux qui ne sont pas représentants ont dû être électeurs par cela seul qu'ils sont représentés. Il ne doit
exister aucun individu dans la nation qui ne soit
électeur ou élu, représentant ou représenté ».

On discutera toujours sur le point de savoir si le
suffrage universel n'a pas été trop tôt appliqué,
accordé à un peuple dont l'éducation politique
n'était pas faite. Il est indiscutable que l'établissement de la République et du suffrage universel était
la conséquence nécessaire, inévitable, des journées
de Février, et qu'une fois le droit démocratique consacré par les événements, il devait conserver la
puissance d'un fait, qu'on peut regretter et critiquer,
avec lequel on peut ruser et biaiser, mais qu'il faut
accepter ou subir.

Le vice du droit nouveau était le coup de force
qui l'imposait, et on pouvait se demander à quel
moment et à quel point se neutraliserait la vitesse
acquise par ce mouvement populaire, et aussi à qui
appartiendrait la victoire définitive, la force qui
avait détruit pouvant se trouver en face d'une force
plus grande qui reconstruirait. Les événements se
sont succédés, la réaction est venue, et elle fut plus
violente que l'action, le suffrage universel fut mutilé, puis terrorisé et mis en condition sous la
férule administrative, mais il est resté debout ; il a
été rendu à la liberté ; il a reçu la consécration de

l'assentiment d'un peuple auquel il assurait les bienfaits de l'instruction et dont l'éducation politique se complétait chaque jour. Malgré des difficultés sans cesse renaissantes et dont quelques-unes vont s'aggravant, malgré de nouvelles secousses d'action et de réaction, nous semblons nous rapprocher de ce gouvernement idéal du pays par le pays, inspiré par les idées de justice et les sentiments de fraternité, qui donnera à notre société française, dans l'ordre et dans la liberté, l'équilibre voulu par les novateurs de 89.

L'illustre pamphlétaire Paul-Louis Courier avait raison de s'écrier, en pleine réaction, sous le gouvernement de l'alliance du trône et de l'autel :

« Qu'est-ce qu'un siècle dans la vie d'un peuple ? Le monde va, mes chers amis, et ne cesse d'aller. Le char en plaine roulant, rien ne pourra l'arrêter. »

Et sous l'empire libéral, devant la majorité du Corps législatif, dévouée à Napoléon III et acclamant le plébiscite, Gambetta n'a-t-il pas fait cette profession de foi dont la prophétie allait se réaliser à une si brève et si terrible échéance :

« Il faudra bien, coûte que coûte, et malheureusement il nous en coûtera encore bien du sang et bien des larmes à ajouter au sang et aux larmes déjà répandus, mais c'est un problème qu'il faudra résoudre ou la France disparaîtra : il faudra bien qu'elle trouve le moyen d'associer l'ordre, la liberté plénière et la souveraineté nationale... A coup sûr, quand je dis qu'il y a une forme par excellence pour

1.

assurer la liberté, cette forme, vous ne me permet-
triez pas de la taire, parce qu'elle est sur mes lèvres,
dans mon cœur, c'est la forme républicaine... Si
elle n'a pas assuré l'ordre avec la liberté, est-ce que
vous entendez que je le nierai, que je ne le confes-
serai pas ? En aucune façon. Seulement, je dis
qu'en dehors de cette forme qui est la seule qui soit
corrélative, harmonique, qui soit, passez-moi un
mot qui est un peu scolastique mais juste, qui soit
adéquate au suffrage universel, oui, en dehors de
la réalisation de la liberté par la République, tout
ne sera que convulsion, anarchie ou dictature ».

L'émeute de février 1848, préparée par l'agitation
pour la réforme parlementaire et la réforme électorale, eut pour cause l'interdiction du banquet du
XII⁰ arrondissement et s'éleva pour la défense de
la liberté de réunion ; cette émeute devint insurrection, et l'insurrection triomphante fut la Révolution.
Ministère de M. Thiers, royauté du comte de Paris
avec la régence de la duchesse d'Orléans, tous les
atermoiements, tous les palliatifs sont emportés en
quelques heures. Le peuple en armes approche des
Tuileries, et Louis-Philippe, avisé par M. Crémieux,
fuit par un souterrain qui conduit dans les jardins,
se sauve jusqu'à Dreux et gagne l'Angleterre. Les
insurgés sont maîtres des Tuileries et le trône est
brûlé. C'est l'image de la fin d'un régime, et c'est,
en effet, cette fin.

Comment et par quoi le remplacer? Les Chambres : les députés, les pairs, sont sans autorité, sans
influence. L'opposition est là, elle est victorieuse ;

c'est elle qui a la charge et la responsabilité d'un règne nouveau.

Cette opposition avait deux faces : elle avait été pour partie constitutionnelle, dynastique, pour partie républicaine. Il fallait prendre les noms les plus en évidence, les plus populaires, et les faire acclamer. C'est ce que tentèrent les hommes du *National* et de la *Réforme*, et ils y réussirent.

Devant la foule qui avait envahi la Chambre des Députés, la déchéance de la monarchie de Juillet est proclamée. Un vénérable vieillard de quatre-vingt-trois ans, M. Dupont (de l'Eure), est au fauteuil, assisté de M. H. Carnot, et M. de Lamartine s'écrie :

« La proposition qui a été faite, que je suis venu soutenir à cette tribune et que vous avez consacrée par vos acclamations à cette tribune, est accomplie. Un *gouvernement provisoire* va être proclamé nominativement. »

Quelques instants après, M. Ledru-Rollin lit une liste de noms et sa voix est couverte d'applaudissements : Dupont (de l'Eure), Arago, de Lamartine, Ledru-Rollin, Gargnier-Pagès, Marie, Crémieux. On y ajouta ensuite : Marrast, Flocon, Louis Blanc, Albert.

Le peuple de Paris était resté défiant et les barricades avaient gardé leurs défenseurs. Restons armés ! tel semblait être le mot d'ordre, et les ouvriers du journal l'*Atelier* avaient affiché cette proclamation :

« Citoyens, il ne faut pas qu'on escamote la Révolution de 1848 comme on a escamoté la Révolution de 1830. Les députés actuels n'ont pas le droit de nous imposer un gouvernement. Il nous faut une Assemblée Nationale nommée par l'universalité du peuple français. Vive l'Assemblée Nationale ! »

Le devoir était de désarmer ce peuple en proclamant la République. qui était le gouvernement provisoire et de fait, et en réservant à l'universalité des citoyens le dernier mot sur l'organisation des pouvoirs publics. Ce devoir, les membres du Gouvernement provisoire surent le remplir avec décision, avec désintéressement. Ils montrèrent pendant ces quelques jours une hauteur de vues, un courage et une honnêteté qui a placé leur courte gestion au-dessus de toutes les attaques et de toutes les calomnies et sera devant l'histoire leur éternel honneur.

L'Assemblée Nationale constituante déclara que les membres du Gouvernement provisoire avaient bien mérité de la patrie et confirma leur œuvre dans ce qu'elle avait d'essentiel : déchéance de la Monarchie ; établissement de la République et du suffrage universel ; abolition de l'esclavage dans les colonies, de la peine de mort en matière politique.

Ces mêmes hommes ont commis plus tard de grandes fautes et de graves erreurs ; sans jamais se départir de leur haute probité, ils ont manqué de sens politique. Après avoir fondé la République, assuré sa victoire, ils n'ont pas contribué comme ils l'auraient pu à lui assurer la durée et n'ont pas écarté les causes de ruine qu'une plus grande clairvoyance leur aurait fait apercevoir, mais il leur sera beaucoup pardonné pour la grandeur d'âme et l'énergie dont ils ont fait preuve, du jour où, obéissant à la voix de l'insurrection, ils ont pris le pouvoir, au jour où ils l'ont déposé entre les mains de l'Assemblée Nationale.

Lamartine, le ministre des Affaires étrangères du Gouvernement provisoire, avait écrit :

« Aujourd'hui, les trônes et les peuples se sont habitués au mot, aux formes, aux agitations régulières de la liberté, exercée dans des proportions diverses dans presque tous les États, même monarchiques. Ils s'habitueront à la République, qui est sa forme complète chez les nations plus mûres. Ils reconnaîtront qu'il peut y avoir plus d'ordre véritable dans ce gouvernement de tous pour tous que dans le gouvernement de quelques-uns pour quelques-uns. »

Et, dans sa proclamation de démission, s'adressant à tous les citoyens français, le Gouvernement provisoire disait :

« Vous avez présenté au monde, dans ces temps difficiles, un grand et beau spectacle ! Dans cette immense cité, la paix publique au milieu de la liberté la plus illimitée, le respect constant pour l'autorité du peuple dans la personne des citoyens que le peuple avait proclamés, pour ainsi dire, sur les barricades, au jour de la grande Révolution !... Soyez unis devant l'Assemblée Nationale. Notre République vivra par la concorde, par la fraternité. Point de réaction, point de violence : le calme et la force, la majesté de la République !... Montrez au monde qui vous admire qu'après avoir fondé le gouvernement républicain, vous avez la volonté, c'est-à-dire la force de le consolider. Les perturbateurs comprendront qu'adoptée par tous, la République est désormais inébranlable... »

Et, en effet, la République était adoptée par tous. Dans la première séance de l'Assemblée Nationale, elle fut par des voix unanimes acclamée jusqu'à dix-sept fois. Il semblait que les républicains de la veille, ceux qui se défiaient du suffrage universel et, remplaçant le droit divin de la royauté par une sorte de droit divin populaire, mettaient la République au-dessus du suffrage universel, devaient être satisfaits, comme semblaient de leur côté satisfaits et les membres de l'ancienne opposition dynastique et les partisans de la royauté déchue et les légitimistes et les ultramontains... En un mot, tous les hommes des anciens partis faisaient le sacrifice de leurs regrets et communiaient tous dans la même espérance en l'avenir d'un gouvernement de justice et de fraternité ; ils criaient au plus fort : Vive la République !

M. Veuillot, dans le journal l'*Univers*, écrivait :

« Qui donc songe aujourd'hui, en France, à défendre la monarchie? Qui peut y songer? La France croyait être monarchique et elle était républicaine. Elle s'en étonnait hier, elle n'en est plus surprise aujourd'hui. Revenue d'un premier étonnement, elle s'appliquera sagement, courageusement, invinciblement, à se donner des institutions en rapport avec les doctrines qu'elle a depuis définitivement adoptées. »

Toutes les professions de foi, dont une partie a été reproduite par le journal la *Presse* en 1851, pour mettre face à face actes et déclarations de certains hommes, n'étaient que des affirmations dithyrambiques de dévouement à la République ; il n'était question que de fraternité et d'égalité ; on exaltait le lion populaire, on le flattait, tant qu'il montrait la griffe, on vantait sa magnanimité et son irrésistible puissance.

Rappelons seulement quelques-unes des plus typiques de ces professions de foi auxquelles leurs auteurs ont donné une suite si inattendue. Et d'abord, celle de M. Baroche, dont on connaît le rôle sous le Second Empire :

« Appelé pour la première fois, au mois de novembre 1847, à siéger à la Chambre des Députés, je me suis constamment associé par des votes énergiques aux membres les plus avancés de l'opposition. J'étais au nombre des 96 députés qui avaient accepté l'invitation au banquet du XIIe arrondissement de Paris, et plus tard des 54 membres de la Chambre qui, *dérançant de quelques heures la justice du peuple*, avaient proposé la mise en accusation d'un ministère odieux et coupable. Mais à quoi bon parler d'un passé déjà si loin de nous et dont nous sommes séparés aujourd'hui par de si grands événements ! Le présent et l'avenir de la France doivent seuls préoccuper aujourd'hui tous les bons citoyens. *Je suis républicain par raison, par sentiment, par conviction.* Ce n'est pas comme un pis aller ou comme un provisoire que j'accepte la République, mais comme la seule forme de gouvernement qui puisse désormais assurer la grandeur et la prospérité de la France..... C'est à la République que *tous les bons citoyens doivent se rallier sans réserve*, sans arrière-pensée et en considérant comme coupable toute tentative de restauration monarchique. La République seule pourra donner aux classes laborieuses des villes et des campagnes le bien être et la liberté politique auxquels tous les citoyens ont droit, en assurant à tous l'éducation gratuite, l'équitable rémunération du travail, en protégeant l'agriculture, en supprimant les odieux impôts de consommation, en établissant aux frais de l'Etat des lieux d'asile pour l'enfance et pour la vieillesse. Elle seule, en un mot, par l'application loyale et sincère du principe de la souveraineté nationale, pourra fonder en France le règne de la liberté, de l'égalité et de la fraternité. Voilà pourquoi je veux la République. »

M. de Ségur d'Aguesseau fut au moins aussi enthousiaste dans son appel aux électeurs :

« Ce n'est pas un roi, ce n'est pas une dynastie seulement qui ont été emportés par la prodigieuse Révolution de Février. *C'est la royauté même qui a péri !* La forme monarchique a fini son temps ; elle est désormais convaincue *d'impuissance pour satisfaire aux nécessités sociales de la démocratie triomphante*..... *Plus de bonapartisme, plus de légitimisme, plus de régence! Vive la Républi-que!.....* Comptez sur ma fidélité aux intérêts de la nation et sur mon inaltérable dévouement à la République. Mon passé vous répond de l'avenir. »

Quant à M. Rouher, qu'on a appelé depuis le vice-empereur, il fit ses déclarations républicaines devant le club d'Issoire, le 11 avril 1848 :

« Toute sa vie a été judiciaire; il n'est qu'un républicain du lendemain; mais convaincu que les idées nouvelles peuvent seules faire le bonheur de son pays, il s'y dévouera avec énergie. Il veut la liberté de réunion pleine et entière Les clubs doivent être les organes de la volonté du peuple; ils sont chargés de son instruction; ils sont indispensables. Il veut *l'impôt mieux réparti, l'abolition des droits réunis, l'impôt progressif,* mais avec des conditions qui n'amènent pas au communisme; que cet impôt atteigne aussi les professions; *que le travail soit organisé;* que l'agriculture ait des ressources assurées contre les malheurs qu'elle ne peut prévoir; que l'Etat soit assureur. » Il termine par cette exclamation : « Tout pour le peuple, tout par le peuple. »

M. de Parieu fit, comme beaucoup d'autres, le sacrifice de la particule et s'empressa de se faire appeler *Parieu* tout court; il se mit à la tête, à Aurillac, d'un club qui s'appelait en patois *copa-cour-niore,* c'est-à-dire coupe-sifflet.

M. le comte de Falloux avait trouvé, immédiatement après les journées de Février, une bien jolie formule pour désarmer les défiances que son passé

pouvait soulever. Il avait déclaré, dans une réunion
électorale à Angers : « Il ne s'agit pas d'une *ambition à badigeonner de la couleur du jour.* »

M. A. Delvau, qui a publié toutes les affiches placardées sur les murs de la République en 1848-1850 (*Murailles révolutionnaires*), considérant ces professions de foi, plutôt en spectateur sceptique et en fantaisiste rempli d'humour, a écrit dans sa préface :

« Parmi les choses intéressantes de ce livre,
la moins intéressante ne sera pas la révélation de
certains noms et de certaines signatures émanées
d'hommes politiques influents dont les transformations et les avatars sont plus nombreux que ceux du
grand Vishnou, ce ne sera pas la publication des
incantations et des hymnes en l'honneur de la République et du peuple contenues dans des professions de foi dont les coupables voudraient bien
pouvoir désavouer aujourd'hui la paternité. »

Le clergé dans son ensemble accueillit avec ferveur la Révolution de Février et le régime républicain ; le clergé devint ainsi populaire et une place
d'honneur lui fut réservée dans beaucoup de fêtes
démocratiques. Il vint bénir en grande pompe les
arbres de la liberté, dont si peu ont survécu, et cette
cérémonie eut lieu non seulement dans les communes rurales, mais dans les grandes villes et à Paris
même.

Sans doute ceux qui inspiraient le clergé et dirigeaient ses actes virent dès les premiers jours et de plus en plus clairement qu'une Révolution faite au nom du droit populaire pouvait profiter à l'Eglise, lui assurer davantage de liberté, puis faire de cette liberté un privilège, parce qu'autour d'elle toute liberté serait amoindrie ou supprimée.

Les ralliés de 1848 devaient bien vite fausser compagnie aux républicains, hésiter devant la moindre difficulté et tout abandonner au premier tournant pour préparer les voies à un régime d'autorité et de compression.

Dans cette évolution ils furent incontestablement favorisés par deux facteurs qu'il importe de ne pas négliger : les revendications violentes et les exagérations insensées du socialisme, et aussi les rivalités, les défiances, les rancunes qui bientôt divisèrent le parti républicain en tronçons impuissants et impossibles à rejoindre, tandis que la conduite la plus prudente et la cohésion la plus forte étaient indispensables pour fonder l'ordre nouveau.

L'échauffourée du 15 mai et les terribles journées de Juin permirent aux ennemis de la démocratie d'agiter devant le pays le spectre rouge, et, partant de la République « honnête et modérée », passant par la dictature militaire de Cavaignac, manquant la restauration royaliste, d'aboutir au césarisme.

M. de Falloux disait, en mars 1848, que « le citoyen et le travailleur étaient les deux termes extrêmes où Dieu a voulu amener l'ancien monde et les deux bases nouvelles qu'il a préparées pour le monde futur », et il a été le protagoniste le plus actif et le

plus habile de la réaction cléricale sous la Seconde
République; la loi de 1850 sur l'enseignement porte
son nom; l'un des principaux fauteurs de l'expédition de Rome, il fut également le partisan de toutes
les mesures inspirées par la peur de l'ouvrier et
dirigées contre la liberté du citoyen dont l'ensemble
a été justement qualifié d'expédition de Rome à
l'intérieur.

Nous trouvons dans l'*Histoire parlementaire de
la Seconde République*, par M. E. Spuller (p. 138), le
portrait de ce personnage politique :

« Le comte Alfred de Falloux, représentant de
Maine-et-Loire. Fils d'une manière de gentilhomme
angevin, enrichi dans le commerce du bétail et
récemment anobli par le roi Charles X, M. de
Falloux avait été élevé par sa mère, autrefois dame
de la cour de Louis XVI, dans le culte de la monarchie légitime, et formé par elle aux belles manières,
au langage fin, souple, insinuant et distingué du
monde de l'ancien régime. Il était ainsi légitimiste
de naissance et d'éducation, et c'est en cette qualité
qu'il était entré, aux élections de 1846, dans la
Chambre des Députés, où il n'avait eu ni le temps
ni l'occasion de faire preuve de ses grandes aptitudes politiques. Une autre influence féminine,
au moins aussi active et plus profonde que la
première, avait déterminé le cours de ses idées en
lui révélant par d'adroites flatteries l'emploi qu'il
était appelé à faire dans la vie publique de ses facultés
et de ses talents. Une dame étrangère, russe d'origine et de religion, plus tard convertie au catholicisme romain le plus ardent sous la direction spirituelle de l'illustre comte Joseph de Maistre lui-même,

Mme Swetchine, qui tenait au faubourg Saint-Germain un salon moitié mondain moitié dévôt mais fort recherché, avait initié le jeune Alfred de Falloux au service de l'Église, et celui-ci s'était trouvé merveilleusement fait pour apprendre et saisir les mystères de cette politique cléricale, toujours fine en ses desseins, infiniment variée dans ses ressources, sans cesse rajeunissante et renouvelée dans ses moyens. Falloux avait commencé sa réputation en publiant des livres : un *Louis XVI*, par où il avait déclaré sa haine de la Révolution française, en s'efforçant de prouver que, si l'on avait laissé faire le roi, toutes les réformes auraient été accomplies sans aucun bouleversement social et sans aucune effusion de sang ; et une *Histoire de Pie V*, le pape de la Saint-Barthélemy, où il n'avait pas cru pouvoir se refuser à l'apologie de ce crime à jamais exécrable : c'était assez, à ce qu'il semble, pour faire bien connaître Falloux, et l'on s'étonne à bon droit que l'on ait pu se méprendre sur son caractère et ses opinions. Mais Falloux excellait à dissimuler les visées de son esprit comme les ardeurs de son tempérament. Il était à la fois très fanatique et très politique. Si ses doctrines étaient très arrêtées et fort étroites, son esprit de conduite était large et facile, du moins en apparence : il abordait ses adversaires avec l'intention de les séduire ; il se résignait à vivre avec eux pour les mieux tromper. Dans son livre sur Pie V, il avait osé écrire que « la tolérance, inconnue des siècles de foi, est un sentiment qui ne peut être rangé parmi les vertus que dans un siècle de doute » ; il avait même ajouté qu' « en immolant l'homme endurci dans son erreur, il y avait toute chance pour que cette erreur pérît avec lui et que les peuples demeurassent dans la paix de l'orthodoxie ».

Mais si, pour A. de Falloux, rompu aux subtilités de la théologie, ces doctrines abominables étaient la *thèse*, il n'hésitait pas à réclamer la liberté des personnes, de la parole et des écrits, comme l'*hypothèse* dont le malheur des temps voulait que les catholiques fussent condamnés à s'accommoder. Pour sa part, il faisait plus que de s'y résigner, il usait hardiment de cette liberté et ne craignait même pas de se donner comme acquis aux réformes réclamées par l'esprit du monde moderne... Falloux était né avec des parties supérieures de l'homme d'Etat. Doué d'un esprit à la fois pénétrant et très maître de soi, il était habile à paraître se donner au moment même où il se réservait le plus complètement. La fermeté de ses vues se marquait par la plus grande précision dans ses actes. Il savait reconnaître où il fallait porter l'effort et l'y portait avec une résolution inflexible, une courageuse persévérance, et toujours avec les formes les plus attirantes et les plus fallacieuses. De tous les adversaires que le parti de la Révolution a rencontrés sur sa route depuis un siècle, le comte de Falloux peut à juste titre passer pour l'un des plus redoutables. Il a frappé ce parti de trois coups décisifs, et si violents que l'on se demande comment ils n'ont pas été mortels : il a provoqué à la date marquée par lui la terrible insurrection de Juin; il a conduit la France républicaine à Rome, pour y étouffer la République et y rétablir le principat temporel des papes, jetant ainsi entre la France et l'Italie les germes d'une division funeste et dont on ne voit pas le terme; enfin il a préparé la loi sur l'enseignement, qui a coupé la France en deux, mettant d'un côté les Français du parti de la Révolution, et de l'autre les Français qui se sont rejetés entre les bras de l'Eglise afin d'échapper par cette soumission aux conséquences de notre nouvel état social et politique. Si Falloux avait rétabli la monarchie des Bourbons, comme il aurait certainement réussi à le faire, ne fût-ce que pour un temps, avec un parti plus docile aux conseils de son expérience et de son génie, on cherche quel plus habile politique nous montrerait toute notre histoire. »

M. de Falloux éprouva, paraît-il, quelque répugnance à entrer dans un ministère formé par le prince-président, qu'il n'était pas loin de considérer comme un vulgaire aventurier. Un autre aventurier, Fialin de Persigny, qu'il avait rencontré à Londres vers 1835, lui avait cependant prédit qu'il ferait partie du premier ministère de Louis-Napoléon Bonaparte. Il dut s'incliner devant cette sorte de fatalité et ses scrupules disparurent devant les pressantes instances de l'abbé Dupanloup, lequel considérait le grand bénéfice que la cause de l'Église allait retirer de sa participation au gouvernement ; puis, ce cabinet allait obtenir le concours précieux de M. Thiers en faveur de la liberté d'enseignement à peu près telle qu'elle était rêvée par le clergé. M. Thiers abandonnait, en effet, les doctrines qu'il avait soutenues sous la monarchie de Juillet. Il avait dit à la tribune, en 1844 :

« Je vais droit au but et je nomme les choses par leur nom. Tous vos efforts tendent à un but : à détruire l'éducation laïque et à donner l'enseignement de la jeunesse au clergé. Pour ma part, je m'y oppose et je m'y opposerai toujours de toutes mes forces. Le mot *liberté de l'enseignement* est un mot imaginé pour les circonstances et qui cache le véritable but. Ce but, je le répète, c'est de faire passer la jeunesse des mains laïques dans les mains cléricales, et c'est tout simplement revenir à cinquante ans en arrière et faire en une des choses les plus importantes *une véritable contre-révolution*. La Révolution française a tout sécularisé : la société, le gouvernement, l'éducation ; elle a sécularisé la France et l'Europe. Car c'est revenir étrangement, audacieusement en arrière, que de vouloir tenter de refaire ce qu'elle a défait..... »

M. Thiers a cherché à justifier son évolution par la recherche d'une conciliation, au profit des intérêts conservateurs, entre la raison telle qu'elle est développée par la philosophie et la foi qu'impose la religion. Ce pacte peut se conclure, et alors l'une des parties contractantes devient nécessairement subalterne. C'est ce que le journal l'*Univers* a répondu à M. Thiers, en soutenant, bien entendu, que c'était à l'Eglise qu'appartenait la prééminence :

« Il est faux que la religion et la philosophie soient deux sœurs immortelles ; l'origine et le partage qu'on leur assigne sont faux. Non, il n'est pas vrai que Dieu ait placé la religion dans le cœur de l'homme et la philosophie dans sa tête ; il n'est pas vrai que la religion et la philosophie aient jamais contracté des alliances ; il faut que cette philosophie se révolte contre la religion ou qu'elle consente à être la servante, *ancilla*, de cette reine. »

Victor Hugo, lui, ne se trompait pas sur les tendances dominatrices de l'esprit clérical, lorsqu'il les caractérisait en s'écriant :

« Votre loi est une loi qui a un masque! Elle dit une chose et elle en fait une autre. C'est une pensée d'asservissement qui prend les allures de la liberté ; c'est une confiscation intitulée donation. Du reste, c'est votre habitude. Toutes les fois que vous forgez une chaîne, vous dites : voici une liberté, toutes les fois que vous faites une proscription, vous dites : voici une amnistie... Ah! nous vous connaissons. Nous connaissons le parti clérical ; c'est un parti ancien et qui a des états de service. Tous les pas qu'a faits l'intelligence de l'Europe, elle les a faits sans lui et malgré lui. Son histoire est écrite dans l'histoire des progrès humains ; mais c'est au verso : il s'est opposé à tous... »

Victor Hugo était à ce moment plus profond politique que Thiers. Et celui-ci, sous la Troisième République, fut obligé de revenir à son point de départ, lorsqu'il fut le vaincu de la réaction cléricale et monarchique du 24 Mai, et lorsqu'il assista, quelque temps avant sa mort, aux premiers développements de l'aventure du 16 Mai.

Pour revenir à M. de Falloux, disons que, toujours très habile, et tenant à se maintenir dans l'Union libérale, sous le Second Empire, il a présenté sa défense dans des articles du *Correspondant* (février et mars 1869) ; il pose cette question : « Quels hommes ont attaqué, compromis et livré la République de 1848 ? » D'après lui, la République a été perdue au 15 mai et aux journées de Juin, et perdue par les républicains de la veille, tandis que les monarchistes la défendaient.

L'histoire peut s'oublier, mais elle ne se refait pas.

S'il n'est pas absolument établi, malgré les dires de M. Granier de Cassagnac, que M. de Falloux a fait proposer au prince-président de faire un coup d'Etat avec l'appui de la droite, de demander à l'Assemblée de voter la révision de la Constitution et la rééligibilité du président, à la simple majorité, et de dissoudre l'Assemblée par la puissance des baïonnettes si elle s'opposait à ce vote, il reste acquis que M. de Falloux a provoqué la dispersion immédiate des ouvriers des ateliers nationaux « pour en finir », et qu'il a donné sa pleine adhésion à la loi électorale du 31 mai, laquelle mutilait le suffrage universel, privant de leur droit environ trois millions de citoyens.

Ajoutons que Daniel Stern, dans son *Histoire de la Révolution de 1848*, rapporte qu'au coup d'Etat de décembre, M. de Falloux a dit à M. de Persigny, qui était venu le visiter à la prison : « Je l'avoue tout bas à cause de nos collègues, mais, au fond, je pense que vous avez bien fait. »

Les Constituants de 1848 avaient rendu, sinon inévitable, du moins facile l'usurpation de tous les pouvoirs par un président de République que n'arrêteraient point les scrupules de l'honnêteté et le respect des serments. Ils avaient voulu que le président fut directement désigné par les suffrages populaires et l'avaient placé, sans pouvoir pondérateur, sans arbitre chargé d'apaiser les conflits et de les régler, face à face avec une assemblée issue des mêmes suffrages, mais incapable de cette unité de volonté et d'action qui donne autorité sur les masses et leur inspire confiance. Ils avaient repoussé l'amendement Grévy, s'étaient laissé séduire non par le langage de la raison, mais par la puissance de l'éloquence inspirée de Lamartine mise au service d'une apparente logique. Cette logique voulait qu'il appartint à la souveraineté nationale elle-même de choisir sans intermédiaires celui qui la personnifierait et serait le chef du pouvoir exécutif. Ce choix était un coup de dés, et Lamartine prononça le mot : *alea jacta est!*

Le châtiment ne se fit pas attendre. Les dés tournèrent comme l'avait prévu l'auteur de l'amendement, et, le 10 décembre 1848, Louis-Napoléon obtint 5,434,226 voix; Cavaignac, 1,448,107; Ledru-Rollin, 870,119; Raspail, 36,929; Lamartine, 17,910.

On pouvait deviner par là ce que seraient les élections à l'Assemblée Législative, ce que serait cette assemblée elle-même, quelles seraient ses divisions et jusqu'où elle pousserait la faiblesse et l'esprit de réaction.

La situation était telle que M. Guizot n'hésita pas à présenter sa candidature, et le vaincu de février proclama que la politique suivie alors était la justification de la sienne, qu'elle était la même. Il disait, le 6 avril 1849, dans sa profession de foi aux électeurs du Calvados :

« Les événements qui se succèdent si grands et si rapides en France et en Europe prouvent tous les jours qu'il n'y a qu'une politique sensée,

honorable, *praticable*. Sans s'occuper des noms
propres et des dates, ils donnent tous les jours raison aux défenseurs de cette politique et abattent
tous les jours ses adversaires. A coup sûr, elle peut
marcher la tête haute au milieu des expériences qui
s'accomplissent sous nos yeux. De leur côté, les
hommes engagés aujourd'hui dans les affaires publiques ne se montrent pas sourds à cette grande voix
des événements. Quelques diverses que soient leurs
dispositions, la même lumière frappe leurs yeux.
Quelque lointain que soit leur point de départ, ils
sont tous amenés sur le même terrain. *La seule
politique praticable* devient ainsi la seule politique
pratiquée. »

Il arriva que M. Léon Faucher dut déposer le portefeuille de l'Intérieur, parce qu'il s'était laissé emporter par son zèle, ayant envoyé aux préfets une
dépêche destinée à influencer les électeurs et dans
laquelle il disait :

« Les agitateurs n'attendaient qu'un vote hostile de l'Assemblée pour courir aux barricades et
recommencer les journées de Juin. »

Mais il avait eu le temps de faire connaître par un
circulaire la pensée du Gouvernement, qui était en
même temps celle du comité de la rue de Poitiers :
la coalition de tous ceux qui, sous le couvert de la
République, voulaient faire la guerre aux institutions
démocratiques, en acceptant le concours des hommes
qui restaient au fond attachés aux anciens partis.
Voici les principaux passages de cette circulaire :

« Le but vers lequel vous devez tendre, le premier conseil à donner, c'est le rapprochement de toutes les nuances du parti modéré en une liste commune. Surtout pas d'exclusions, excepté pour les noms compromis ou compromettants... Remarquez qu'il ne s'agit que de conseils. En temps de révolution, quiconque n'est pas contre nous est pour nous. J'ai foi dans l'établissement de la République ; j'ai foi dans la puissance du nom qui a rallié les esprits au 10 décembre ; et cela étant, je traite de haut, sans les tourner en préoccupations politiques, les regrets que les régimes déchus peuvent avoir laissés au fond du cœur. Pour ma part, j'accepte tous les hommes qui s'unissent à nous loyalement, sans arrière-pensée, sur le terrain commun de la République. »

Donc, il s'agissait de sauver la société, d'organiser une ligue sociale contre le socialisme considéré comme l'unique danger ; il s'agissait de créer ainsi une majorité se jetant dans les bras de la réaction par peur du socialisme contre une minorité républicaine s'alliant aux socialistes par la peur de la réaction.

C'est ce qui arriva, les républicains modérés furent évincés, écrasés entre les partis extrêmes.

« Dans les départements du Midi et de l'Ouest, le Morbihan, le Finistère, la Vendée, la Loire-Inférieure, les Bouches-du-Rhône, l'ancien parti légitimiste envoya seul des représentants à l'Assemblée. Dans les départements du Centre et de l'Est, la Nièvre, le Cher, le Rhône, la Saône-et-Loire, le Haut et le Bas-Rhin, le parti socialiste emporta toutes les élections. Le parti républicain intermédiaire... fut repoussé presque tout entier. Ni M. Garnier-Pagès, ni M. Marie, ni M. Marrast, ni M. Sénart, ni M. Bastide, ni M. Goudchaux, ni M. Buchez, ni M. Dupont (de l'Eure) lui-même, ne furent réélus. MM. de Lamartine et Jules Favre n'arrivèrent à l'Assemblée Législative que par la porte des élections supplémentaires... La nomination du bureau établit mathématiquement la force des partis : M. Dupin eut 336 voix et M. Ledru-Rollin, 183. Le *National* compta 76 voix données à M. de Lamoricière (1). »

Le comité de la rue de Poitiers (2) dépensa des sommes importantes à inonder le pays de brochures dans lesquelles on ne reculait devant aucun moyen pour frapper les imaginations et amener le triomphe du programme de la concentration conservatrice. On lisait, par exemple, dans une de ces

1. Vermorel, les *Hommes de* 1851, p. 55.
2. Le comité se composait de 52 membres dont voici les noms : Aylies, Baraguey d'Hilliers, F. Barrot, Bauchart, Baze, Beaumont (de la Somme), Béchart, de Belleyme, Bérard, Berryer, Bineau, Blin de Bourdon, Bonjean, de Broglie, maréchal Bugeaud, de Cambacérès, de Chalais-Périgord, Chambolle, Clary, Conti, Cousin, Dahirel, Dariste, Daru, Benjamin Delessert, Denjoy, Desèze, Durand (de Romorantin), Duvergier de Hauranne, Achille Fould, Garnon, Grangier de la Marinière, d'Haussonville, de Heckereen, V. Hugo, de Kerdrel, Lacaze, de la Ferronays, de Laferté-Meung, de Larcy, J. de Lasteyrie, de Laussat, de Lépinay, Levavasseur, Léon de Malleville, Molé, de Montalembert, de Morny, Lucien Murat, de Noailles, général d'Ornano, de Padoue, Casimir Perier, de Persigny, général Piat, Piscatory, Porion, de la Redorte, Regnaud de Saint-Jean-d'Angély, de Rémusat, de Raineville, de Ladoucette, Roger (du Nord), Sauvaire Barthélémy, Struch, Taschereau, Amédée Thayer, Thiers, Vieillard, de Vogué, de Wagram.

brochures intitulée le *Petit Manuel du paysan élec-teur :*

« M. HARDY. — Les montagnards sont des républicains farouches, ou plutôt des espèces de tyrans; ils sont pires que les sauvages d'Amérique. Les socialistes et les communistes sont des montagnards renforcés : c'est un ramassis d'aventuriers, d'hommes ruinés, criblés de dettes, échappés des prisons et des galères.

JEAN. — Mais où veulent-ils donc en venir?

AUGUSTIN. — Parbleu! C'est tout clair : à mettre la main dans nos poches.

M. HARDY. — Rien n'est plus vrai.

AUGUSTIN. — Ils prendront encore ta femme à ton nez, et tu n'auras rien à dire ».

Nous n'avons pas à faire ici l'histoire de cette triste Assemblée Législative qui, ainsi que l'a écrit M. E. Spuller, a démoralisé la France, et après l'avoir détourné du culte des nobles idées, l'avoir énervée par la peur, l'a livrée au despotisme militaire. Ses étapes successives furent : l'expédition de Rome, la loi sur l'enseignement, la loi de déportation, la loi contre la presse, la loi électorale du 31 mai, c'est-à-dire la société laïque désarmée et abandonnée aux entreprises cléricales, l'humanité méconnue, la liberté reniée et le suffrage universel mutilé. L'Empire pouvait venir : le peuple désabusé, après avoir vu tant de promesses trahies, ne se lèverait pas pour s'opposer à son avénement. Au nom de quels droits qui n'avaient pas été violés, au nom de quelles espérances qui n'avaient pas été déçues, aurait-il résisté ? Suivant le mot de M. Thiers, l'*Empire était fait*. « La sentinelle invisible » dont parlait si éloquemment Michel (de Bourges), se disposait à déserter son poste.

Des hommes courageux se mirent résolument en travers de la marche de l'usurpation et luttèrent quand même. Dès le 8 avril, le représentant Baudin l'avait promis, déclarant à la tribune :

« Quoi qu'il arrive, et quel que soit le procédé qu'elle préfère pour revendiquer la souveraineté dont elle est injustement dépouillée, notre place est dans les rangs de la *vile multitude*. Nous agirons, nous vivrons, nous mourrons, s'il le faut, avec et pour la vile multitude. »

Ces hommes, en effet, versèrent leur sang ou exposèrent leur liberté, au nom du droit violé, et pour le châtiment du parjure. Leur sacrifice paraissait inutile, et cependant leur sang fut un levain rénovateur, et dans leurs prisons ou dans leur exil fut préparée la renaissance de la liberté.

Le 1er janvier 1852, le président de la République s'est rendu à l'église Notre-Dame pour assister à un *Te Deum* solennel en action de grâces du vote qui avait ratifié par plus de 7 millions 500,000 suffrages l'acte de décembre. Le *Moniteur* du lendemain rend compte de la cérémonie :

« Mgr l'archevêque, entouré de son clergé, s'est dirigé processionnellement, croix en tête, vers le grand portail, pour recevoir le neveu de l'Empereur... Mgr l'archevêque a entonné le *Te Deum*... Le prince Louis-Napoléon a donné, pendant toute la cérémonie, les signes d'une piété simple et digne, dont l'exemple n'a jamais été plus nécessaire.

« À un demi-siècle de distance, 18 août 1802 et 1er janvier 1852, deux Napoléons, fidèles à l'antique devise de nos pères *Gesta Dei per Francos*, ont inauguré l'avènement d'une ère nouvelle et désirée en venant s'agenouiller à Notre-Dame devant le Dieu de Clotilde. En 1802, un *Te Deum* était chanté pour fêter la résurrection du culte catholique ; en 1852, c'est pour rendre grâces à Dieu d'avoir inspiré à la France cet esprit de sagesse qui sauve les nations. Cet exemple de respect du chef de l'État pour les cérémonies de la religion, que Napoléon, le premier du nom, n'avait pu imposer qu'avec peine à quelques-uns de ses plus illustres lieutenants, n'a trouvé aujourd'hui que des voix disposées à le louer, à l'admirer... Après le *Te Deum* et le *Domine salvum fac Rempublicam et Napoleonem*, Mgr l'archevêque de Paris a donné la bénédiction du Saint-Sacrement avec l'ostensoir brillant de pierreries dont l'Empereur a doté l'église métropolitaine... Mgr l'archevêque a reconduit processionnellement jusqu'au portail de la basilique M. le président de la République avec le même cérémonial qui avait présidé à sa réception. D'immenses acclamations, dont les corps constitués ont donné le signal, ont suivi le président jusqu'à sa sortie de l'église. Après la cérémonie, le président, suivi de son escorte, s'est rendu aux Tuileries. »

CHAPITRE II

Les réactions sous la Troisième République

Un acte du Sénat avait consacré le Second Empire. A moins de dix-huit ans de distance, le même Sénat, nommé par l'Empereur et composé d'hommes dévoués à la dynastie, abandonna un pouvoir dont le chef venait de rendre son épée au roi de Prusse, après un désastre qui laissait bien loin derrière lui les souvenirs de Waterloo.

Sous la présidence de M. Rouher, le Sénat s'était réuni, le 4 Septembre, à midi et demi. Un sénateur monta à la tribune pour envoyer à l'Empereur un dernier vœu et un dernier hommage, et termina par le cri de vive l'Empereur! auquel l'assemblée répondit par vive l'Empereur! vive l'Impératrice! vive le Prince impérial! vive la dynastie! M. Rouher dit :

« En présence de la gravité des circonstances, nous saurons avoir le cœur ferme, la volonté haute et résolue. Je propose au Sénat de se déclarer en permanence. »

Il y eut des hésitations. Alors, M. Baroche prit la parole :

« Si nous pouvions espérer qu'elles se dirigeraient sur nous, ces forces révolutionnaires qui ont pénétré dans l'enceinte du Corps législatif, je persisterais à penser que chacun de nous doit rester sur son fauteuil. Malheureusement (car c'est ici que je voudrais mourir!) nous ne pouvons avoir cet espoir! La révolution éclatera dans Paris, mais ne viendra pas dans cette enceinte. Peut-être, au contraire, pourrions-nous mieux au dehors, rendre service au pays et à la dynastie... »

Le Sénat décida de se réunir le lendemain à deux heures, « sans tenir compte des événements extérieurs. »

Le Sénat ne se réunit pas plus, le lendemain, que le Corps législatif.

Le 4 Septembre, à huit heures du soir, MM. Jules

Favre et Jules Simon avaient annoncé aux députés réunis dans la salle à manger de la présidence du Corps législatif, les événements accomplis dans la journée, la proclamation de la République, la formation d'un Gouvernement de la Défense Nationale, dont eux-mêmes faisaient partie, avec le général Trochu et MM. Emmanuel Arago, Crémieux, Jules Ferry, Léon Gambetta, Garnier-Pagès, Glais-Bizoin, Eugène Pelletan, Ernest Picard, Henri Rochefort.

A cette communication M. Thiers répondit :

« Mes collègues ici présents ne m'ont pas donné mission de vous dire s'ils accordent ou s'ils refusent leur ratification aux événements de la journée. Vous vous êtes chargés d'une responsabilité immense. Notre devoir à tous est de faire des vœux ardents pour que nous n'ayons pas longtemps sous les yeux le spectacle navrant de la présence de l'ennemi. Ces vœux, nous les faisons tous pour vous par amour pour notre pays, parce que votre succès serait celui de notre patrie. »

Au moment de l'armistice qui mit fin à la guerre franco-allemande, on eut pu soutenir que, les conséquences du coup de force de décembre étant abolies, la Constitution républicaine de 1848 reprenait vigueur de plein droit, sauf à être revisée dans les conditions mêmes qu'elle prévoyait. On convoqua les électeurs à nommer des députés, au scrutin de liste par département, et cette Assemblée, qui n'avait pas reçu de pouvoirs déterminés ni de mandat limité, qui, par là même, pouvait se considérer comme une Assemblée souveraine et investie du pouvoir constituant, conclut le traité de Francfort avec l'Allemagne, vota les impôts nécessaires pour acquitter la rançon de la France, et, quoique composée en majorité de partisans du rétablissement de la monarchie, fut amenée, après quatre années d'existence, par les événements, par les constantes manifestations de l'opinion publique, à donner au pays une Constitution républicaine, avec le régime des deux Chambres et un président nommé pour sept ans par les Chambres réunies en Assemblée Nationale.

La Troisième République dure depuis vingt-sept ans. Elle a reconstitué les forces de la France, sa puissance militaire, son outillage commercial et industriel ; elle a institué une armée vraiment nationale par le service obligatoire pour tous ; elle a réalisé une intime alliance avec le grand empire du Nord et restauré ainsi l'influence française. Elle a encore, à son grand honneur, édicté l'instruction gratuite, obligatoire et laïque. C'est qu'elle a compris ce qu'elle devait à un peuple dont les institutions sont basées sur la souveraineté nationale, et qu'elle a voulu, pour que le suffrage universel fût une vérité et devint un instrument de conservation sociale en même temps que de progrès démocratique, qu'à cette souveraineté populaire correspondît l'instruction universelle.

Depuis la réunion de l'Assemblée Nationale, le 8

février 1871, le régime républicain, avant de s'affermir et de se constituer définitivement, parcourut diverses étapes.

Ce fut d'abord la République provisoire, considérée, ainsi que le disait un orateur de la droite, M. Baragnon, comme une tente sous laquelle la France s'abritait pour se reposer et se reprendre. Les partis faisaient trève, une trève qui fut appelée « le pacte de Bordeaux » et qui fut caractérisée par le discours prononcé à la tribune par M. Thiers, le 19 février 1871, discours dans lequel il disait :

« Sachez donc renvoyer à un terme qui ne saurait être bien éloigné les divergences de principes qui nous ont divisés, qui nous diviseront peut-être encore ; mais n'y revenons que lorsque ces divergences, résultat, je le sais, de convictions sincères, ne seront plus un attentat contre l'existence et le salut du pays. »

Cette trève n'empêcha pas l'Assemblée de prononcer une condamnation solennelle et énergique du Second Empire et du parti impérialiste. On discutait le traité de Francfort. M. Bamberger, représentant de Metz, avait dit :

« Ce traité constitue, selon moi, une des plus grandes iniquités que l'histoire des peuples et les annales diplomatiques auront à enregistrer. Un seul homme, je le déclare tout haut, un seul homme devait le signer : cet homme, c'est Napoléon III... un seul homme dont le nom restera éternellement cloué à l'infamant pilori de l'histoire ! » (*Applaudissements prolongés.*)

Un député bonapartiste, M. Conti, essaya une apologie et la séance dût être interrompue au milieu du tumulte. A la reprise, la motion Target fut adoptée à l'unanimité, moins cinq voix. Cette motion était ainsi conçue :

« L'Assemblée Nationale clôt l'incident, et dans les circonstances douloureuses que traversent la patrie, en face de protestations et de réserves inattendues, confirme la déchéance de Napoléon III et de sa dynastie, déjà prononcée par le suffrage universel, et le déclare responsable de la ruine, de l'invasion et du démembrement de la France. »

M. Thiers était monté à la tribune et avait dit :

« Je vous avais proposé une politique de paix, et j'espérais que tout le monde comprendrait la réserve et le silence dans lesquels nous nous renfermons à l'égard du passé ; mais lorsque ce passé se dresse devant le pays, lorsqu'il semble se jouer de nos malheurs dont il est l'auteur, le jour où ce passé se dresse devant nous, quand nous voudrions l'oublier, lorsque nous courbons la tête sous ses fautes, permettez-moi de le dire, sous ses crimes, savez-vous ce que disent en Europe les princes que vous représentez ? (L'orateur s'adressait à M. Conti.) Je l'ai entendu de la bouche des souverains. Ils disent que ce n'est pas eux qui sont coupables de la guerre ; que c'est la France. Ils disent que c'est nous. Eh bien, je leur donne un démenti à la face de l'Europe. Non, la France n'a pas voulu la guerre (1) ; c'est

---

1. Le gouvernement impérial avait consulté les préfets pour connaître l'état de l'opinion. Onze seulement avaient indiqué des tendances belliqueuses.

vous, vous qui protestez, c'est vous qui l'avez voulue. »

C'est dans la première phase de la République
que se place l'insurrection du 18 Mars, le règne de
la Commune dans Paris, le siège de la capitale par
l'armée de la France et la terrible semaine, du 21
au 28 mai, terminant la guerre civile qui s'était faite
en présence des Allemands encore campés autour
de Paris.

La seconde phase fut le gouvernement de
M. Thiers, nommé président de la République pour
la durée des travaux de l'Assemblée Nationale et
responsable devant cette assemblée. M. Thiers
pensa qu'il était de son devoir de la provoquer à
sortir du pacte de Bordeaux, non pas pour se livrer
à des intrigues monarchistes et tenter une restauration, mais pour organiser définitivement un gouvernement républicain. Cette politique ne fut pas
du goût de la majorité et M. Thiers dut donner sa
démission. Il fut remplacé par le maréchal Mac-
Mahon.

Le territoire était libéré; la plus lourde mission
qui s'imposait aux représentants du pays était
accomplie et M. Thiers pouvait dire à ses adversaires
que désormais la tâche était à la hauteur de leur
courage. Il pouvait leur dire, le 24 Mai 1873 :

« Nous ne sommes pas des monarchistes, nous
sommes des conservateurs, dites-vous. Eh bien,
permettez-moi de vous le dire, il vous arrive, quand

vous dites cela, ce que, selon vous, il arrive à
M. Casimir-Perier, à M. Bérenger, à M. Waddington,
quand ils disent qu'ils sont conservateurs. Vous
nous avez dit hier : on ne vous croit pas ! Eh bien,
à mon tour, quand vous dites que vous n'êtes pas
monarchistes, permettez-moi de vous le dire : on ne
vous croit pas !... Les uns tendent à la Monarchie,
les autres tendent à la République. Ce qui nous
divise ici, ce qui fait l'embarras du moment, c'est
surtout cette question, il n'y en a pas une autre.....
On nous a dit avec une pitié dont j'ai été assez touché, qu'on plaignait notre sort, que nous allions
être les protégés du radicalisme. On m'a prédit à
moi une triste fin... Je remercie l'orateur de ses sentiments compatissants. Qu'il me permette de lui
rendre la pareille et de lui dire que, moi aussi, je le
plains. De majorité, il n'en aura pas plus que nous ;
mais il sera un protégé aussi, je vais lui dire de
qui... d'un protecteur que l'ancien duc de Broglie
aurait repoussé avec horreur : il sera le protégé de
l'Empire. »

Dans la troisième période, la réaction s'agita fu
rieusement. Elle croyait pouvoir compter sur la
coopération du maréchal Mac-Mahon, et sous couleur de faire régner « l'ordre moral » dans le pays,
les hommes du 24 Mai s'occupèrent d'opérer la fusion
entre les deux branches des Bourbons et de couronner le comte de Chambord. Honnêtement, le prétendant refusa d'abandonner le drapeau blanc, emblème
de la Monarchie traditionnelle, et les partisans de la
restauration royaliste durent ajourner leur projet ; ils
durent même assister à l'élaboration d'une Constitution républicaine qui fut achevée le 25 février 1875.

Cette Constitution comportait un Sénat composé de trois cents membres, dont 75 nommés à vie par l'Assemblée Nationale.

Cette élection des inamovibles dura de nombreuses séances, au milieu de difficultés, de compétitions et de coalitions singulières, du 10 au 21 décembre 1875. Les légitimistes purs avaient la haine des orléanistes du centre droit, que, d'ailleurs, les bonapartistes n'aimaient pas davantage. Ces haines profitèrent au parti républicain : avec beaucoup de discipline, il observa la tactique d'alliance électorale que ses principaux chefs avaient conclue avec ceux qu'on appelait les « chevau-légers. » Dix de ceux-ci furent nommés avec cinquante-sept républicains. La droite et le centre droit ne firent passer que huit des leurs, parmi lesquels MM. d'Audiffret-Pasquier et Wallon, qui avaient obtenu des suffrages dans toutes les parties de l'assemblée.

Les 225 sénateurs des départements furent élus le 30 janvier. Le Sénat complet contenait une majorité de droite, mais divisée et instable, dont les mauvais desseins ne pouvaient se réaliser, si les « constitutionnels libéraux » venaient à faire cause commune avec les républicains (1).

1. Une statistique établissait comme suit la composition du Sénat au point de vue politique :

Centre gauche	81,	dont 32	avaient fait partie de
Gauche républicaine	50,	— 15	l'Assemblée nat.
Extrême-gauche	15,	— 8	—
Centre droit et droite mod.	81,	— 8	—

Il apparut clairement que la majorité sénatoriale était réactionnaire par ses choix pour le remplacement des inamovibles décédés. Elle nomma, en 1876, MM. Buffet, Renouard, Chesnelong ; en 1877, MM. Dupuy-de-Lôme, de Chabaud-Latour, de Greffulhe, Lucien Brun, de Larcy, Grandperret, F. Barrot ; en 1878, MM. de Carayon-Latour, Oscar de Vallée, Baragnon, comte d'Haussonville.

Les élections législatives des 20 février et 5 mars 1876 donnèrent une Chambre des Députés dont la majorité républicaine était considérable (1).

Entre la mise en vigueur de la Constitution et la remise du gouvernement aux mains d'hommes réellement attachés à la République et décidés à la faire vivre et prospérer, fut parcourue une quatrième étape, au cours de laquelle se place un retour offensif de la réaction. C'est le 16 Mai avec son cortège

Extrême-droite..............	14,	dont 12	avaient fait partie de l'Assemblée nat.
Constitutionnels.............	21, —	5	—
Bonapartistes..............	39.		

1. D'après un groupement et des appellations plus ou moins exacts, la Chambre des Députés de la première législature de la Troisième République comprenait :

Extrême-gauche........	98,	dont 49	avaient fait partie de l'Assemblée nat.
Gauche républicaine	193, —	51	—
Centre gauche	48, —	33	—
Constitutionnels........... .	22, —	9	—
Légitimistes d'extrême-dr.	24, —	9	—
Droite et centre-droit......	54, —	24	—
Bonapartistes.............	75, —	17	—

de mesures illégales, d'attentats à toutes les libertés et de menaces de coup d'Etat.

Le 16 Mai 1877, prétextant que s'il n'avait pas une responsabilité envers le Parlement, il en avait une devant la France, le maréchal-président contraignit le cabinet Jules Simon, qui s'était présenté comme étant à la fois « résolument conservateur et résolument républicain », à donner sa démission et constitua un cabinet de Broglie (1), c'est-à-dire un ministère de prorogation et de dissolution, dont le but et le programme étaient de « faire marcher la France » dans un sens contraire au maintien et au développement de ses institutions républicaines et démocratiques.

Le gouvernemement du 16 Mai trouva en face de lui un parti républicain énergique et discipliné, étroitement uni pour assurer la rééléction des 363 députés qui, le 17 juin, avaient voté l'ordre du jour suivant :

« La Chambre des Députés, considérant que le le ministère formé le 17 mai par M. le Président de la République et dont M. de Broglie est le chef, a été appelé aux affaires contrairement à la loi des majorités qui est le principe du gouvernement parlemen-

1. Le duc Albert de Broglie, présidence du Conseil et Justice ; de Fourtou, Intérieur, avec le baron Reille comme sous-secrétaire d'Etat ; duc Decazes, Affaires étrangères ; Caillaux, Finances ; général Berthaut, Guerre ; vice-amiral Gicquel des Touches, Marine ; Joseph Brunet, Instruction publique et Beaux-Arts ; Paris, Travaux publics ; vicomte de Meaux, Agriculture et Commerce.

taire; qu'il s'est dérobé le jour même de sa formation à toutes explications devant les représentants
du pays; qu'il a bouleversé toute administration
intérieure, afin de peser sur les décisions du suffrage
universel par tous les moyens dont il pourra disposer; qu'à raison de son origine et de sa composition,
il ne représente que la coalition des partis hostiles à
la République, coalition conduite par les inspirateurs des manifestations cléricales déjà condamnées
par la Chambre; que c'est ainsi que, depuis le 17
mai, il a laissé impunies les attaques dirigées contre
la représentation nationale et les provocations
directes à la violation des lois; qu'à tous ces titres,
il est un danger pour l'ordre et pour la paix, en
même temps qu'une cause de trouble pour les
affaires et pour les intérêts, déclare que le ministère n'a pas la confiance des représentants de la
nation. »

Il est intéressant de voir au nom de quels principes agissait le Gouvernement, et quels prétextes il
p ttait en avant pour entrer en lutte contre la
majorité des représentants du pays.

A la séance du 16 juin, M. de Fourtou s'étai
exprimé ainsi :

« La vérité est donc ce que j'affirme, à savoir que
sur le terrain des lois constitutionnelles, un combat
s'est livré dès le premier jour entre l'esprit conservateur et l'esprit révolutionnaire, un combat dans
lequel l'esprit conservateur a toujours été vaincu et
duquel nous avons vu sortir, manifestement encouragées par la faveur des fractions avancées de la
majorité, manifestement subies par les fractions
modérées, jusqu'à des propositions qui amnistiaient

la Commune de Paris... Je vous dénonçais tout à l'heure, Messieurs, la majorité marchant à l'absorption des deux autres grands pouvoirs de l'Etat. Je puis ajouter maintenant qu'elle y marchait, le drapeau de la désorganisation sociale à la main. C'est alors qu'est intervenu l'acte réparateur du 16 Mai. Il est intervenu pour arrêter le mouvement, au terme duquel se serait rencontré l'abaissement irrémédiable de la nation française. M. le maréchal Mac-Mahon, s'enveloppant dans son droit constitutionnel, est venu rétablir l'équilibre nécessaire entre les pouvoirs publics, en sauvegardant contre vos empiétements l'indépendance du Sénat et sa propre indépendance. En vous empêchant de devenir une Convention, savez-vous ce qu'il a fait ? Au lieu de troubler, comme on l'en accuse, le fonctionnement régulier et paisible de la Constitution, il l'a sauvée de vos mains, en même temps qu'il barrait le passage au radicalisme montant peu à peu, d'étape en étape, par des cheminements couverts, à l'assaut de la société... »

Le 19 juin, M. Pâris, ministre des Travaux publics, dit : « Quand le Sénat aura parlé, s'il donne son approbation à la politique qui a été, pendant trois mois, attaquée dans cette enceinte, le pays, à son tour, dira *qui a raison ou bien de la coalition de toutes les gauches ou bien de l'union de tous les conservateurs.*

Gambetta répondit :

« L'ordre du jour que vous allez voter, quoiqu'en puisse dire l'honorable ministre des Travaux publics, n'est rien autre chose que l'affirmation de l'unio des véritables conservateurs républicains et patriotes. Cette union, le pays nous en a donné l'ordre et l'exemple. Nous allons retourner devant lui. Alors, il ne s'agira ni de violences, ni d'interruptions, ni d'outrages ; il faudra que tout le monde, je l'ai déjà dit et je le répète, tout le monde sans exception courbe la tête devant la décision de notre maître à tous : le suffrage universel ».

Et le 15 août, dans un banquet qui lui était offert à Lille, par M. Testelin, sénateur inamovible, M. Gambetta prononça les paroles suivantes, qui eurent un effet prodigieux sur le pays et pour le moment valurent à l'énergique tribun une condamnation par défaut à trois mois de prison et 2,000 francs d'amende :

« Quand la France aura fait entendre sa voix souveraine, croyez-le bien, Messieurs, *il faudra se soumettre ou se démettre.* »

Les élections du 14 octobre, malgré les plus criants abus de la candidature officielle, renvoyèrent à la Chambre, encore augmentée, la majorité qui s'était affirmée sur l'ordre du jour signé de 363 républicains.

Un ministère pris en dehors du Parlement et présidé par le ministre de la Guerre, général de Rochebouët, ne dura que vingt jours. Le président de la République dut se soumettre et confier à M. Dufaure la mission de former un cabinet.

Nous avons parlé de menaces de coup d'État,

tout le monde y croyait. Un comité de défense composé de dix-huit membres s'était constitué (1).

D'après le rapport général de M. Henri Brisson au nom de la commission d'enquête sur les élections des 14 et 28 octobre, les dépêches échangées entre le ministre de la Guerre et le général Ducrot, commandant le 8e corps d'armée à Bourges, ne laissaient guère de doute. C'est alors qu'a eu lieu l'incident relatif au major Labordère du 14e régiment d'infanterie de ligne, en garnison à Limoges et commandé par le colonel Billot. Le 13 décembre, vers dix heures du soir, les officiers et les soldats de ce régiment, en tenue de campagne, étaient prêts à marcher ; les chevaux des officiers montés étaient dans la cour, tout sellés :

« Aucun de nous, dit le major Labordère dans sa déposition, ne pouvait douter et ne doutait que ce ne fût un coup d'État et qu'on ne dût prendre les armes dans la nuit même. Les visages étaient mornes et inquiets. J'élevai la voix et dis : Mon colonel, un coup d'État est un crime, je n'en serai pas complice. Je suis honnête homme. Le rôle que l'on me réserve dans cette tentative criminelle, je ne le remplirai pas. — Vous n'avez pas à discuter, répondit le colonel Billot, votre devoir est d'obéir quand même. »

1. *Centre gauche :* De Marcère, Germain, Horace de Choiseul, Léon Renault, Bethmont. — *Gauche républicaine :* Jules Ferry, Albert Grévy, Tirard, Antonin Proust. — *Union républicaine :* Gambetta, Brisson, Floquet, Lepère, Goblet. — *Extrême-gauche :* Louis Blanc, Lockroy, Madier de Montjau, Clémenceau.

Il restait au maréchal Mac-Mahon à se démettre ; c'est ce qu'il fit, le 30 janvier 1879, sous le prétexte d'un dissentiment avec le cabinet sur la question des grands commandements militaires, et, en réalité, parce que le premier renouvellement triennal du Sénat constituait dans cette Assemblée une majorité républicaine. Ainsi, se termina la quatrième étape de la République parlementaire. Le but était atteint avec un président républicain, M. Jules Grévy, et une majorité républicaine dans chacune des deux Chambres.

Les élections générales de 1881 accrurent encore la majorité de la Chambre des Députés. Le cabinet Jules Ferry, pour perpétuer les 363 et s'assurer une majorité selon son cœur, surprit les candidats de l'opposition ou simplement indépendants par une convocation hâtive au 21 août, ne laissant strictement que la période électorale voulue par la loi. Le parti républicain était victorieux, trop victorieux même ; il ne s'était pas renouvelé suffisamment et il ne sut ni profiter de la victoire, ni la justifier entièrement. C'est cette assemblée de 1881 qui abandonna l'Egypte ; c'est elle aussi qui fut infidèle à ses promesses en n'abordant pas le grave problème de la réforme des impôts, que l'on pouvait résoudre alors, au cours d'années exceptionnellement prospères, donnant des excédents dont on ne savait que faire. On se décida, ce qui était trop simple, à décréter une série de dégrèvements qui ne satisfirent pas les contribuables et qu'ensuite on regretta amèrement.

Les élections générales de 1885 se firent sous le régime du scrutin de liste, que la Chambre avait refusé au ministère Gambetta.

Les réactionnaires crurent que le moment était venu de porter à la République des coups dont elle aurait peine à se relever. Les comités se reformèrent; les plus puissants et les plus actifs furent les comités orléanistes. Le comte de Chambord était mort en 1883; il ne restait plus en France qu'un seul prétendant sérieux et cette situation le rendait plus redoutable. Le comte de Paris crut qu'il lui était permis de préparer une restauration, et par lui-même et par ses lieutenants, il le fit avec une certaine habileté. Une campagne dans le genre de celle du comité de la rue de Poitiers, sous la Seconde République, commença et se poursuivit avec méthode. Des conférences furent organisées partout; la presse conservatrice agit avec ensemble; une pluie de brochures de propagande tomba sur les départements. Il s'agissait de retirer le maximum d'effet de trois moyens qui pouvaient amener la division parmi les électeurs, jeter le trouble dans leurs esprits : exploiter contre la République ses embarras financiers, l'impopularité de l'expédition du Tonkin et la crise agricole qui sévissait alors avec une grande intensité. Le cabinet Brisson, qui était alors aux affaires, ou ne se rendit pas un compte exact du danger que couraient les institutions républicaines, ou crut qu'il n'était pas dans son rôle ni dans ses moyens d'y parer. Il voulut avant tout faire preuve d'impartialité et prendre les mesures nécessaires pour que tout électeur pût exercer son droit sans nulle contrainte. Une série de circulaires ministérielles apprit aux fonctionnaires quelle était à cet égard la pensée du Ministère. L'effet de ces circulaires ne fut pas exactement celui que les ministres voulaient obtenir. Les fonctionnaires attachés au régime républicain se crurent obligés de les suivre au pied de la lettre et s'abstinrent soigneusement de toute propagande ; les autres s'enhardirent, se considérèrent comme libres d'exercer comme ils l'entendaient et par tous les moyens en leur pouvoir une pression en faveur des candidats qui avaient leurs préférences. Presque partout les membres du clergé n'hésitèrent pas à agir au profit de ceux que recommandaient les comités conservateurs.

Les comités se gardèrent de marcher ou de faire marcher bannière déployée. Fidèles à la vieille tactique de la réaction, ils se présentèrent non en révolutionnaires, mais en réformateurs, ne visant que le retour à la liberté, à la prospérité et à la paix sociale.

Tant d'efforts ne furent pas déployés en vain. Les républicains s'étaient divisés ; le gouvernement s'était abandonné, et les résultats du premier tour de scrutin furent de nature à inspirer de sérieuses alarmes.

Au 4 octobre, 176 réactionnaires et 127 républicains furent élus ; le scrutin de ballottage devait

pourvoir aux 271 autres sièges pour la France et
l'Algérie. Les départements du Nord, du Pas-de-
Calais, de la Somme, du Calvados, de l'Eure, du
Finistère, des Landes, des Basses et des Hautes-
Pyrénées, de l'Aveyron, de l'Ardèche, du Tarn-et-
Garonne, de l'Indre, etc., dont la représentation
était, dans la Chambre précédente, en totalité ou en
majorité républicaine, passait aux conservateurs.
MM. Pierre Legrand et Hervé-Mangon, membres du
cabinet, étaient battus, ainsi que MM. Hérault et
Rousseau, sous-secrétaires d'Etat. MM. Brisson,
Sarrien, Cavaignac étaient seuls élus; les autres
ministres étaient en ballottage, et M. Goblet était
très menacé de perdre son siège.

Le Gouvernement fut alors amené à rectifier autant qu'il était possible ce qu'il y avait d'excessif
dans la manière de comprendre la neutralité des
agents au pouvoir central. D'autre part, les républicains éprouvèrent la nécessité de déployer les
qualités qui, ordinairement, les rendent victorieux :
l'union et l'action. La concentration s'imposait,
devant les électeurs d'abord, puis au Parlement.

Cette concentration s'opéra pour les élections de
ballottage du 28 octobre. Aussi les résultats furent
très différents de ceux du premier tour; les espérances des réactionnaires se trouvèrent gravement
déçues. 246 républicains furent élus, et seulement
25 conservateurs. Quelque temps après, les colonies
envoyèrent à la Chambre 10 députés républicains.
L'ensemble des deux tours donnait donc 383 repré-

sentants républicains de toute nuance et 201 conservateurs.

Dans la période d'action progressive et de conciliation entre les diverses fractions du parti républicain qui s'est écoulée durant les sept années de la première présidence de M. Jules Grévy (30 janvier 1879 au 28 décembre 1885), se sont succédés 9 ministères (1).

Avec des modérés tels que MM. Waddington, Le Royer, de Marcère, Léon Say ont collaboré MM. Jules Ferry, de Freycinet, Lepère.

Dans le premier cabinet de Freycinet, avec MM. Lepère et J. Cazot, se trouvaient MM. Magnin, Tirard, Jules Ferry.

Dans le premier cabinet qu'a présidé M. Jules Ferry, à côté de M. Barthélemy-Saint-Hilaire aux Affaires étrangères, on voyait M. Constans à l'Intérieur et aux Cultes.

Avec le cabinet Gambetta, qui à son apparition a été salué du nom de Grand Ministère, on constate l'avènement d'hommes nouveaux : MM. Waldeck-Rousseau, Raynal, Rouvier, comme MM. Allain-Targé, Paul Bert, général Campenon.

1. Waddington, 4 février-28 décembre 1879. — de Freycinet, 28 décembre 1879-23 septembre 1880. — Jules Ferry, 23 septembre 1880-14 novembre 1881. — Gambetta, 14 novembre 1881-30 janvier 1882. — de Freycinet, 30 janvier-7 août 1882. — Duclerc, 7 août 1882-29 janvier 1883. — Fallières, 29 janvier-21 février 1883. — Jules Ferry, 21 février 1883-6 avril 1885. — Henri Brisson, 6 avril 1885-7 janvier 1886.

Puis, le deuxième cabinet de Freycinet comprend : MM. Goblet, de Mahy, à côté de MM. Léon Say, général Billot.

De même, dans le ministère Henri Brisson, des modérés comme MM. Clamageran, Sadi-Carnot, Gomot, Demôle, partagent les responsabilités du pouvoir.

Il faut ajouter que cette même période de sept années fut réellement la plus féconde en résultats pour la République et la démocratie (1).

1. AU POINT DE VUE POLITIQUE :

Décision de l'Assemblée Nationale qui abroge l'article 9 de la loi constitutionnelle qui empêchait le retour des Chambres à Paris (18 juin 1879) ;

Loi établissant la Fête Nationale du 14 juillet (6 juillet 1880);

Loi d'amnistie (11 juillet 1880);

Loi sur la liberté de réunion (30 juin 1881) ,

Loi sur la liberté de la presse (29 juillet 1881);

Loi accordant des indemnités aux victimes du coup d'État 30 juillet 1881) ;

Loi rendant à tous les conseils municipaux la nomination des maires (28 mars 1882) ;

Loi abrogeant les dispositions concernant l'adjonction des plus imposés (6 avril 1882) ;

Loi sur la réforme judiciaire (30 août 1883) ;

Loi municipale (5 avril 1884).

Assemblée Nationale (4-13 août 1884) : Révision partielle des lois constitutionnelles ;

Nouvelle loi électorale du Sénat (9 décembre 1884).

AU POINT DE VUE ÉCONOMIQUE :

Loi sur la caisse des chemins vicinaux (dotation nouvelle de 300 millions, 10 avril 1879) ;

Loi sur les chemins de fer d'intérêt local et les tramways (11 juin 1880):

Loi sur la marine marchande (29 janvier 1881);

Tarif général des douanes (9 mai 1881) ;

Loi assurant l'exécution du décret de 1848 sur les heures de travail (16 février 1883) ;

Conversion de la rente (27 avril 1883) ;

Approbation des conventions avec les compagnies de chemins de fer (20 novembre 1883) ;

Loi sur les syndicats professionnels (21 mars 1884) ;

Loi sur le régime des sucres (29 juillet 1884) ;

Loi sur les ventes judiciaires d'immeubles (23 octobre 1884) :

Loi sur les échanges d'immeubles ruraux (3 novembre 1884) ;

Loi augmentant les tarifs de douanes sur les céréales, sur le bétail (28 mars 1885) ;

Loi sur les marchés à terme (28 mars 1885).

CONCERNANT LES QUESTIONS RELIGIEUSES :

Décrets sur la société de Jésus et les congrégations non autorisées (29 mars 1880) ;

Abrogation de la loi de 1874 sur l'aumônerie militaire (12 juillet 1880) ;

Loi abrogeant celle du 18 novembre 1814 qui interdisait le travail du dimanche (12 juillet 1880) ;

Loi de finances rendant applicables aux associations les dispositions fiscales qui frappent les mutations immobilières et les revenus mobiliers (28 décembre 1880) ;

Décret rendant le Panthéon à sa destination primitive et légale (26 mai 1885).

CONCERNANT L'ENSEIGNEMENT :

Loi sur le conseil supérieur de l'instruction publique et les conseils académiques (21 février 1880) ;

Loi portant que les examens qui déterminent la collation des grades ne peuvent être subis que devant les facultés de l'État et que les établissements libres d'enseignement supérieur ne peuvent pas prendre le titre d'universités (18 mars 1880) :

Loi sur l'enseignement secondaire de jeunes filles (21 décembre 1880) ;

Loi sur les titres de capacité pour l'enseignement primaire (16 juin 1881) ;

Loi créant une école normale pour l'enseignement secondaire des jeunes filles (26 juillet 1881) ;

Loi sur l'enseignement primaire obligatoire (28 mars 1882) ;

Concernant l'armée :

Loi sur les pensions des sous-officiers, caporaux ou brigadiers et soldats (18 août 1879) ;

Loi sur le rengagement des officiers (23 juillet 1881) ;

Loi sur les pensions des anciens militaires (18 août 1881) ;

Loi sur l'administration de l'armée (16 mars 1882) ;

Au point de vue de la politique étrangère ou coloniale

Traité du Bardo donnant à la France le protectorat de la Tunisie (12 mai 1881) ;

Loi sur la juridiction française en Tunisie (28 mars 1883) ;

Protectorat de la France au Cambodge (17 juin 1884) ;

Ratification du traité de Tien-Tsin (6 juillet 1885) ;

Conclusion de la paix avec la reine de Madagascar (22 décembre 1885) ;

Nous ne devons pas omettre la *loi sur le divorce* (27 juillet 1884), ni les lois si importantes *sur les récidivistes* (27 mai 1885) et *sur la libération conditionnelle* (14 août 1885).

CHAPITRE III

La Droite républicaine

Message de M. Grévy. — Le cabinet de Freycinet. — L'expulsion des princes. — Protestations du prince Napoléon et du comte de Paris. — Les élections des conseils généraux. — La Droite républicaine.— Discours de M.Raoul Duval.— Opinion sur le nouveau groupe. — Le discours de Gambetta à Grenoble, en 1872. — Chûte du cabinet de Freycinet. — Ministère Goblet.

Réélu, M. Jules Grévy adressa aux Chambres un message dans lequel, après des remerciements pour le nouvel honneur qu'il recevait et la marque de satisfaction et de confiance que l'Assemblée Nationale lui donnait au nom de la France, il constatait la profonde volonté du pays d'assurer la stabilité gouvernementale par la République; il exprimait le désir que le Parlement, de son côté, se préoccupât de la stabilité ministérielle, si nécessaire à une bonne gestion des affaires publiques ainsi qu'au bon renom et à l'influence au dehors du gouvernement républicain.

« Cette stabilité, disait-il, dépend de la Constitution d'une majorité gouvernementale, l'impérieux besoin de l'heure présente. Elle est assurée, si les amis de la République savent le vouloir. Qu'ils se concentrent sur le terrain qui leur est commun; il est assez large et assez fécond pour qu'ils en puissent tirer par leur union toutes les satisfactions à donner aux besoins et aux vœux du pays. »

Le cabinet de Freycinet (1), qui se maintint aux affaires pendant l'année 1886, se montra animé des mêmes sentiments. Il disait, dans sa déclaration initiale :

« La composition de notre cabinet vous indique la ligne de conduite que nous entendons suivre. Dans la situation créée par les dernières élections législa-

1. *Présidence du Conseil et Affaires*
   étrangères .... DE FREYCINET
Justice .... DEMÔLE
Intérieur .... SARRIEN
    BERNARD, sous-secrétaire d'État.
Finances .... SADI-CARNOT
    PEYTRAL, sous-secrétaire d'État.
Guerre .... Général BOULANGER
Marine et Colonies .... Amiral AUBE
    DE LA PORTE, sous-secrétaire d'État.
Instruction publique, Beaux-Arts et
    Cultes .... René GOBLET
    TURQUET, sous-secrétaire d'État.
Travaux Publics .... BAÏHAUT
    (1 novembre 1886, Edouard MILLAUD).
Commerce et Industrie .... E.-J. LOCKROY
Agriculture .... DEVELLE
Postes et Télégraphes .... GRANET

tives, aucun gouvernement ne saurait durer sans
l'appui de toutes les fractions de la majorité républicaine. Ce qui s'impose donc est une politique de
conciliation entre ces diverses fractions, demandant
à chacune d'elles certains sacrifices, en considération des sacrifices consentis par l'autre. De là doit
sortir une marche mesurée, prudente, mais continue, vers les réformes réclamées par la démocratie.
Il convient de les aborder successivement, avec
méthode, sans vouloir tout faire accepter à la fois
par ceux que des programmes trop vastes inquiè-
tent et éloignent. »

La déclaration traitait avec le même bonheur
d'expressions la question délicate de l'intervention
du clergé dans les choses de la politique (1).

« L'intervention du clergé dans nos luttes politiques, et récemment encore dans les élections, est
pour tous les esprits sages un sujet de sérieuses
préoccupations. Chacun a compris qu'une telle situation ne saurait se perpétuer et que le grave problème de la séparation des Églises et de l'État ne
tarderait pas à s'imposer irrésistiblement. C'est là,
il faut bien le dire, une de ces questions que la politique seule est mal habile à trancher, car elle a ses
racines jusque dans les profondeurs les plus intimes
de la conscience du citoyen. Avant que le législateur
prononce souverainement, il faut que la libre discussion, les débats solennels des Chambres, le

(1) Le 30 mars, Mgr Guibert, archevêque de Paris, écrivit à
M. Jules Grévy, président de la République, une lettre dans
laquelle se trouvent résumées les principales doléances et prétentions du clergé catholique français. (*Année Politique*,
d'André Daniel, 1885. Pièce justificative A).

rayonnement des idées aient préparé dans le pays les solutions conformes aux tendances de l'esprit moderne.

« En attendant, le clergé doit, sous peine de provoquer une brusque rupture, se renfermer dans le rôle que lui tracent son mandat et la nature même des choses. Le gouvernement saura, de son côté, tenir fermement la main à ce que les droits de la société civile soient scrupuleusement respectés. Il désire l'apaisement, mais il n'hésitera pas à faire sentir le poids de son autorité à ceux qui seraient tentés de la méconnaître. »

Dans un discours prononcé à Toulouse, le 28 septembre, le président du Conseil examinait la thèse politique qui tend à la constitution dans la République de deux grands partis comparables aux *wighs* et aux *tories* de l'Angleterre : le parti modéré et le parti avancé occuperaient le pouvoir suivant que la confiance des représentants du pays iraient à l'un ou à l'autre ; un cabinet radical homogène céderait la place à un cabinet d'autre couleur également homogène, ou réciproquement.

M. de Freycinet acceptait l'hypothèse ; mais il subordonnait la possibilité, pour le parti républicain, de se diviser entre ces deux fractions rivales à l'adhésion par tous les citoyens à l'institution même de la République.

« Nous avons tous compris, disait-il, à quel point il est imprudent pour une armée victorieuse de se séparer quand l'armée ennemie tient encore la campagne. »

C'est sous ce ministère que fut définitivement votée la loi du 30 octobre 1886 sur l'organisation de l'enseignement primaire.

C'est ce ministère aussi qui dut appeler les Chambres à régler « la question des princes. »

A plusieurs reprises, et à la suite de divers incidents, l'opinion publique et le Parlement s'étaient émus des embarras que causait à la République la présence sur son territoire de princes qui entendaient user de la liberté de tout citoyen, et en même temps organiser leur parti et préparer leur avènement au trône. Plusieurs lois, particulièrement les lois électorales, les mettaient hors du droit commun. Pouvait-on tolérer qu'ils restent en France, et quels princes des familles ayant régné devait-on condamner à l'exil ? Telle était la question des princes.

Déjà, une première fois, sous le ministère de Freycinet, l'expulsion des princes avait été proposée, et par des députés qui n'appartenaient pas à la fraction avancée de la Chambre.

« Considérant, disait la proposition de MM. Duché, Crozet-Fourneyron, Ballue, Viette, etc., que la modération appliquée jusqu'à présent par le gouvernement de la République aux princes des dynasties déchues n'a fait que provoquer de leur part et de la part de leurs amis des espérances et des manifestations factieuses, les soussignés croient le moment venu de rapporter les mesures de clémence prises à leur égard et de remettre en vigueur les lois qui leur interdisent le territoire français.

« En conséquence, ils ont l'honneur de déposer la proposition de loi dont la teneur suit :

Article unique.

« Sont abrogés la loi du 8 juin 1871 et le décret du 11 octobre 1848.

« Sont remises en vigueur les lois du 10 avril 1832 et du 26 mai 1848 concernant la famille Bonaparte et les princes de la maison de Bourbon. »

La discussion se termina par un ordre du jour par lequel l'Assemblée manifestait sa confiance dans la fermeté du gouvernement pour réprimer les menées monarchistes.

Les circonstances amenèrent bientôt le cabinet à se demander si le moment n'était pas venu de déployer cette fermeté et de justifier cette confiance.

Le 15 mai, une solennité, sur laquelle l'attention du public était depuis longtemps appelée, avait lieu dans un hôtel du faubourg Saint-Germain. Le comte de Paris, qui allait marier sa fille au duc de Bragance, prince héritier de Portugal, avait tenu à y convier, à côté de ses amis personnels et des fidèles suivants de sa politique, les représentants des aristocraties de naissance ou de fortune, et les illustrations des lettres, des sciences et des arts. Le monde diplomatique était également invité, mais crut devoir s'abstenir. Malgré cela, le *Figaro* déclara qu'il n'était pas possible de rencontrer ailleurs un personnel plus complet et plus parfait d'un véritable gouvernement; qu'on y trouvait à côté de ses princes, ses pairs, ses députés, ses conseillers d'Etat, ses ambassadeurs et ses préfets.

Cette audacieuse manifestation aboutit à la loi du 22 juin, qui interdisait le territoire de la République aux chefs des familles ayant régné en France et à leurs héritiers directs dans l'ordre de primogéniture (le comte de Paris et son fils aîné, le prince Jérôme Bonaparte et son fils aîné), et autorisait le gouvernement à interdire également le territoire aux autres membres de ces familles si leur attitude provoquait semblable mesure, laquelle devait être prise par décret rendu en conseil des ministres.

La discussion dans les deux Chambres fut tout à l'honneur de la tribune française. A la Chambre des Députés, le projet du Gouvernement fut attaqué et soutenu, au cours des séances des 10 et 11 juin.

M. le comte de Mun dit qu'il augurait mieux des sentiments de générosité des républicains, de leur amour de la liberté et de la confiance dans l'avenir du régime :

« Quelles que fussent, dit-il, mes préférences et mes opinions, je pensais mieux que vous du rôle que vous auriez pu ambitionner. La France est fatiguée des révolutions; elle est lasse de rouler éternellement son rocher. Après tant de catastrophes, elle aspire au repos... Eh bien ! c'était pour des hommes politiques une ambition digne de les tenter que de laisser là les passions et les haines pour travailler à rebâtir la société nouvelle, non pas avec les ruines du passé, mais avec tout ce qu'il y a de grand dans les traditions du passé, de fécond dans les idées de l'avenir. Oui, c'était là une ambition qui pouvait vous tenter. Les circonstances vous avaient admirablement servis. Vous pouviez rêver de donner à ce pays tant de prospérité à l'intérieur et tant de prestige à l'extérieur que le patriotisme séduit se courbât devant votre œuvre; alors, les partis étaient vaincus, ils n'avaient plus de raison d'être, et la défaite des opinions eût trouvé sa consolation dans les grandeurs de la patrie. »

M. de Freycinet répondit en faisant l'historique de la question et en se plaçant au point de vue des nécessités qui s'imposent à tout gouvernement, quel que soit son principe et quelle que soit sa forme, dans un magnifique discours qui fit une grande impression sur le Parlement et détermina le vote de la loi. Nous reproduisons ici quelques-uns des plus importants passages de ce discours :

« J'entendais hier un de nos honorables collègues de ce côté de la Chambre (l'orateur indique la droite), M. Piou, dans le discours éloquent par lequel il a fait son début dans cette assemblée, dire : « Mais, quoi ! tournerons-nous donc toujours dans le même cercle ? Mais quoi ! toujours des lois d'exception ; toujours des lois oppressives ! Ces lois mauvaises que les monarchies ont faites, que l'empire a reprises, quoi ! la République, ce régime de justice et de liberté (*rires ironiques à droite*), va également les reprendre et leur demander les mêmes services ! » L'honorable M. Piou ajoutait : « Mais enfin, la République, au lieu de faire comme tous les gouvernements qui l'ont précédée, au lieu d'employer le droit de la force, pourquoi ne s'enveloppe-t-elle pas majestueusement dans la force du droit ? Et l'orateur, en prononçant ces paroles, soulevait les applaudissements de ce côté de l'Assemblée (l'orateur indique la droite).

« Eh bien, je réponds à l'honorable M. Piou : Si la République est conduite, à son tour, à employer les mêmes moyens que les régimes qui l'ont précédée, c'est qu'il y a des nécessités supérieures qui s'imposent à tous les gouvernements, quels que soient leurs noms, quelle que soit leur forme. De même que tous les gouvernements sont dans l'obligation de recourir à la force pour faire respecter l'ordre matériel, ils sont obligés d'employer des mesures spéciales pour faire face à certaines conjonctures spéciales comme celles qui résultent de la présence de prétendants à côté du gouvernement établi. Il n'est pas un seul gouvernement régulier qui puisse, à la longue, supporter les efforts incessants d'un gouvernement qui coexiste à côté de lui, qui fait un appel continuel à toutes les illusions, à toutes les aspirations, à tous les mécontentements, et qui, à un moment donné, peut faire douter de la solidité et de l'avenir du régime qui est assez faible pour tolérer de pareils agissements.....

« Quant à moi, je n'ai négligé aucune occasion de faire savoir à ceux dont la voix pouvait être entendue des princes que je ne me mettrais pas deux fois en travers du sentiment de mon parti et que, si les princes ne savaient pas se faire oublier, je n'attendrais pas qu'une initiative se produisît ; je la prendrais moi-même.

« Eh bien, il ne s'était pas écoulé quinze jours que je constatais déjà que l'attitude restait la même, que les relations avec cette organisation politique, avec cette organisation électorale, que ces relations très légitimes entre vous (s'adressant à la droite) et que je ne conteste pas, mais qui prennent un autre

6

caractère quand elles remontent jusqu'à ceux dont
nous parlons, je constatais que ces relations conti-
nuaient. Je constatais qu'on préparait de longue
date cette manifestation que vous affectez aujour-
d'hui de traiter légèrement, cette manifestation qui,
à l'occasion d'une fête de famille, ne devait être
qu'une manière éclatante d'affirmer à la fois et les
prétentions et la puissance qu'on croit avoir dans le
pays; cette manifestation dont aujourd'hui vous
riez, mais qu'à cette époque vous avez dépeinte
vous-même avec une emphase, avec une exagéra-
gération qui dénotaient suffisamment l'importance
que vous y attachiez.

« Si vous croyez que cette manifestation, qui m'était
annoncée deux mois avant qu'elle s'accomplît, —
dès le 21 mars, en effet, j'étais averti qu'à l'occasion
de cette petite fête de famille une grande démons-
tration se produirait, comprenant une sorte de revue
du personnel gouvernemental monarchique, — si
vous croyez que cette revue, dont vous avez vu fi-
gurer la description chez un des historiographes du
lendemain, que cette multitude de cartes, de brochures, de photographies, — cette photographie notamment au dos de laquelle était représentée une carte
de France indiquant ce qu'était la France à l'origine
et ce que la Monarchie l'avait faite, avec la mention
dans un coin des provinces perdues en 1871, comme
si la République en était responsable...

« Si vous croyez que cette mise en scène, savam-
ment calculée, dans laquelle on se targuait même
de la générosité d'amis dont on montrait à l'univers,
on peut le dire, les offrandes, avec la désignation de
telle ou telle province, si vous croyez que tout cela
ne constitue pas des actes de prétentants. . . . .

. . . .

« Nous avions la pensée d'appliquer cette mesure

générale aux prétendants, parce que nous avons voulu faire disparaître du siège de la République ceux qui personnifient un gouvernement en expectative, un gouvernement en formation, un gouvernement qui s'installe à côté d'elle comme un héritier.

« Nous ne trouvons pas qu'un gouvernement sérieux, un gouvernement qui se respecte, un gouvernement qui a la prétention de rassurer les intérêts et d'être respecté, non seulement au dedans, mais au dehors, doive laisser douter de lui-même.

« Nous ne voulons pas, en un mot, qu'on laisse s'établir la fiction que les représentants des puissances qui sont en relations avec nous seraient conviés à aller alternativement dans le domaine de la République et dans ce domaine latéral qui, je le répète, a la prétention de constituer un gouvernement en expectative. Il faut qu'il n'y ait pas d'hésitation, ni au dedans ni au dehors. Il ne faut pas que les populations prennent l'habitude de se demander si véritablement il y a un second gouvernement qui existe à côté de la République, et il faut qu'au dehors il n'y ait pas d'hésitation non plus; il ne faut pas que de loin le gouvernement républicain apparaisse comme un gouvernement contesté et discuté... »

Le 6 juin, le prince Jérôme-Napoléon avait écrit aux députés pour protester contre la mesure proposée.

Frappé par la loi d'exil, le comte de Paris fit à son tour une protestation, avant de quitter la France :

« Contraint de quitter le sol de mon pays, je proteste, au nom du droit, contre la violence qui m'est faite.

« Passionnément attaché à la patrie que ses malheurs m'ont rendue plus chère encore, j'y ai, jusqu'à présent, vécu sans enfreindre les lois. Pour m'en arracher, on choisit le moment où je viens d'y rentrer, heureux d'avoir formé un lien nouveau entre la France et une nation amie.

« En me proscrivant, on se venge sur moi des trois millions et demi de voix qui, le 4 octobre, ont condamné les fautes de la République, et l'on cherche à intimider ceux qui, chaque jour, se détachent d'elle.

« On poursuit en moi le principe monarchique dont le dépôt m'a été transmis par celui qui l'avait si noblement conservé.

« On veut séparer de la France le chef de la glorieuse famille qui l'a dirigée pendant neuf siècles dans l'œuvre de son unité nationale et qui, associée au peuple dans la bonne comme dans la mauvaise fortune, a fondé sa grandeur et sa prospérité.

« On espère qu'elle a oublié le règne heureux et pacifique de mon aïeul Louis-Philippe et les jours plus récents où mon frère et mes oncles, après avoir combattu sous son drapeau, servaient loyalement dans les rangs de sa vaillante armée.

« Ces calculs seront trompés.

« Instruite par l'expérience, la France ne se méprendra ni sur la cause ni sur les auteurs des maux dont elle souffre. Elle reconnaîtra que la Monarchie, traditionnelle par son principe, moderne par ses institutions, peut seule y porter remède.

« Seule, cette Monarchie nationale dont je suis le représentant peut réduire à l'impuissance les hommes de désordres qui menacent le repos du pays, assurer la liberté politique et religieuse, relever l'autorité, refaire la fortune publique.

« Seule, elle peut donner à notre société démocratique un gouvernement fort, ouvert à tous, supérieur aux partis et dont la stabilité sera pour l'Europe le gage d'une paix durable.

« Mon devoir est de travailler sans relâche à cette œuvre de salut. Avec l'aide de Dieu et le concours de tous ceux qui partagent ma foi dans l'avenir, je l'accomplirai.

« La République a peur : en me frappant, elle me désigne.

« J'ai confiance dans la France. A l'heure décisive, je serai prêt.

« Eu, le 24 juin 1889. »

Les protestations des princes eurent plutôt pour effet de montrer combien était réellement justifiée la mesure qui les atteignait.

Quant au pays, il ne fut nullement ému, et deux événements confirmèrent son calme et sa volonté de chercher la stabilité dans la consolidation du régime républicain; ils firent voir que les manifestations des prétendants ne rencontraient que très peu d'écho, même du côté d'où ils devaient attendre un tout autre résultat. Ces deux événements furent les élections aux conseils départementaux et la création, à la Chambre des Députés, d'un groupe nouveau qui, tout en restant conservateur, se déclarait décidément hostile aux prétentions monarchistes.

Les réactionnaires comptaient beaucoup sur les élections aux conseils généraux; ils croyaient ou feignaient de croire qu'elles seraient la suite naturelle des élections législatives et prouveraient que le recul de l'opinion républicaine avait été considérable. Ils furent bientôt désabusés.

6.

Les républicains, sur 1,434 conseillers généraux sortants, obtinrent 987 sièges, en gagnant 95, en perdant 110, c'est-à-dire que le recul, si on pouvait parler de recul, se bornait à la perte de quinze sièges. La plupart des sièges gagnés par les républicains se trouvaient dans des départements où les élections législatives avaient tourné au profit de la réaction : deux dans le Calvados, trois dans les Côtes-du-Nord, quatre dans le Finistère, sept dans le Pas-de-Calais..... En résumé, les républicains gardaient la majorité dans les conseils généraux de soixante-douze départements et ne perdaient cette majorité que dans deux départements : la Sarthe et la Mayenne.

Vers le milieu de l'année 1886, MM. Raoul Duval, député de l'Eure, et Auguste Lepoutre, député du Nord, cherchèrent à opérer un rapprochement entre les conservateurs qui ne s'attachaient pas à une restauration monarchique et les éléments modérés de la majorité républicaine, voulurent, en un mot, travailler à la conjonction des centres tant de fois essayée. Après les élections des conseils généraux, ils firent publier par quelques journaux le projet d'entente suivant :

« Les soussignés, en vue d'assurer, pendant la législature actuelle (1885-89), aux diverses questions qui seront soumises au Parlement des solutions démocratiques, conservatrices et libérales, croient devoir préciser comme suit les conditions de leur entente :

« Article 1er. — Ils s'engagent à se maintenir sur le terrain constitutionnel et s'interdisent, tant qu'ils feront partie du groupe, toute action personnelle ou collective en vue de changer la forme du gouvernement.

« Art. 2. — Ils s'opposent à toutes les entreprises socialistes contre la constitution de la famille et de la propriété, contre les droits individuels des citoyens.

« Art. 3. — En vue d'amener l'apaisement dans les esprits, il ne sera admis aucune diminution nouvelle dans le budget des cultes. Toute mesure ou proposition ayant le caractère d'une vexation anti-religieuse sera combattue. Autant que possible, toute discussion sur ces matières sera écartée.

« Art. 4. — Dans toutes les questions relatives à l'enseignement, les membres du groupe se prononceront pour les solutions de nature à maintenir et à étendre la liberté sincère de l'enseignement et la sauvegarde des écoles libres. Ils s'opposeront à la constitution du monopole de l'enseignement entre les mains de l'État.

« Art. 5. — En matière de taxes publiques, les innovations telles que les propositions d'impôt sur le capital ou le revenu seront repoussées. La politique d'économie sera soutenue et les augmentations de taxes seront combattues. Le groupe appuiera toutes les propositions qui tendront à rétablir dans la répartition des charges publiques l'égalité au profit de la propriété foncière surchargée. Il proposera et appuiera les mesures propres à favoriser les intérêts des classes ouvrières, tant agricoles qu'industrielles, à faciliter la constitution et la conservation de l'épargne ouvrière.

« Art. 6. — Si le Parlement est saisi de questions provoquées par des grèves ou autres conflits d'ordre industriel, elles seront résolues dans le même sens des transactions et au mieux des intérêts respectifs engagés.

« Art. 7. — Dans les projets relatifs à notre organisation militaire, le recrutement des carrières libérales, de l'enseignement et du clergé sera sauvegardé ; les facilités indispensables au développement de notre commerce, de notre agriculture et de notre industrie seront accordées.

« Art. 8. — Toutes les lois d'exception et de spoliation seront repoussées sans acception de personnes.

« Art. 9. — Chacun des adhérents conservera sa liberté d'action en matière économique.

« Art. 10. — Dans les vérifications de pouvoirs, il sera statué sans préoccupations politiques, que les députés contestés appartiennent à la droite ou à la gauche.

« Art. 11. — Dans toutes les élections préparatoires des travaux législatifs (bureaux, commissions, etc.), les adhérents s'efforceront d'assurer à toutes les fractions de la Chambre une part de représentation proportionnelle.....

Pour bien comprendre cette évolution, il importe de lire deux lettres des chefs du nouveau groupe. La première fut adressée au *Temps* par M. Lepoutre :

21 août.

« Vous publiez dans votre numéro d'hier un projet de transaction, moyennant concessions réciproques, entre les partis modérés de la Chambre, projet auquel j'ai collaboré avec mon collègue et ami, M. Raoul Duval.

« Je regrette la publication prématurée de ce programme qui, malgré les approbations qu'il a rencontrées parmi les intéressés, n'a pas encore reçu de consécration définitive, et dont le seul mérite est de refléter les tendances et l'esprit conciliateur d'une fraction de la Chambre.

« Bien que je n'aie ni la notoriété ni l'autorité voulue pour prendre part au débat qui occupe à cette heure l'opinion publique, et que je n'exprime que mes opinions personnelles, permettez-moi de vous présenter quelques observations.

« Il semble, à entendre la presse républicaine, qu'il n'y a en France que deux partis bien tranchés, et que ceux qui ne sont pas républicains sont nécessairement monarchistes, conspirant le renversement du régime actuel. Cela n'est pas entièrement exact. Si une partie des députés de la droite croit avoir cette mission, il y en a un certain nombre qui considèrent que le premier besoin du moment est de travailler au bien du pays et d'aider au relèvement de la France, en reléguant au second plan les questions constitutionnelles.

« Je suis d'avis que les deux tiers des citoyens français sont absolument indifférents à la forme du gouvernement. Avant tout, ils veulent être bien gouvernés et travailler en paix. Ils ont l'horreur du changement et des révolutions, c'est très vrai, mais, s'ils voyaient la République gouverner mal et attaquer les vieux principes qui ont toujours servi de base à la société, je crois bien qu'ils préféreraient la monarchie.

« Jusqu'à présent, il faut le reconnaître, le parti dont nous parlons n'a pas manifesté clairement son désir de changer la forme du gouvernement; — aux élections du 4 octobre, il a témoigné son éloignement pour les tendances radicales, anarchistes et antireligieuses, et sa volonté de voir nos gouver-

nants revenir à des allures plus modérées. Rien de
plus, à mon avis.

« C'est de cette grande masse indifférente qu'est
issue une partie de la Chambre actuelle ; — je parle
des modérés de la gauche aussi bien que de la
droite ; ces députés connaissent parfaitement les
sentiments de leurs électeurs, et la plupart partagent leur indifférence. Ils savent qu'ils ont été en-
voyés pour améliorer et non pour détruire.

« Si ces considérations sont exactes, n'est-ce pas
un devoir patriotique pour les divers groupes modérés de la Chambre, soit de gauche, soit de droite,
de chercher à s'unir sincèrement et loyalement pour
arriver à former, si c'est possible, un gouvernement
conservateur, en laissant de côté, au moins pour la
durée de la législature, les questions constitutionnelles ? Si la République tire profit de ce retour aux
idées conservatrices, tant mieux pour elle ; on ne
peut reculer devant cette conséquence. Le bonheur
et la prospérité de la France avant tout.

« Remettre la réalisation de cette union au moment où les conservateurs auront franchement
adhéré à la République est une illusion un peu trop
exagérée pour qu'il soit nécessaire de la dissiper. Il
doit suffire qu'ils apportent un concours loyal et
sans arrière-pensée à tout gouvernement conservateur quel qu'il soit, — et on ne saurait leur demander de plus grandes concessions que celles du programme que vous avez publié.

Cette union est attendue par l'opinion publique,
qui ne peut se satisfaire des agitations stériles de
la Chambre ; — elle s'impose et, sauf quelque
différence possible dans les conditions, elle se
fera. »

La seconde lettre, publiée par la *Liberté*, était de

M. Raoul Duval à un de ses amis et portait la date
du 24 août :

« Je tiens d'autant plus à vous suivre sans interruption que je vois avec grand plaisir mûrir l'idée
que seuls, vous dans la presse, moi dans le Parlement, nous avons préconisée, c'est-à-dire la constitution non pas d'un centre gauche, mais d'une *droite
républicaine*.

« Centre gauche, Ribot et ses amis étaient impuissants, parce qu'ils étaient, au nom de la discipline
des partis, prisonniers des autres groupes de gauche auxquels ils étaient, par leur petit nombre, fata-
lement condamnés à servir d'appoint.

« Droite républicaine, nous sommes à la fois indépendants de tous les partis extrêmes de gauche,
parce que nous sommes droite, et des monarchistes
irréconciliables, parce que nous nous posons sur le
terrain de la République.

« Nous pouvons donc marcher à la conquête de
l'opinion. Ce serait une question de persévérance et
de résolution. Dans ma conviction, l'affaire sera
même beaucoup plus vite faite qu'on ne le suppose
dans les deux camps extrêmes.

« Ce qu'il y a de sûr, c'est que je crois que nous
sommes dans le vrai et que j'éprouve une satisfaction particulière à nous y trouver ensemble... »

Le comte de Paris fut appelé par ses fidèles à donner son avis sur ce mouvement de concentration
conservatrice en dehors de la monarchie. Il répondit très habilement en disant que la droite elle-
même devait se garder d'afficher ses espérances de
restauration, et que, quant à la droite républicaine,
elle pouvait être utile à la droite pure, si, sans

entamer cette dernière, elle se bornait à créer la division dans le camp républicain.

Voici, d'ailleurs, le texte même de la note du prétendant, qui était du 1er septembre et fut publiée par le *Times :*

« C'est précisément parce que la France veut garder en réserve la force monarchique pour l'heure de la crise qu'il est inutile et même imprudent de lui remettre constamment en mémoire l'exil, les princes et la monarchie.

« Nous conjurons, en conséquence, nos amis de ne pas se laisser aller au découragement et à la tristesse ni même aux doutes que leurs adversaires voudraient bien répandre; nous leur recommandons en même temps de ne pas tenir constamment sous les yeux de la France la peinture de la maladie organique dont elle souffre, et qui, à cette heure, nécessiterait une sérieuse opération devant laquelle elle recule. Parlons-lui de ses affaires journalières et des soins impérieux qui lui incombent. Montrons-lui par notre sollicitude, nos attentions, le remède que nous offrons pour quelques-uns de ses maux, montrons-lui que nous sommes dignes de sa confiance. Ce n'est pas par des controverses journalières contre la République que nous réussirons à inspirer à la France la confiance qu'elle devrait avoir en nous. C'est elle qui, frappée par le spectacle de nos efforts pour la servir et lui être utile, devra porter sa pensée vers nous; c'est elle qui devrait être frappée de ce qu'elle est sans nous, de ce qu'elle serait avec nous, particulièrement en reconnaissant que le rôle national et historique de notre monarchie la rend capable de se prêter à toutes les saines aspirations de la démocratie française. »

« Si l'on entre dans cette voie, les promoteurs du nouveau groupe constitutionnel de la droite républicaine doivent-ils être encouragés? Oui, s'il est pris dans la gauche pour grossir les forces conservatrices de la Chambre. Non, s'il vient de la droite et affaiblit ainsi son homogénéité et sa force dans le Parlement. La droite ne doit pas suivre une politique anticonstitutionnelle. Elle doit lutter seulement sur le terrain conservateur et pour des idées conservatrices. Elle doit tout entière suivre cette politique, qui, dans l'Assemblée, convient autant aux royalistes les plus intransigeants qu'au plus transigeants des vieux amis de M. Thiers. Elle ne doit laisser rompre par personne son bataillon compact. Mais, pour prévenir toute scission, elle doit éviter les coalitions avec les radicaux et ne se rencontrer avec eux dans un vote que s'il s'agit de questions sur lesquelles l'esprit public ne peut se méprendre. Il est nécessaire, par exemple, que, en cas de Congrès, les déplorable scènes dont Versailles a été témoin en août 1884 ne se renouvellent pas. »

Un mois après, à la tribune de la Chambre des Députés, M. Raoul Duval s'attacha à proclamer que si les candidats conservateurs, aux élections législatives de 1885, avaient fait montre de leurs sentiments monarchistes, ils avaient obtenu peu de succès auprès du suffrage universel, et fit ainsi la preuve indirecte de la prudente sagesse qui inspirait le comte de Paris, recommandant à ses partisans de ne pas rappeler constamment aux électeurs les princes et la politique des princes.

Voici ce que disait M. Raoul Duval :

« Il y a plus d'un an, le suffrage universel avait à remplacer des mandataires responsables de la situation difficile à laquelle nous cherchons actuellement à remédier. Revenu des illusions de la politique coloniale, déjà préoccupé de l'état de nos finances, lassé de servir de champ clos aux partis, le pays a évidemment voulu, avant tout, la paix à l'extérieur comme à l'intérieur, l'ordre et l'économie dans les finances.

« Selon les régions, avec les différences de tempérament que comportent des populations aussi diverses que celles d'une nation qui s'étend de Brest à Toulon, de Bayonne à Lille, il a renforcé les deux groupes qui avaient fait opposition à la politique dont il était las, celui des républicains prononcés et celui des conservateurs dont, ainsi que je le rappelais tout à l'heure, *les professions de foi ne mettaient aucunement en cause la forme du gouvernement. (Dénégations à droite).*

« M. SEVAISTRE. — C'est absolument vrai.

« M. RAOUL DUVAL. — Je remercie mon honorable collègue de l'appui qu'il veut bien me donner; c'est, en effet, absolument vrai, et toute notre campagne électorale s'est faite sur ce programme: une droite dans la République et non contre la République.

« Je ne m'adresse à aucun de mes collègues individuellement; je ne me permettrais pas de scruter les consciences. Mais je constate que dans nos professions de foi presque personne n'a mis en question la forme du gouvernement. (*Interruptions à droite.*)

« M. PAUL DE CASSAGNAC. — La loi le défendait. Si nous l'avions fait, on nous aurait invalidés!

« M. RAOUL DUVAL. — Il y a quelque chose qui le défendait encore bien plus que la loi, c'est que vous aviez presque tous le sentiment que, sauf dans

quelques départements où les passions subsistent
encore très ardentes...

« M. Paul de Cassagnac. — Heureusement!

« M. Raoul Duval. — ... mais qui sont en très
petite minorité, *on aurait eu très peu de succès*
électoral si on s'était présenté comme adversaire
déclaré de la République. (*Interruptions à droite.*
— *Applaudissements sur divers bancs à gauche*).

« Mais au lendemain des élections, il s'est produit des entraînements dont il est impossible que
vous n'ayez pas gardé le souvenir, certaines imprudences de parole chez des hommes trop convaincus
pour être réservés, certains besoins de réclame...
(*Murmures à droite.*)

« Oh! ce n'est pas pour l'enceinte législative que
je parle (*Rires à gauche*), mais il n'en est pas moins
vrai que le lendemain, avant même que les élections
ne fussent complétées, on qualifiait, avec fracas, de
monarchistes tous les élus qui n'étaient pas inféo-
dés au parti républicain.

« On a ainsi donné à craindre au suffrage universel qu'une droite trop puissante pût vouloir changer
la forme du gouvernement. Alors le suffrage universel n'a pas tardé à signifier d'une manière irréfutable que, s'il voulait changer la façon dont on
l'avait gouverné, il n'entendait pas pour cela changer de gouvernement (*Applaudissements à gauche*).
Depuis, rien ne nous autorise à croire que le suffrage universel ait modifié son sentiment, au contraire.

« J'ajoute qu'il faudrait, pour le croire, perdre de
vue que, dans notre pays, travaillé depuis un siècle
par le fléau des révolutions successives, dans lequel
aucun gouvernement n'a pu encore franchir la
vingtième année, il y a aujourd'hui dix générations
d'électeurs qui n'ont vu et connu que le gouverne-

ment de la République. Beaucoup de ceux-là peuvent être mécontents de la façon dont ils sont gouvernés, mais il en est peu qui veuillent transformer la forme du gouvernement sous laquelle ils sont nés à la vie civique.

« Est-il donc si dur, messieurs, de servir la France comme le suffrage universel entend qu'elle soit servie? Est-il humiliant pour qui que ce soit de s'incliner devant une volonté nationale ferme et persévérante? Je ne proposerais à personne de changer d'idées et de manière de voir, et de passer des bancs de la droite sur ceux de la gauche; il faudrait, pour le faire, manquer au respect des autres et manquer même au respect de soi-même.

« Mais s'exposera-t-on à une diminution de sa dignité en consentant à s'accommoder du succès de ses idées *avec une forme de gouvernement qu'on n'a pas choisie, mais qui vous laisse liberté complète et entière d'en poursuivre le triomphe par la loyale discussion, par la persévérance, par la lutte légale et incessante? (Nouveaux applaudissements à gauche.)*

« Pourquoi serions-nous plus difficiles que nos soldats? Est-ce que les Français de toutes les opinions ne font pas aussi vaillamment leur devoir les uns que les autres? Est-ce qu'au besoin ils ne meurent pas aussi bravement sous l'étendard aux trois couleurs surmonté d'un fer de lance, qu'ils ne le faisaient autrefois avec l'aigle impérial ou le coq gaulois?

« Il est des écrivains plus ardents encore dans leur haine contre la République. A ceux-là, il faut des hommes d'attaque, pour surchauffer la chaudière, car c'est en la surchauffant qu'on la fait éclater.

« Une pareille politique n'est pas française, les hommes assez passionnés pour la conseiller à ceux qui représentent la France oublient que le vaisseau dont ils veulent faire sauter la chaudière porte la fortune de la France. CETTE POLITIQUE SERAIT CELLE DE LA SCÉLÉRATESSE SI CE N'ÉTAIT PAS CELLE DE LA FOLIE! (*Applaudissements répétés à gauche et au centre.*) »

M. Raoul Duval faisait allusion aux articles pareils à ceux de M. Paul de Cassagnac, qui avait écrit dans le *Pays :*

« Unissons-nous, réactionnaires de toutes les opinions, et jetons par terre la République. *Nous nous battrons après.* »

Et dans le *Matin :*

« A tout hasard, faudra-t-il peut-être pousser un peu cette République avec la crosse d'un fusil ou le fer d'une fourche. Et les républicains ne nous feront pas l'injure de supposer que *si la légalité seule se dressait entre la France et nous* ses libérateurs, ce fragile obstacle nous opposerait plus de résistance que n'en oppose le carreau de papier qui ferme la fenêtre du pauvre à la tempête déchaînée. »

M. Paul de Cassagnac condamna l'évolution de M. Raoul Duval et de ses amis dans un article intitulé : « *La chute d'un homme* ». D'ailleurs, en général, la presse, soit de droite, soit de gauche, accueillit mal les premières manifestations de la droite républicaine.

Le *Figaro*, le *Matin*, la *République française*,

ce dernier journal par la plume de M. E. Spuller, furent les seuls qui donnèrent aux fondateurs du groupe leur approbation et leurs encouragements.

Nous nous reportons volontiers à l'époque même de la formation d'un parti à la fois conservateur et constitutionnel, et nous nous rappelons, sinon la défiance absolue, du moins l'extrème réserve qu'inspirèrent à la grande majorité des républicains les déclarations et les discours de ceux qui, acceptant la forme, répudiaient le fond, renonçaient à toute attaque contre les institutions telles qu'elles existaient en vertu des lois constitutionnelles, mais n'adoptaient pas le programme républicain, décidés à combattre les lois considérées comme fondamentales par l'ensemble du parti républicain.

Nous écrivions alors (1) :

« Il y aura plus de joie dans la République pour un monarchiste faisant pénitence que pour quatre-vingt-dix-neuf républicains qui persévèrent. Faut-il parler cet évangélique langage, accueillir gracieusement les ouvriers de la dernière heure et les placer au premier rang ?

« La République doit être ouverte ou fermée et j'avoue hautement que je tiens pour la République ouverte, ouverte à tous les concours, à toutes les bonnes volontés. La République serait un grand parti, mais ne serait qu'un parti, si elle était exclusive, et la République est plus que cela, c'est le gouvernement voulu par le pays, c'est la France elle-même, et l'on

1. Un mot sur la droite républicaine, article signé : Maxime Lecomte, ancien député. (*Progrès du Nord*, 31 août 1885.)

ne peut mettre hors la République que ceux-là qui ont mérité d'être mis hors la patrie.

« Je suis pour la République ouverte, mais non pour la République livrée.

« On ne comprendrait pas qu'en pleine paix, lorsque rien ne fait supposer une surprise, une ville lève ses ponts-levis, ferme ses portes et dispose ses herses. Mais on ne comprendrait pas davantage l'imprudence d'une garnison, abaissant toute barrière, faisant disparaître tout obstacle au lendemain d'un assaut qui lui a fait subir de grandes pertes et, à un certain moment, a paru donner la victoire à l'assiégeant.

« Quelle condition exiger ?

« Pour prendre place dans la République, même à droite, suffira-t-il de déclarer que pour le moment on accepte la Constitution républicaine et qu'on ne veut rien tenter contre elle ?

« Ce n'est pas une paix, cela ; c'est un armistice, une trève, et la trève normande que nous apporte M. Raoul Duval dans les pans de sa redingote n'a aucun des avantages, aucune des raisons d'être de la trève de Bordeaux demandée par M. Thiers à tous les partis, au lendemain des désastres qui avaient livré la France à la merci des Allemands.

« En 1871, la forme républicaine semblait un expédient imposé par la nécessité du moment, ayant un caractère purement provisoire. L'œuvre d'une assemblée en majorité monarchiste paraissait devoir être une monarchie. Il n'en fut autrement que grâce à l'admirable fermeté du pays qui, par chaque élection partielle, signifia clairement à l'Assemblée qu'il ne supporterait aucune tentative de restauration. De cette volonté énergique et persistante des électeurs est née une Constitution républicaine définitive.

« A cette Constitution une soumission temporaire et provisoire ne peut convenir. Ce n'est pas parce qu'on prétend s'abstenir pendant un certain temps de combattre la République, qu'on est républicain. La formation sur une pareille base d'une droite se disant républicaine ne peut exciter que l'hilarité ou l'étonnement.

« Et cependant l'existence d'une droite républicaine, digne de cette appellation, résolûment conservatrice et en même temps résolûment républicaine, est en soi très désirable. Il importe, en effet, au repos, à la prospérité, à la grandeur de notre pays, que l'opposition au développement pacifique de nos institutions républicaines et démocratiques tende à être elle-même une opposition pacifique et constitutionnelle. Le jour où la presque unanimité des membres de nos assemblées délibérantes ne comprendrait que de vrais républicains, uniquement divisés sur les questions d'application, sur les meilleurs modes de réaliser le bien général, serait une ère nouvelle que tous les patriotes doivent appeler de leurs vœux.

« Sur bien des points, l'entente serait aisée et féconde entre les progressistes et les membres de l'opposition conservatrice constitutionnelle, que cette opposition prenne le titre de « droite républicaine » ou tout autre.

Le mot est indifférent; la chose serait excellente; ce qu'il faut voir, c'est la composition de cette droite républicaine, actuelle ou future.

La République doit être ouverte à toutes les conversions, si elles sont désintéressées; à tous les repentirs, s'ils sont sincères. Des expériences trop nombreuses nous ont enseigné qu'une certaine défiance était indispensable et qu'il faut se rappeler à temps le vers de *Britannicus* :

J'embrasse mon rival, mais c'est pour l'étouffer.

Ne feraient pas très bonne figure parmi les recrues de la République les vétérans des intrigues et des conspirations orléanistes ou bonapartistes. Il est de vieux singes qui ont fait tant de grimaces qu'on ne peut plus savoir exactement l'expression naturelle de leur physionomie. Ces hommes trop compromis ne peuvent servir à rien. Leur influence est tellement néfaste, leur contact tellement pernicieux qu'ils ont compromis pour longtemps, peut-être pour toujours, des hommes nouveaux qui auraient pu rendre de réels services au pays. Mais ces hommes nouveaux se sont laissé embrigader, conduire : ils ont accepté toutes les alliances, toutes les compromissions « ensemble ils ont marché à l'assaut de la République, et parce qu'ils voient que la partie est perdue, que les institutions républicaines sont inébranlables, ils renoncent à les ébranler..... Une pareille attitude est simplement le signe du découragement des monarchistes, une preuve des progrès des idées républicaines. Ce n'est pas l'adhésion politique, généreuse, patriotique, d'hommes qui ne voyant rien de possible en dehors de la Constitution républicaine, se rangent franchement de son côté, renient leur passé et rompent définitivement toute attache compromettante. »

Nous étions, en nous exprimant ainsi, d'accord avec les traditions du parti républicain, avec les enseignements de ses chefs. Nous rappelions le discours de Gambetta à Grenoble en 1872. Traitant cette question de la République ouverte, le grand tribun avait dit :

« Notre parti est tenu à se recruter largement et sans mesquins calculs d'amour-propre, dans tous les rangs du pays, afin de devenir la majorité de la nation elle-même.

« Le parti républicain doit avoir cependant un criterium à sa disposition; il doit pouvoir distinguer entre la naïveté des uns et le calcul des autres, entre les nouveaux qui s'offrent à lui et les anciens, entre ceux qui viennent lui apporter leur concours par suite de convictions récentes et ceux qui ont des actes à mettre derrière leurs paroles; il doit enfin pouvoir être mis à même aussi de reconnaître ceux qui, secouant une indifférence, hélas! trop générale, veulent entrer dans la vie politique. Ceux-là, Messieurs, il faut les accueillir à bras ouverts. Mais il y en a d'autres; il y a les hommes qui n'appartiennent à aucun parti, qui les ont tous servis ou tous trahis tour à tour, qui sont des agents également dociles du despotisme clérical ou militaire; il y a ceux qui prennent comme un masque la formule à la mode; il y a ceux encore qui, sous une attitude plus ou moins réservée, agissant comme si on leur faisait violence, ou parce qu'il n'y a pas moyen pour le moment de faire autrement, se déclarent républicains.

« Il faut donc que, sans être exclusifs, sans être fermés, nous soyons prudents, vigilants, défiants, au nom même des intérêts les plus sacrés de la République. Car si nous recommencions la faute qui a déjà été commise, il y a vingt-deux ans, d'accepter sur signature, sur déclaration ces prétendus ouvriers de la dernière heure, eh bien! on connaît la besogne qu'ils recommenceraient : prendre la République, la placer sur un char, l'orner de fleurs et la mener sous le couteau de quelque égorgeur de race. »

M. Raoul Duval essaya ses forces en demandant
la suppression radicale des sous-préfectures et en
contribuant à renverser sur cette question le cabinet
de Freycinet. (3 décembre 1886.)

Ce fut encore un ministère de concentration républicaine qui lui succéda, sous la présidence de
M. René Goblet (1).

Dans la séance du 30 mars 1887, à la Chambre
des Députés, le président du Conseil donna la preuve
qu'il était partisan d'une République, largement
ouverte aux adhésions sincères. Il ne faisait sur ce
point que répéter en d'autres termes ce qu'avait
déclaré Gambetta. Il entendait non pas que le parti
républicain désavouât ses doctrines, reniât son
passé et renonçât à l'application des lois qu'il avait
faites, mais que le désaveu de son propre passé vînt
de la fraction de la droite qui se décidait à reconnaître la République et à la reconnaître telle que
l'avaient faite les républicains. Souvent ce discours

1. *Présidence du Conseil, Intérieur*
    et Cultes...................... René Goblet
Justice............................... Sarrien
Affaires étrangères................... Flourens
Finances............................. Dauphin
Guerre.............................. Général Boulanger
Marine et Colonies,................... Vice-amiral Aube
    Sous-secrétaire d'État, De la Porte.
Instruction publique et Beaux-Arts.. Berthelot
Travaux Publics...................... Edouard Millaud
Commerce et Industrie............... Ed. Lockroy
Agriculture.......................... J. Develle
Postes et Télégraphes................ Granet

de M. Goblet a été rappelé dans la presse et à la tribune, et souvent l'ancien président du Conseil a dû répondre à ses adversaires que sa pensée avait été méconnue et travestie.

M. Goblet disait dans ce discours du 30 mars :

Il y a ici un grand nombre d'hommes absolument dégagés de l'esprit de coterie et de secte, étrangers aux questions de personnes, et qui ne demanderaient pas mieux que de faire dans cette voie sage et résolue les affaires du pays. Nous cherchons à les grouper, nous nous y sommes employés. Sont-ils avec nous ? Oui, nous croyons qu'il peut se former ainsi une majorité composée d'éléments de gauche, à laquelle je verrais pour ma part avec satisfaction venir se mêler un certain nombre de membres...

M. *Pichon*, ironiquement. — Le péril est à gauche.

M. *le président du Conseil.* — Je reprends ma phrase : Une majorité de gauche, à laquelle il ne me déplairait pas de voir s'adjoindre un certain nombre de membres de la droite, de membres de bonne volonté, *reconnaissant que la République est définitivement le gouvernement nécessaire de ce pays et qu'il n'y en a jamais eu de moins tracassier, de moins vexatoire, de plus vraiment libre.*

« Oui, quel que soit l'accueil qu'une certaine partie de cette minorité fasse en ce moment à mes paroles, je ne doute pas qu'elles n'aient un écho dans certains esprits.

« Y a-t-il plus ou moins à faire que ce que nous voulons faire ? S'il y a une majorité pour le plus ou le moins, qu'elle se forme et qu'elle se prononce. »

Ce Ministère est tombé sur une question budgétaire. Le 16 mars 1887, M. Camille Pelletan, rapporteur général du budget, avait demandé l'adoption par la Chambre d'une résolution par laquelle, considérant l'insuffisance des économies introduites dans le projet de budget, le Gouvernement était invité à lui soumettre de nouvelles propositions, et la commission du budget s'opposa à l'adoption d'un ordre du jour de M. Anatole de la Forge, ainsi conçu :

« La Chambre, comptant sur le patriotisme du Gouvernement et de la Commission, affirmant de nouveau la nécessité d'une politique d'économies et attendant de l'accord du Gouvernement avec la Commission l'équilibre réel du budget, passe à à l'ordre du jour. »

Cent-dix voix de gauche se joignirent à cent soixante-cinq voix de droite et constituèrent une majorité contre le Cabinet, qui se retira.

M. Rouvier, président de la Commission du budget, paraissait tout désigné pour former le nouveau Ministère. Mais la question budgétaire masquait d'autres questions plus graves encore et plus délicates. Le pays était encore sous le coup de l'incident Schnæbelé qui avait failli nous remettre aux prises avec l'Allemagne; il était en même temps très préoccupé de la personnalité du ministre de la Guerre, le général Boulanger, qui avait cherché à se mettre en évidence, à se faire une place à part dans le Cabinet, à se créer une popularité. Il y avait réussi, et ses anciens amis, appartenant pour la plupart à la fraction avancée de la Chambre des Députés, ne paraissaient pas s'apercevoir que cette popularité devenait un danger pour le régime parlementaire et pour la République.

La question financière était loin de rester prédominante. La vraie question était celle-ci : le général Boulanger restera-t-il ou non ministre de la Guerre ?

CHAPITRE IV

Le ministère Rouvier

M. le baron de Mackau à l'Élysée. — Le cabinet Rouvier. — Le pacte. — Ordre du jour du général Boulanger, ministre démissionnaire. — Lettre de M. Déberly. — Discours de M. Rouvier. — Les plaintes de la droite. — Manifeste du comte de Paris. — Lettre du prince Victor-Napoléon. — La démission de M. Grévy. — L'élection de M. Carnot à la présidence de la République.

La crise ministérielle qui suivit la démission du cabinet Goblet fut exceptionnellement longue. Il n'y avait pas lieu de s'en étonner. Le président de la République fit d'abord appeler M. de Freycinet, puis M. Floquet, et ni l'un ni l'autre ne rencontraient les concours sur lesquels ils voulaient s'appuyer.

La droite fit paraître dans les journaux la note suivante:

« Le bureau des droites réunies à la suite des incidents qui ont marqué la séance du 17 mai, croit devoir affirmer de nouveau les principes qui dirigent la politique de la minorité conservatrice et qui consistent :

« 1° A ne faire aucune opposition systématique ;

« 2° A seconder toutes les mesures conservatrices et libérales ;

« 3° A combattre énergiquement toutes les mesures antireligieuses et antisociales ;

« 4° A maintenir fortement leur programme financier : *Pas d'emprunts, pas d'impôts nouveaux ; des économies.* »

M. de Mackau se rendit à l'Élysée. Fut-ce de son propre mouvement ? Y avait-il été appelé ? Une note officieuse établit que c'était spontanément que le président de l'Union des droites s'était présenté chez le président de la République. Cette note parut dans le *Temps* du 22 juin :

« En présence de la persistance de certains journaux à donner de fausses indications au sujet des entrevues que M. le président de la République a eues avec certains personnages politiques, au cours de la dernière crise ministérielle, nous croyons devoir, une fois pour toutes, rétablir les faits d'après des renseignements puisés à des sources sûres.

« On a prétendu et répété avec insistance que M. le président de la République avait, de son propre mouvement, fait appeler à l'Élysée M. de Mackau, président du groupe de l'Union des droites, pour s'entretenir avec lui de la situation politique.

« Nous sommes autorisés à déclarer que cette assertion est absolument fausse. Voici comment les faits se sont passés :

« Quelques jours après l'ouverture de la dernière crise, M. Antonin Lefèvre-Pontalis, député du Nord, ayant eu l'occasion de s'entretenir avec M. Grévy,

lui demanda s'il voudrait bien recevoir M. de
Mackau.

« Le président de la République répondit qu'il re-
cevrait le député de l'Orne s'il se présentait à l'Elysée, comme il était prêt à recevoir tous les personnages politiques qui croiraient devoir venir le voir.
M. de Mackau se présenta à l'Elysée, le vendredi
20 mai, et fut reçu par le président.

« Quelques jours après, le mercredi 25, M. de
Mackau, cette fois sans faire de demande préalable
d'audience, se présenta de nouveau à l'Elysée spontanément et fut, comme la première fois, reçu par
M. le président de la République. Mais M. Grévy, à
aucun moment, n'a fait appeler M. de Mackau... »

Il est vraisemblable que le président de l'Union
des droites indiqua à M. Grévy la tendance de la
plupart de ses amis politiques à donner leur appui à
un Ministère dans lequel les éléments modérés auraient la prédominance et qui se formerait en dehors
du général Boulanger, comme en dehors de M. Floquet.

M. de Freycinet fut prié une seconde fois d'accepter la mission de constituer un Ministère et on
agit sur lui pour qu'il ne réclamât point le concours
du général Boulanger. Les présidents des trois
groupes de gauche du Sénat allèrent chez lui et chez
le président de la République en insistant sur ce
point, déclarant que la majorité sénatoriale refusait
sa confiance à tout Cabinet qui conserverait l'ancien
ministre de la Guerre. Par suite, comme la première
fois, M. de Freycinet échoua dans ses tentatives.

Un Cabinet purement radical ne pouvait espérer

8.

réunir une majorité. M. Grévy fit alors appeler le
président de la Commission du budget et celui-ci
lui promit de donner un dénouement à la crise. Il y
réussit ; mais il dut se résigner, sur le refus des chefs
du parti avancé, à constituer un Cabinet purement
modéré, MM. Barbe et de Hérédia, de la gauche
radicale, n'ayant pas l'autorité nécessaire pour engager leurs amis et étant même désavoués par
eux (1).

L'originalité de ce Ministère, ce fut son homogénéité et la promesse plus ou moins formelle du concours d'une grande partie de la droite. C'est ce que
l'on appela « le pacte », traité d'alliance qui fut
surtout tacite et imposé par les circonstances.
M. Rouvier avait eu le grand désir de constituer un
Cabinet d'union républicaine ; mais il voulait surtout sortir la République d'une passe difficile en
mettant fin à la crise et en remplaçant par un autre
ministre de la Guerre le général Boulanger ; or, à

---

1. *Présidence du Conseil, Finances et*
    Postes...................... ROUVIER
Justice.......................... MAZEAU
Affaires étrangères................. FLOURENS
Intérieur........................ FALLIÈRES
Guerre......................... Général FERRON
Marine et Colonies............... BARBEY
    Sous-secrétaire d'État aux Colonies. ETIENNE
Instruction publique, Beaux-Arts et
    Cultes...................... SPULLER
Travaux publics........ .... DE HÉRÉDIA
Commerce et Industrie............. DAUTRESME
Agriculture...................... BARBE

cette époque, la droite se rencontrait avec la plupart des républicains modérés pour mettre obstacle à la popularité croissante du général (1). Ce ne fut que plus tard qu'elle s'efforça d'exploiter à son profit cette popularité.

Le cabinet Rouvier ne faisait pas facilement son deuil de la politique de concentration républicaine; c'est cette politique qu'il invoquait encore dans sa déclaration :

« C'est notre conviction qu'il y a une majorité pour soutenir une politique vraiment pratique. Nous avons cherché dans la formation d'un Cabinet de *concentration républicaine* les moyens et la force de dégager cette majorité. Nous appelons tous les républicains, tous les patriotes, à cette œuvre de

---

1. Contrairement à l'usage, le ministre de la Guerre démissionnaire adressa à l'armée un ordre du jour :

« Paris, 30 mai 1887.

« Officiers, sous-officiers et soldats,

« Le Cabinet dont je faisais partie ayant donné sa démission, M. le président de la République a confié à d'autres mains le portefeuille de la guerre.

« En quittant le commandement de l'armée, je tiens à remercier tous ceux qui m'ont secondé dans la tâche patriotique de mettre nos moyens de défense à la hauteur de toutes les épreuves.

« Vous serez, sous les ordres de mon successeur, ce que vous avez été sous les miens, dévoués à vos devoirs professionnels et fidèles aux lois constitutionnelles dont le respect doit, dans nos cœurs, dominer tous les autres sentiments.

« Je serai le premier à vous donner l'exemple de cette double discipline militaire et républicaine.

Général BOULANGER. »

travail dans l'apaisement. Elle ne peut réussir que par le concours de tous... »

Il devait cependant s'attendre à l'hostilité des radicaux en même temps qu'à l'appui de la droite républicaine. Ce qui fit sa force, dans ces conjonctures si difficiles, ce fut la ferme résolution qu'il affirma et à laquelle il se tint de ne conserver le pouvoir que s'il y était soutenu par une *majorité de républicains*.

La droite républicaine avait perdu M. Raoul Duval, décédé en février. Elle expliqua sa politique par la plume de M. Albert Deberly, député de la Somme, qui adressa au *Figaro* la lettre suivante :

« La situation nouvelle que la droite vient de prendre dans le Parlement a soulevé des polémiques nombreuses.

« Certains journaux ayant cité mon nom parmi ceux qui avaient, il y a un an, essayé dans le *Figaro* de préciser quel devait être le véritable rôle politique de la droite, permettez-moi, monsieur le rédacteur, de recourir aujourd'hui encore à votre obligeance pour considérer le chemin que nous avons parcouru depuis cette époque, fixer le point où nous sommes arrivés et tirer des événements les conclusions qui peuvent être utiles au pays.

« Notre regretté collègue Raoul Duval (et ce sera son éternel honneur) avait été le promoteur de ce mouvement d'opinion qui devait, suivant lui, amener la trève des partis.

« Vous savez comme moi combien il lui a été souvent reproché d'avoir voulu donner un nom à l'idée qu'il essayait de réaliser, et combien de nos amis ont éprouvé une certaine hésitation à le suivre dans sa tentative de conciliation.

« Mais pour qui a vécu dans l'intimité de notre aimé collègue, pour qui a pu connaître sa véritable pensée, il ne saurait y avoir de doute sur le but qu'il poursuivait.

« Ce qu'il voulait, c'était l'apaisement, la pacification des esprits, déterminés par l'attitude de la droite.

« C'était un changement de direction dans la politique générale.

« Il voulait obliger le Gouvernement, grâce au concours de la droite, à donner aux intérêts moraux et matériels du pays plus de sécurité et de liberté, en renonçant au système de persécution et de vexations inauguré dans toute la France.

« Ce n'était, d'ailleurs, là que la stricte exécution du programme des candidats conservateurs aux scrutins des 4 et 18 octobre 1885.

« Son œuvre s'accomplit lentement, mais sûrement.

« Son idée a fait dans le pays des progrès incontestables, que le Gouvernement lui même vient de consacrer.

« Aussi les déclarations récentes du Ministère actuel sont-elles de nature à rassurer et à donner confiance.

« Sans doute, il ne faudrait pas s'exagérer sous peine d'être dupe ou complice, les concessions faites aux idées conservatrices. Mais il n'en faut pas moins rendre justice aux courageux efforts des ministres qui sont venus affirmer à la tribune qu'ils ne veulent pas continuer la politique de combat dirigée contre la droite; qu'ils entendent, dans l'application des lois existantes, agir sans faiblesse, mais sans provocation, et qui semblent ainsi avoir enfin compris que tous les citoyens ont des droits égaux quand il s'agit des intérêts supérieurs du pays.

« Comment caractériser cette situation politique ?

« On répète sans cesse les mots d'alliance, d'accord, de protection...

« Ce sont là autant de machines de guerre inventées par les adversaires du Ministère actuel.

« Il n'y a (il faut qu'on le sache) ni coalition ni traité occulte.

« Chacun agit dans l'indépendance de sa conscience et de ses convictions.

« La vérité est que la droite est inattaquable dans la correction de sa conduite politique.

« Aussi longtemps que les Cabinets précédents ont voulu gouverner en s'appuyant sur les partis extrêmes, en protégeant des doctrines dangereuses pour l'état social et en écartant le concours des 180 députés conservateurs, nommés par 3,500,000 suffrages, la droite s'est cantonnée dans une opposition qui, sans être systématique, devait être ferme et résolue.

« Aujourd'hui que, plus respectueux de la volonté nationale, le Ministère semble vouloir gouverner avec la nation tout entière, la droite, poursuivant sa mission, qui est de sauver la France du radicalisme, doit aider à cette œuvre de salut public.

« Le patriotisme lui commande cette attitude.

« Si, au contraire, l'avenir ramenait le retour des tendances funestes qu'elle a toujours combattues, ses nouveaux devoirs seraient tout indiqués.

« Mais ce que je puis affirmer, et ce que le pays reconnaîtra, c'est que l'évolution qui se produit dans la politique gouvernementale est due à la sagesse de la droite, qui a ainsi rempli le mandat qui lui avait été confié aux élections de 1885. »

D'autre part, ayant à répondre à la tribune de la Chambre des Députés, le 11 juillet, à MM. Tony Révillon, Sigismond Lacroix, Camille Pelletan et Clémenceau, « sur les menées cléricales et monarchistes », M. Rouvier rappela l'appel fait naguère au concours des membres de la droite par son prédécesseur, M. Goblet, et en même temps l'engagement que lui-même avait pris de ne gouverner qu'avec une majorité de républicains. Il ajoute :

« Tout à l'heure vous avez épilogué fort à votre aise et équivoqué en disant que, quand c'est vous qui votez avec la droite, cela n'a aucune espèce d'inconvénient politique, mais que, quand ce sont les centres, oh! alors, la chose est condamnable, périlleuse, c'est la trahison.

« Si vous avez voulu dire, — et je crois que c'est le fond de votre pensée, — que dans les questions purement politiques, dans les interpellations, quand la question de confiance se pose sur l'interprétation d'un acte politique, il faut exiger une majorité républicaine, permettez-moi de vous dire que nous ne vous avions pas attendus. Nous avions pris l'initiative de cette déclaration les premiers, car jamais aucun gouvernement ne l'avait faite.

« Mais pour ce qui est de la vie politique quotidienne, pour ce qui regarde le vote des lois, notre condition n'est-elle pas celle de tous les gouvernements qui nous ont précédés? Si, pour certains articles de la loi militaire, il y a eu des votes de la droite joints à ceux de la gauche, est-ce que l'histoire de tous les Cabinets précédents n'est pas tissée de la même étoffe? Est-ce qu'il n'en a pas toujours été ainsi? Est-ce que c'est avec une majorité exclusivement républicaine qu'on a maintenu l'ambassade auprès du Saint-Siège et le budget des cultes? Vos sarcasmes ne changent rien à la nature des choses.

« Et, le lendemain du jour où ces votes ont eu lieu, êtes-vous venus à cette tribune demander compte à ceux qui nous ont précédés de ce que la majorité sur laquelle reposait la décision de la veille était mêlée, qu'elle se composait à la fois de membres de la droite et de membres de la gauche ? Vous ne l'avez jamais fait.

« Pourquoi êtes-vous plus exigeants pour nous ? Peut-être parce que nous sommes allés au-devant, parce que nous avons fait des déclarations qui, je le répète, ne respectaient peut-être pas suffisamment la règle constitutionnelle, parce que nous avons dit au début : Nous voulons une majorité républicaine.

« Eh bien, nous le disons encore aujourd'hui : il y a 410 républicains dans cette Chambre; soyez 200 contre nous, et nous abandonnerons le pouvoir à l'instant même!

« Il y a une autre question par laquelle l'honorable M. Clémenceau a terminé son discours. A celle-là je ne veux pas répondre.

L'honorable M. Clémenceau, avant de descendre de cette tribune, nous a dit : « Nous allons nous séparer pour trois mois; il s'agit de savoir si, pendant ce temps, les fonctionnaires pourront se dire républicains. » Je ne répondrai pas à cette question, car je la considère comme un véritable outrage. »

M. Rouvier avait raison de protester contre les intentions qu'on lui prêtait. Les fonctionnaires de la République n'étaient pas invités à donner aux anciens monarchistes plus ou moins pénitents les satisfactions qu'ils attendaient. Ils s'en plaignaient, parfois amèrement et déclaraient que le fameux pacte, s'il existait, ne leur rapportait aucun bénéfice. Ainsi, dans le *Gaulois*, M. Dugué de la Fauconnerie, député de l'Orne, disait :

« Il semble que l'administration prenne à tâche de désavouer par tous ses actes les théories libérales et sages exposées récemment par le président du Conseil. Qu'il s'agisse de bureaux de tabac, de recettes buralistes, de nomination de juges de paix, de percepteurs, d'agents-voyers, d'instituteurs, de facteurs ou de cantonniers ; qu'ils s'agisse de renouveler les commissions administratives des hospices, les bureaux de bienfaisance, les commissions de révision des listes électorales ; qu'il s'agisse de désigner les répartiteurs, les membres des commissions d'hygiène, les délégués cantonaux, etc., etc., c'est toujours le même système d'intolérance, le même esprit d'exclusion. »

Le comte de Paris pensa-t-il que la droite se fatiguerait bientôt de la neutralité bienveillante qu'elle accordait à un ministère républicain ? En tout cas, il crut que l'heure était venue de chercher à stimuler le zèle de ses partisans et qu'il convenait de mettre du côté de la Monarchie légitime toutes les chances possibles de succès en ne laissant pas aux bonapartistes le monopole des principes démocratiques et des institutions plébiscitaires. Le prétendant, le 15 septembre (1), affirmait que la Monarchie avait

1. *Année politique*, de M. André Daniel, 1887. Pièce justificative D.

chance de sortir d'une crise qui serait l'œuvre de
certains républicains ; que la France pouvait être
assurée que cette Monarchie ne marquerait pas un
retour en arrière. Comment pourrait s'installer
l'ordre légal nouveau ?

« Le pacte ancien sera mis en vigueur, au nom
de la France, soit par une assemblée constituante,
soit par le vote populaire. Par cela même qu'elle
est inusitée sous la Monarchie, cette dernière forme
est plus solennelle et peut mieux convenir à un
acte qui ne doit pas se renouveler. Elle permet de
donner, sans retard, une assise solide à la Constitution. Un gouvernement porté pour l'opinion
publique comme le sera la Monarchie le jour de son
avènement n'a rien à craindre de cette consultation
directe de la nation. »

C'était le plébiscite orléaniste, et les chefs du parti
républicain tombaient d'accord avec les impérialistes sur ce point, que le représentant du droit
divin se déclarait prêt à se servir des procédés des
Bonapartes. Il n'y a plus de roi, au sens ancien du
mot, constatait l'*Univers*, et à Saint-Dié, M. Jules
Ferry, montrant la dégénérescence de l'idée monarchique et les progrès de ceux qui disaient « n'importe qui » et « n'importe quoi », déclarait qu'il n'y
avait plus d'institutions ni de principes en face
de la Constitution républicaine et que si la lutte
devait subsister, elle s'établissait entre, d'une part,
la République, seule forme du gouvernement du
pays par le pays, dépositaire unique des libertés

publiques, et, d'autre part, le pouvoir personnel et toutes les variétés de la dictature.

Le prince Victor ne voulut pas laisser ce manifeste sans réponse et, le 23 octobre, écrivit à M. Jolibois, président du groupe de l'Appel au peuple :

« L'inébranlable fidélité avec laquelle le parti de l'empire n'a cessé de défendre le principe de l'appel au peuple a porté ses fruits.

» Les esprits les plus prévenus, ceux même qui naguère mettaient tout en œuvre pour le dénigrer et le combattre, sont désormais obligés de s'incliner devant lui

» Ils en sont arrivés à se rendre compte de la force souveraine du plébiscite et des progrès que fait chaque jour notre doctrine.

» Le prince impérial l'avait dit : « Le plébiscite, c'est le droit et c'est le salut. »

« Vos collègues se sont toujours inspirés de cette pensée.

« A l'Assemblée Nationale, isolés qu'ils étaient entre les coalitions de droite et de gauche, ils n'ont jamais hésité à réclamer l'appel au peuple.

« Continuez à marcher résolûment dans cette voie.

« C'est à vous qu'appartient la revendication imprescriptible de ce principe, dont seuls les Napoléons ont su assurer le triomphe.

« Tenez notre drapeau en dehors et au-dessus de toutes les compromissions.

« Il doit rester intact pour le jour où le peuple viendra librement chercher un abri sous ses plis.

« Ralliez autour de vous, sans distinction de passé ni d'origine, les hommes inquiets de l'avenir, écœurés des scandales dont nous sommes témoins.

« Il est temps de constituer sur des bases démocratiques un gouvernement fort et réparateur qui assure la liberté religieuse, sache faire respecter l'armée et maintenir les droits de tous, en relevant le sentiment de la justice et de l'autorité.

« Le régime parlementaire s'effondre sous le mépris.

« A vous doit revenir l'honneur de provoquer la grande manifestation nationale qui rétablira la paix dans les esprits, la prospérité dans le pays et rendra à la France sa grandeur passée.

« Le peuple connaît ses véritables défenseurs. Il vous suivra.

« Croyez, monsieur le président, à mes meilleurs sentiments. »

Les menaces de dictature allaient venir d'un côté où seule les signalait la clairvoyance de quelques politiques, et le danger de ces menaces allait être considérablement accru par des scandales qui atteignaient le chef de l'État.

M. Jules Grévy, par sa sagesse et sa fermeté avait, tant à l'extérieur qu'à l'intérieur, rendu les plus éminents services à la France et à la République. Par sa faiblesse envers quelques personnes de son entourage et particulièrement son gendre, M. Wilson, il fit beaucoup de mal, et rendit redoutables des périls qui, sans cela, auraient été vraisemblablement évités. A peine étaient-ils apparus que presque tous les nouveaux adhérents au régime républicain avaient repris leurs positions de combat. Au premier appel fait à leur dévouement, ils étaient accourus, non pour défendre leurs alliés d'un jour, mais pour se ruer contre eux. C'est ainsi qu'on vit, à quelques mois d'intervalle, le baron de Mackau réclamer la paix comme la liberté, et à la suite de ce discours être réélu président de l'Union des droites, puis conspirer avec le général Boulanger et faire, ainsi que ses amis, alliance avec les néo-césariens.

Le cabinet Rouvier rendit un grand service au pays en contribuant dans une large mesure à amener, par des moyens parlementaires et légaux, le président Grévy à donner sa démission.

Le 19 novembre, M. Rouvier avait demandé l'ajournement d'une interpellation de M. Clémenceau sur la situation politique, jusqu'au jeudi 24 novembre, afin de permettre de terminer les opérations qui avaient lieu en ce moment de la conversion du 4 1/2 pour cent en 3 pour cent.

..... « Si la retraite du Cabinet, dit le président du Conseil, est dans les vœux de la majorité de la Chambre, il n'est pas nécessaire de longs débats ; la majorité peut affirmer son sentiment par le vote même de la date...... »

L'ajournement fut repoussé, et c'est ainsi qu'en pleine crise gouvernementale les ministres étaient démissionnaires.

La droite presque tout entière se montra en grand appétit de révision, votant l'urgence et la discussion immédiate demandées par M. Jolibois et par M. Michelin. M. Ribot prononça un éloquent discours pour convier les républicains à l'union et les conjurer de défendre la Constitution et les libertés publiques. Dans les deux scrutins, ces sages conseils furent suivis : par 382 contre 166, et 351 contre 183.

Le Ministère consentit à retirer sa démission sur la promesse du président de la République de donner la sienne, et le 28 novembre, M. Rouvier demanda à la Chambre de s'ajourner jusqu'au jeudi 1er décembre.

« A cette date, disait-il, le Gouvernement sera en mesure de lui faire une communication. »

Mais le jour venu, le président du Conseil dut faire cette déclaration :

« Le Gouvernement avait annoncé à la Chambre qu'il comptait lui faire aujourd'hui une communication. M. le président de la République nous avait, en effet, informé de son intention d'adresser un message aux Chambres. M. le président de la République a modifié sa résolution. Il ne nous a chargé d'aucune communication. Dans ces conditions, Messieurs, le Cabinet qui s'était reconstitué seulement en vue de donner au président de la République le moyen constitutionnel de communiquer avec les Chambres, s'est retrouvé aujourd'hui dans la situation où il était hier. Il a de nouveau remis sa démission. » (*Applaudissements redoublés à gauche et au centre. Mouvement prolongé.*)

La Chambre suspend sa séance jusqu'à quatre heures, et alors M. Viette dépose la proposition de résolution suivante :

« La Chambre, attendant la communication qui lui avait été promise, s'ajourne à six heures du soir. »

Ce qui est adopté par 522 voix contre 3.

Dans les mêmes conditions, le Sénat, sur la proposition de MM. Faye, Cazot et Dauphinot, votée par 259 voix contre 3, s'ajourne à huit heures du soir.

Arrivés à cinq heures à l'Élysée, les ministres ont demandé à M. Grévy à conférer tous avec lui. M. Rouvier, fort du sentiment de la Chambre, a déclaré au président, avec une respectueuse fermeté, qu'il n'était plus possible de se réfugier dans des atermoiements qui ne feraient qu'aggraver la situation. Il indiqua que les deux Chambres venaient, pour ainsi dire à l'unanimité, de rendre deux votes graves qui étaient la marque indéniable d'une volonté égale et arrêtée de mettre un terme à une situation qui en se prolongeant pourrait mettre la République et l'ordre public en péril.

M. Grévy consulta alors individuellement tous les ministres. Tous, ils affirmèrent qu'ils partageaient l'avis de M. Rouvier et que la démission était la seule solution possible (1).

Cette démission fut donnée par un message lu aux Chambres, le 2 décembre, à deux heures.

La crise présidentielle était d'autant plus grave que si les républicains ne s'entendaient pas, la

1. Voir le *Temps* du 3 décembre 1887.

droite pouvait devenir l'arbitre des scrutins. Beaucoup de républicains étaient partisans de M. Jules Ferry, et cette candidature soulevait de violentes haines et même une sorte d'agitation révolutionnaire. D'autres portaient soit M. Floquet, soit M. Henri Brisson, soit M. de Freycinet. M. Sadi-Carnot, ancien ministre des Finances, qui avait une grande réputation de fermeté et de probité, était aussi candidat. Les républicains ne pouvaient être guidés que par des scrutins préparatoires. Ces scrutins eurent lieu à Paris, puis à Versailles. A Paris, le 3 décembre, dans un premier tour, les voix se répartirent comme suit : Floquet, 101; de Freycinet, 94; Brisson, 66; Carnot, 49; dans un second tour, de Freycinet, 190 (les partisans de M. Floquet s'étaient ralliés à lui); Brisson, 83; Carnot, 27.

A Versailles, le 3 décembre, au premier tour : Jules Ferry, 200 (les républicains modérés prirent part à ces scrutins); de Freycinet, 192; Brisson 81; Carnot, 69; au second tour : Jules Ferry, 216; de Freycinet, 196,

Il était manifeste que les partisans de M. Jules Ferry ne passeraient pas à M. de Freycinet et réciproquement; l'union des républicains ne pouvait se produire que sur le nom d'un troisième candidat, et pour faire échec à M. Jules Ferry, M. Clémenceau et ses amis se décidèrent à reporter leurs voix sur un républicain modéré, sur M. Carnot, déjà candidat dans les scrutins préparatoires. On tenta un nouvel essai, qui aboutit aux résultats suivants : Jules Ferry, 179 ; Carnot, 162 ; de Freycinet, 109.

La candidature de M. Carnot ne pouvait, dans ces conditions, que gagner du terrain, devant l'Assemblée Nationale.

Le premier tour de scrutin donne, sur 849 suffrages exprimés :

Sadi Carnot	303	voix
Jules Ferry	212	—
Général Saussier	148	—
De Freycinet	76	—
Général Appert	72	—

Il y a lieu de procéder à un second tour de scrutin. Pendant la suspension de la séance, l'Union des gauches de la Chambre se réunit ; M. Jules Ferry déclare qu'il considère comme son devoir de se désister de toute candidature, par respect pour la discipline et l'union républicaines. Il ajoute qu'il votera le premier pour M. Sadi Carnot et il engage tous ses amis à imiter son exemple. Cette déclaration est accueillie par des applaudissements, et la réunion vote un ordre du jour par lequel :

« Félicitant M. Jules Ferry de son désistement patriotique, elle déclare qu'elle reportera tous ses suffrages sur M. Sadi Carnot (1). »

Quelques instants après, on apprend que M. de Freycinet s'est également désisté en faveur du même candidat.

1. Le *Temps* du 5 décembre 1887.

Le second tour de scrutin comprend 842 votants. Il donne les résultats suivants :

Sadi Carnot 616 voix

Général Saussier 188 —

Et le président Le Royer proclame M. Sadi Carnot élu pour sept ans président de la République française.

M. Rouvier, président du Conseil des ministres, en sa qualité de chef par intérim du pouvoir exécutif, remit au nouveau président l'ampliation du procès-verbal de l'Assemblée Nationale constatant son élection; puis, lui adressa ses félicitations en faisant remarquer que toutes les forces républicaines étaient groupées derrière lui, et que, dans les circonstances présentes, le pays verrait là un gage d'union dont ne pourraient que profiter la patrie et la République.

M. Carnot répondit :

« Je vous remercie profondément des félicitations et des sentiments que vous voulez m'exprimer ; je suis pénétré de reconnaissance envers les membres de l'Assemblée Nationale qui, en réunissant leurs suffrages sur mon nom, ont si hautement témoigné du désir de pacification et de concorde dont la France républicaine est animée. Mon vœu le plus cher est que cette grande journée reste présente à tous les esprits et à tous les cœurs.

« Elle signifie que les représentants de la France savent s'unir. Leurs efforts communs peuvent et doivent assurer la constitution et la marche régulière d'un Gouvernement stable, actif et capable de donner à la nation avec la liberté au dedans et la dignité au dehors, tous les bienfaits que notre pays attend de la République. Encore une fois, merci, Messieurs, vous pouvez compter sur tout mon dévouement. »

CHAPITRE V

Le Boulangisme

Il n'est pas de période plus curieuse à étudier ni plus féconde en enseignements que celle de l'agitation boulangiste. Elle fut courte, mais bien remplie.

Le 8 juillet 1887, l'ancien ministre de la Guerre, nommé au commandement du 13e corps, se prêtait, à son départ de Paris, à toutes les démonstrations que peut imaginer une foule enthousiaste et décidée à compenser par des adulations ce qu'elle considère comme les injustices du pouvoir.

Le 1er avril 1889, le général Boulanger, l'élu de la Dordogne, l'élu du Nord, le 15 avril 1888, l'élu de trois départements, le 19 août de la même année, l'élu de Paris, le 27 janvier 1889, fuyait les responsabilités de la conspiration dont son nom était le mot d'ordre, et sous l'œil d'un policier complaisant prenait le train pour Bruxelles.

Entre le départ de la gare de Lyon et le départ de la gare du Nord, quel prodigieux contraste!

Entre les deux dates, en moins de deux ans, quels événements et quelles transformations !

Nous ne devons pas nous glorifier de la chute rapide de l'aventurier : son élévation est trop humiliante pour notre pays, et nous pouvons nous demander avec quelque amertume si ce n'est pas son départ volontaire qui seul l'a empêché d'aller jusqu'au bout de son ambition, jusqu'où le poussait la faveur populaire.

Reprenons la première date.

Dès qu'il reçut le commandement du corps d'armée de Clermont-Ferrand, les partisans du général dirent qu'il avait appris cette nomination par les journaux, qu'on lui mettait ce commandement sur la gorge, que c'était l'exil, une déportation sans

jugement. Les mêmes tourneront plus tard en déri-
sion le général Ferron, ancien ministre de la Guerre,
parce qu'il acceptera modestement d'être placé à la
tête d'une division.

Nous ne rapporterons pas ici les manifestations
tumultueuses de la gare de Lyon. Elles prouvaient
que la popularité du général Boulanger était réelle
et que l'habile campagne de presse et de publicité
qui s'était faite à son profit avait produit des résultats.

Il n'était pas prudent de heurter de front cette
popularité; ce n'était même pas utile à ce moment,
puisque, malgré les regrets qu'il pouvait avoir, et
tout en se prêtant à des manifestations populaires
qu'il lui appartenait d'éviter, le général Boulanger
quittait Paris et allait prendre le haut commandement dont il était investi. M. Jules Ferry commit
certainement une faute en injuriant personnellement le commandant du 13e corps, ne se rendant
pas compte que sa propre impopularité allait grossir encore la popularité du général. On pouvait
s'attendre à plus de réserve de la part du chef de
l'« opportunisme. » Mettant à part cette question de
convenance et d'habileté, M. Jules Ferry pensait
avec justesse. Ce qu'il disait était la raison même,
mais il parlait trop tôt :

    « Si l'on en croit, disait-il, ces nouveaux patriotes,
non seulement le patriotisme serait le monopole
d'un parti, mais il serait la propriété exclusive de
certains groupes, de certaines sectes du parti, et

tous ceux qui ne pensent pas comme eux, qui ne veulent pas substituer dans le règlement des plus grands intérêts du pays l'impulsion des foules irresponsables à l'action libre et réfléchie des pouvoirs publics, tous ceux qui n'adorent pas leurs idoles et *qui ne se ruent pas avec eux derrière le char d'un Saint-Arnaud de café-concert*, tous ceux-là sont rangés pêle-mêle dans le parti de l'étranger (1)... »

Nous devons rappeler la scandaleuse affaire Caffarel-Limouzin, qui devait amener l'affaire Wilson et, par suite, entraîner la démission du président Grévy (2).

Le général Caffarel devait au général Boulanger sa situation au ministère de la Guerre. Le général se déclara convaincu que cette affaire était, en réalité, conduite par son successeur, dans le but de lui nuire. Il s'en expliqua ouvertement devant des reporters. Le *Gil-Blas* relatait comme suit certaines paroles du général :

« Ils iront au fond des choses et ils comprendront qui je suis; le Ministère dirige l'enquête avec la pensée de m'atteindre, de telle sorte qu'on peut dire qu'elle est faite contre moi; mais dites bien haut que je ne m'en sens nullement inquiet ni ému. »

Le ministre de la Guerre télégraphia au commandant du 13e corps pour lui demander s'il avait tenu le langage qu'on lui prêtait. Le général qui était en tournée, répondit à son retour à Clermont-Ferrand :

1. Discours prononcé à Saint-Dié, le 24 juillet 1887.
2. Voir les *Mémoires de M. Goron*, t. Ier, p. 331. E. Flammarion, éditeur.

« Rentré ce matin. N'ai pu me procurer les numéros des journaux dont vous me parlez. Prière de me les envoyer. »

Par un nouveau télégramme, le ministre infligea à son subordonné trente jours d'arrêt. C'était encore une persécution !

Mais le portefeuille du ministère de la Guerre allait être libre de nouveau. M. Carnot, nommé président de la République, acceptait les démissions des ministres du cabinet Rouvier et allait s'entourer d'autres hommes, dans le désir de répondre au sentiment d'entente et de concorde républicaines qui avaient présidé à son élévation à la présidence.

Après divers tâtonnements, M. Carnot chargea de la mission de former un ministère son ami M. Tirard, sénateur inamovible, ancien ministre des Finances, alors président de la Commission supérieure de l'Exposition universelle de 1889. M. Tirard ne songea pas à offrir le ministère de la Guerre au commandant du 13e corps, et sur le refus de MM. Goblet et Lockroy, prit avec lui des hommes à tendances modérées (1).

En février 1888, on commençait à oublier le général Boulanger, lorsque M. Thiébaud, publiciste, ancien candidat d'opposition dans les Ardennes en

1. *Présidence du Conseil et Finances.* TIRARD
Justice.......................... FALLIÈRES
Affaires étrangères.................. FLOURENS
Intérieur .... SARRIEN
Commerce et Industrie.............. DAUTRESME

1885, entreprit de présenter, aux élections partielles, la candidature du général Boulanger, que ses fonctions rendaient inéligible. Cette candidature de protestation obtint beaucoup de voix, le 26 février, dans la Loire, le Loiret, Maine-et-Loire, la Côte-d'Or, la Marne, les Hautes-Alpes, la Haute-Marne, peu de voix dans les Hautes-Alpes, où M. Flourens, ministre des Affaires étrangères, l'emporta sur M. Euzière, radical.

Il importait de savoir si le général s'était prêté à cet encourageant essai de plébiscite ou si cette propagande se faisait à son insu. La dépêche suivante fut adressée par lui au ministre de la Guerre, qui la communiqua à la presse :

« J'ai été et demeure étranger à tout ce qui se passe relativement aux élections législatives du 26 février. »

Il fut démontré que le comte Dillon, ami intime du général Boulanger, était en correspondance suivie avec lui et était, comme Thiébaud, un agent de ce mouvement électoral. Le général lui télégraphiait, le 27 février :

« Ai appris résultats ; très bons. Il faut maintenant travailler fortement la presse et l'opinion. »

Guerre............................	Le général LOGEROT
Marine et Colonies................	DE MARY
Instruction publique, Beaux-Arts et Cultes.	FAYE
Travaux publics	LOUBET
Agriculture......................	VIETTE

Étant ministre de la Guerre, le général Boulanger, avait oublié les lettres qu'il avait naguère écrites au duc d'Aumale. Cette fois, ce n'était plus un manque de mémoire; c'était de la duplicité.

Le 15 mars, on apprit avec une certaine émotion par la lecture du *Journal Officiel* que le général Boulanger était mis en non-activité par retrait d'emploi. Un rapport du ministre de la Guerre, en date du 14 mars, approuvé par le président de la République, motivait cette mesure sur ce que le général Boulanger était venu trois fois à Paris sans autorisation et après avoir reçu l'ordre formel de ne pas quitter son poste. Le rapport disait que les deux dernières fois, les 2 et 10 mars, le général avait voyagé avec un déguisement (portant des lunettes foncées et affectant de boîter.)

Les partisans du général accueillirent ce décret par des cris de colère et une bordée d'injures contre les ministres et le chef de l'État. Le 20 mars, à la Chambre des Députés, M. de Cassagnac interpellait le Gouvernement sur les raisons qui l'avaient déterminé à mettre le général Boulanger en non activité. M. Tirard répondit et justifia la décision prise par le général Logerot; il rappela la sévérité déployée par le général Boulanger contre le général Schmitz. En effet, le général Boulanger avait dit à cette époque :

« Je remonte à la tribune pour relever en deux mots les paroles qui viennent d'être prononcées par M. Gaudin de Vilaine. Il vient de dire qu'il faisait l'armée juge de ce qui venait de se passer. Eh bien, tant que je serai son chef, l'armée n'aura pas à être juge, elle n'aura qu'à obéir. »

Le président du Conseil ajouta que le général Boulanger avait aggravé ses torts et cita pour le prouver un télégramme adressé dès le 15 mars par le général à M. Georges Laguerre, député de Vaucluse.

Ce fut M. Laguerre qui répondit au discours de M. Tirard. Il déclara que le pays avait raison de protester et que ce n'était pas faire un plébiscite que de le convier à voter pour un soldat républicain. M. Floquet, président de la Chambre, interrompit l'orateur :

« C'est une violation flagrante de toutes les lois *(applaudissements au centre et à gauche)* et qui ne doit pas trouver d'écho ici ni dans le cœur d'aucun républicain. » *(Triple salve d'applaudissements sur les mêmes bancs.)*

M. Clémenceau prend la parole après M. Laguerre, et s'efforce de confondre l'ordre du jour pur et simple destiné à mettre fin à cette controverse sur une question de discipline militaire avec un vote de confiance accordé au Cabinet. Il s'obstine à mêler ces deux questions et propose comme ordre du jour :

« La Chambre, décidée à maintenir la discipline dans l'armée, constatant l'impuissance du Gouvernement, convaincue qu'une politique réformatrice peut seule mettre fin à l'agitation du pays, passe à l'ordre du jour. »

M. Ribot soutient éloquemment l'ordre du jour pur et simple et reproche à M. Clémenceau de jeter dans « un débat si simple, si clair, si lumineux, pour ceux qui veulent voir, je ne sais quelle discussion de politique générale, que personne ne veut fuir, que nous retrouverons demain, tout à l'heure, mais dont la place n'est pas maintenant à cette tribune. »

L'ordre du jour pur et simple est accepté par 239 voix contre 82. Par suite de l'intervention de M. Clémenceau, la poignée de députés boulangistes a la satisfaction de voir se confondre avec ses bulletins ceux d'un certain nombre de radicaux anti-plébiscitaires.

Des élections législatives allaient avoir lieu : le 25 mars, dans les Bouches-du-Rhône et dans l'Aisne, quelque temps plus tard dans la Dordogne, l'Aude, le Nord. Un comité dit de *protestation nationale* s'était formé pour patronner partout la candidature du général Boulanger.

Voici le manifeste de ce comité :

« Le général Boulanger vient d'être victime d'une mesure inqualifiable, dès à présent condamnée par tous les patriotes.

« Le général Boulanger veut rester ce qu'il est : un soldat républicain ; il n'a pas à s'occuper de politique, il est inéligible.

« Mais ses amis, mais les hommes résolus à ne pas abandonner la cause de la patrie ont le droit et le devoir d'affirmer sur son nom le sentiment national.

« Un comité se constitue dans ce but, sous le titre

de : Comité républicain de protestation nationale.
Il patronera, dans les élections partielles, la candidature du général Boulanger, non pour le faire entrer à la Chambre, mais à titre de protestation contre
un Gouvernement qui n'est pas inspiré par le sentiment de la patrie.

« Une fois cette protestation faite dans chaque
département, les électeurs choisiront leur manda-
taire définitif, leur représentant républicain. Dès à
présent, nous proposons la candidature du général
Boulanger aux élections des Bouches-du-Rhône et
de l'Aisne.

« Le comité républicain de protestation nationale
est et restera à leur disposition pour les aider dans
toute la mesure de ses forces.

> BORIE, député de la Corrèze ; LAISANT, dé-
> puté de la Seine ; BRUGEILLES, député
> de la Corrèze ; VERGOIN, député de
> Seine-et-Oise ; MICHELIN, député de la
> Seine ; LAUR, député de la Loire ; LE
> HÉRISSÉ, député d'Ille-et-Vilaine ;
> MAYER, directeur de la *Lanterne* ; LA-
> GUERRE, député de Vaucluse ; DE SU-
> SINI, député de la Corse ; DUGUYOT,
> député de l'Yonne ; DÉROULÈDE ; HENRI
> ROCHEFORT, directeur de l'*Intransi-
> geant* ; LALOU, directeur de la *France*.

Dans les Bouches-du-Rhône plusieurs candidats
étaient en présence, pour le scrutin de ballottage et
la candidature révolutionnaire de Félix Pyat avait
chance de l'emporter. Dans l'Aisne, la candidature
radicale de M. Doumer, rédacteur en chef de la
Tribune de l'Aisne, avait été acclamée par un congrès républicain très nombreux tenu au chef-lieu du

département. Dans ces conditions, et prenant pour prétexte qu'il ne voulait pas fournir des armes au Gouvernement pour atteindre le général par de nouvelles mesures de rigueur, le comité de protestation annonça qu'il cessait toute action électorale. En fait, la propagande boulangiste se poursuivit, surtout dans l'Aisne. Le général Boulanger y recueillit 45.000 voix. Venaient ensuite : Doumer, radical, 27.000 ; Jacquemart, réactionnaire, 25.000 ; Carré, centre gauche, 4.500 ; Langrand, socialiste, 2.400. Il y avait ballottage. Dans cette bataille électorale, la nuance « opportuniste » n'avait pas de représentant.

Comment se décomposaient les 45.000 voix du général Boulanger? Telle était la question qu'on se posait. Il était assez difficile d'y répondre. De toute part des électeurs étaient allés à l'inéligible, et on peut supposer que ces électeurs entendaient uniquement protester contre l'éloignement du général et les mesures disciplinaires dont il avait été l'objet. Mais il allait cesser d'être inéligible. Le cabinet Tirard, en effet, s'était décidé à le rendre à la vie civile. Deux jours après l'élection de l'Aisne, le 27 mars, le *Journal Officiel* publiait un rapport du ministre de la Guerre relatant la décision du Conseil d'enquête composé du général Février, président, et des généraux Bressonnet, de Gressot, Thierry et de Franchessin. A l'unanimité, le Conseil concluait à la mise en réforme pour fautes graves contre la discipline. Le ministre s'appropriait ces conclusions et le président de la République approuvait.

En même temps que le public apprenait la décision du Conseil d'enquête, il avait connaissance de l'arrêt de la Cour de Paris, du 26 mars, réformant le jugement du tribunal de la Seine et acquittant M. Wilson.

Les événements aussi rapprochés étaient de nature à frapper vivement l'opinion publique et à surchauffer les esprits.

Le général Boulanger acclamé par 45,000 voix, dans l'Aisne, quoique inéligible!

M. Wilson, le gendre de M. Grévy, condamné à deux ans de prison pour escroquerie, acquitté par la Cour de Paris!!

Le général Boulanger condamné par le Conseil d'enquête et mis à la réforme par le Gouvernement!!!

Quelle mise en scène! Et combien il restait peu à faire aux journaux et aux orateurs boulangistes pour surexciter les passions et jeter le trouble dans les consciences. Ils n'ont garde de ne pas mettre en vedette le rapprochement fortuit de ces deux faits saillants :

Wilson acquitté!

Le général Boulanger condamné!

Le Gouvernement n'avait ni la volonté ni le pouvoir de dicter ses arrêts à la justice; il ne pouvait non plus, pour le passé, suppléer aux lacunes de la législation pénale. Mais qui voulait comprendre cela?

Était-ce une faute politique de rendre à la vie

civile le général Boulanger au moment où l'engouement populaire était à son paroxysme et pouvait entraîner les conséquences les plus graves? Les esprits les plus sagaces étaient partagés.

Dans le *Matin*, M. Ranc soutenait que c'était une faute :

« Maintenant, il est délivré; vous n'avez plus barre sur lui. « Rendu à la vie civile », cela fait bien au *Journal Officiel*. Vous ne le rendez pas seulement à la vie civile, vous allez au-devant de ses vœux, vous le lancez dans la politique ; soyez tranquille, il en jouera et ses amis aussi.

« Vous pouvez vous congratuler sur votre énergie d'un jour; malheureusement, vous n'avez pas songé au lendemain.

« Le lendemain, c'est que, grâce à vos mesures mal conçues, maladroitement présentées, insuffisamment expliquées, le boulangisme n'est nullement atteint et qu'il va se trouver un peu plus fort qu'auparavant.

« Les plébiscitaires, les césariens vont pouvoir travailler tout à leur aise, choisissant leur terrain, faisant appel à toutes les passions basses, acceptant tous les concours, ralliant tous les ambitieux, tous les mécontents, tous les ingrats et, par-dessus tout, exploitant avec impudence le plus noble des sentiments, le patriotisme !

« Pauvres innocents, vous demanderez à M. Boulanger de s'expliquer, de donner son programme. Mais il n'aura garde, mais il se maintiendra dans une attitude de sphinx. »

La campagne plébiscitaire commença. Le général Boulanger, satisfait des résultats de l'élection de l'Aisne et pensant qu'une nouvelle manifestation dans le même département ne pourrait pas produire plus d'effet, remercia ses électeurs, retira sa candidature, et se présenta aux élections du Nord pour l'élection du 15 avril.

Le général ne se porterait pas de sa personne dans ce département. Les membres du Comité de protestation allaient y parcourir tous les grands centres et y faire des réunions. Dans un dîner qui eut lieu le jeudi 27 mars chez M. Lalou, le texte de la profession de foi fut discuté et arrêté, et, le lendemain, les journaux donnaient ce texte :

« Electeurs du Nord,

« En me permettant de me présenter à vos suffrages, le gouvernement semble avoir voulu provoquer lui-même une manifestation sur sa politique.

« J'accepte, pour ma part, ce rendez-vous donné à tous devant le suffrage universel.

« Vous êtes appelés à décider s'il est possible à une grande nation comme la nôtre d'accorder sa confiance à des hommes qui s'imaginent naïvement supprimer la guerre en supprimant la défense.

« Quand j'étais ministre, j'ai dit : « Si je voulais la guerre je serais un fou ; si je ne m'y préparais pas, je serais un misérable. »

« Mes sentiments n'ont pas changé.

« Vos patriotiques populations réclament une France forte, afin d'avoir une France laborieuse, dont le génie industriel ne peut se développer que dans cette sécurité que donne la conscience de ses ressources.

« C'est donc à vous de vous ressaisir contre ceux qui vous abandonnent.

« A cette heure, le Parlement lui-même est effrayé des résultats de son inaction. Après des années de sommeil, il feint de se réveiller en annonçant des projets de réformes sur la réalisation desquelles il lui est cependant impossible de s'abuser, puisque tout progrès consenti par la Chambre vient inévitablement échouer à la porte du Sénat.

« Cette grande concentration des forces républicaines qu'on nous a toujours promise n'a jamais été que la concentration dans le néant, et, si l'union s'est faite un moment parmi les parlementaires, c'est contre un général qui n'aspirait qu'à son devoir de patriote, et qu'on a brisé pour des causes tellement inavouables que pas un de ceux qui se sont constitués ses juges n'a osé les avouer.

« Quant à moi, l'union que je rêvais et que je rêve encore, malgré les tristesses de l'heure présente, c'est celle de tous les cœurs français en face des dangers qui peuvent nous menacer, celle qui s'est faite en 1870, alors que l'honorable député, dont la succession est aujourd'hui ouverte, combattait sous les ordres du général républicain Faidherbe et tombait, gravement blessé à l'ennemi, sur la barricade de Bapaume.

« Électeurs du Nord,

« Les derniers événements ont démontré jusqu'à l'évidence que la Chambre est devenue absolument étrangère aux aspirations du pays.

« Celui-ci ne la comprend pas plus qu'elle n'est elle-même capable de le comprendre. Seul, le suffrage universel a qualité pour trancher le différend entre ceux qui ont délivré le mandat et ceux qui l'ont reçu.

« A l'impuissance dont l'Assemblée législative est atteinte, il n'y a qu'un remède : *Dissolution de la Chambre, révision de la Constitution.*

« C'est à ce résultat que tendront tous mes efforts.

« Vive la France !

« Vive la République !

Général BOULANGER.

C'était la guerre déclarée au Parlement. A ce moment même que faisait le Parlement?

Par une sorte d'entente tacite, il était convenu que le cabinet Tirard bâclerait le budget, autant que possible sans recourir de nouveau à l'expédient fâcheux des douzièmes provisoires, et que, cette besogne accomplie, il se retirerait. On voulait un pouvoir fort. M. Clémenceau avait dit, le 20 mars, *vu l'impuissance du Gouvernement*. Une nouvelle interpellation était prête, et on était convaincu qu'en cas de démission du Cabinet, M. Floquet, président de la Chambre, accepterait la succession et formerait sans difficultés un nouveau Ministère.

La séance du 30 mars avait été en grande partie employée à terminer le vote du budget et à discuter deux ou trois projets d'importance secondaire. Le public des galeries et des tribunes pouvait se plaindre d'avoir assisté à une séance peu intéressante, lorsqu'il fut agréablement surpris par l'apparition à la tribune de M. Laguerre. Il s'agissait de la fixation de l'ordre du jour. Le porte-parole du général Boulanger crut, et l'événement justifia cette prévision, qu'une simple demande de mise à l'ordre du jour pouvait suffire pour déterminer une crise ministérielle.

M. Laguerre demanda donc la mise à l'ordre du jour de la proposition de loi de M. Michelin relative à la révision de la Constitution. C'était la révision boulangiste. Au lieu de lui barrer énergiquement le passage, toutes les autres révisions se précipitèrent pour profiter de la trouée et tâcher de prendre le premier rang. M. Camille Pelletan demanda la déclaration d'urgence d'une proposition de loi présentée par lui et un certain nombre de ses collègues relative à la révision de la Constitution. Ce fut un réveil général, et M. Laguerre dut en être fort satisfait. M. Jolibois vint se plaindre qu'on lui prenait son appel au peuple. Il se plaignit encore qu'on avait fait la révolution du 4 septembre devant l'ennemi et s'attira par là une véhémente et magnifique réponse de M. Henri Brisson. M. Baudry-d'Asson vint crier à la tribune : Vive le Roy !

Malgré les discours de MM. Sarrien et Tirard et l'intervention de M. Goblet, qui fut rarement mieux inspiré et conjura vraiment M. Clémenceau de ne pas confondre la révision démocratique avec celle des pires ennemis de la République, la porte fut ouverte par la déclaration d'urgence, à toutes les révisions, y compris la révision boulangiste. C'était l'un des points de la profession de foi du général Boulanger. L'urgence obtenait 268 voix contre 207, et dans les 268 voix, on comptait des voix de droite pour plus de la moitié, 136.

Le second point de la profession de foi du général Boulanger vint à la reprise de la séance, à neuf heures et demie du soir. En effet, la Chambre refusa d'être conséquente avec elle-même en inscrivant à l'ordre du jour. des bureaux pour le lendemain la nomination de la commission chargée d'examiner la question de la révision, et le public pouvait se dire qu'une assemblée qui paraît ne pas savoir ce qu'elle veut et se déjuge à quelques heures d'intervalle est mûre pour la dissolution.

En tout cas, il était à redouter que les électeurs du Nord, particulièrement attentifs à ce moment à ce qui se passait dans les Chambres, ne tirassent cette conséquence des votes du 30 mars : que le général Boulanger était dans le vrai en réclamant la dissolution et la révision et qu'il fallait applaudir le joyeux Dugué de la Fauconnerie s'écriant : Allons-nous en! Allons-nous en !

En réalité, la Chambre avait simplement voulu un nouveau Ministère avant les vacances qui allaient s'ouvrir pour la session des conseils généraux.

M. Charles Floquet, chargé par M. Carnot du soin de former un Cabinet, avait terminé sa mission le 3 avril (1). La déclaration ministérielle fut, le même jour, lue aux Chambres. Ce qu'elle contenait de plus

---

1. *Présidence du Conseil et Intérieur.* FLOQUET
   Sous-secrétaire d'Etat, Léon BOUR-
   GEOIS (19 mai 1888).
   Justice et Cultes...................... FERROUILLAT
   Affaires étrangères................... René GOBLET
   Finances............................,.. PEYTRAL
   Guerre. .... DE FREYCINET

remarquable c'était, d'une part, la promesse de la révision constitutionnelle, le Gouvernement demandant de s'en rapporter à lui du soin d'indiquer le moment favorable et de préparer l'entente nécessaire entre les deux assemblées ; puis l'annonce d'un projet de loi sur les associations, « préliminaire indispensable, pour le législateur comme pour le pays, du règlement définitif des rapports entre les Eglises et l'Etat. Ainsi, ajoutait la déclaration, se poursuivra l'œuvre de sécularisation inaugurée par la Révolution française et reprise par la Troisième République. »

La question de révision devait servir de r   xte au renversement de ce Cabinet, moins d'une r née plus tard. Mais tandis que le cabinet Tirard résistait à l'urgence, on verra ses successeurs résister à l'ajournement.

Quant à la menace d'une séparation de l'Eglise et de l'Etat préparée par une loi sur les associations, elle a contribué à amener le clergé à accorder au général Boulanger un concours qui fut très efficace.

Cet appui se réalisa dès l'élection du Nord. L'*Emancipateur*, journal qui passe pour l'organe

Marine et Colonies.................... Vice-Amiral KRANTZ
    Sous-secrétaire d'Etat, DE LA PORTE
    (5 avril 1888).
Instruction publique et Beaux-Arts... Ed. LOCKROY
Travaux publics.................... DELUNS-MONTAUD
Commerce et Industrie.............. Pierre LEGRAND
Agriculture........................ VIETTE

officieux de l'archevêché de Cambrai, ne cachait pas ses sympathies pour la candidature du général. Dans un de ses articles, on lisait :

« Si le succès de Boulanger est de nature à embêter considérablement Marianne, que l'ex-commandant du 13e corps soit élu haut la main. Nous en serons heureux ! Puisse la République recevoir son « atout », c'est-à-dire son coup de mort, dans ce combat. *C'est la grâce que nous lui souhaitons*, et c'est le vœu que nous formons du plus profond de notre cœur. »

Parlant de l'élection de l'Aisne, le *Petit Caporal* écrivait de son côté:

« Je ne le cache point, nos amis du département de l'Aisne ont voté en grand nombre, et spontanément, pour le général Boulanger. Non que l'honorable M. Jacquemart ne fût sympathique et qu'il ne se présentât sous le drapeau conservateur, mais *il est des courants plus forts que tout*. Les impérialistes ont voté pour Boulanger. »

Tous les plébiscitaires allaient naturellement au général Boulanger. Ils l'auraient fait avec plus d'entrain encore s'ils avaient connu l'entrevue, à Prangins, entre le général et le prince Jérôme Napoléon (1).

La plupart des manifestations du boulangisme furent frappées d'une forte empreinte impérialiste,

---

1. *Coulisses du Boulangisme*, par X··· du *Figaro*, avec une préface de M. Mermeix, député de Paris, 1890, voir p. 47.

et le souvenir de Prangins fut évidemment entre-
tenu dans l'esprit du général Boulanger. Sa campagne plébiscitaire n'était-elle pas la paraphrase du
manifeste que le prince Napoléon avait adressé au
pays, en 1883? Il était ainsi conçu :

« La France languit.

« Quelques-uns parmi ceux qui souffrent s'a-
gitent.

« La grande majorité de la Nation est dégoûtée.
Sans confiance dans le présent, elle semble attendre
un avenir qu'elle ne pourra obtenir que par une
résolution virile.

« Le pouvoir exécutif est affaibli, incapable et
impuissant.

« Les Chambres sont sans direction et sans
volonté.

« Le parti au pouvoir méconnaît ses propres
principes pour ne rechercher que la satisfaction des
passions les moins élevées.

« Le Parlement est fractionné à l'infini.

« Réactionnaires, modérés, radicaux, se sont
succédés au Gouvernement, tous ont échoué.

« On vous a promis une République réparatrice
et réformatrice. Promesse mensongère.

« Vous assistez à des crises continuelles qui
atteignent le chef de l'État, les ministres et les
Chambres.

« L'expérience de la République parlementaire,
poursuivie depuis douze années, est complète.

« Vous n'avez pas de Gouvernement. Le mal
réside dans la Constitution qui met le pays à la
discrétion de huit cents sénateurs et députés..... »

Avec l'appui des impérialistes, le général Boulanger fut facilement élu; dans la Dordogne, le 8 avril, par 59,500 voix contre environ 36,000 à un candidat républicain.

Qu'allait-il se passer dans le Nord ? Ce département est le plus important après la Seine. Il compte plus d'un million six cent mille habitants, plus de trois cent soixante mille électeurs. C'est un département frontière; il y était facile de surexciter les sentiments d'un patriotisme irréfléchi; on pouvait pour cela compter sur l'action de ceux qui, faisant ou non partie de la Ligue des patriotes, suivaient volontiers les exemples et les instructions de M. Paul Déroulède.

Mais cette action ne serait-elle pas largement contrebalancée par les efforts d'un parti républicain uni et discipliné et par la diversion qui pourrait venir de la part des conservateurs ?

Les élections partielles qui avaient eu lieu quelques mois auparavant avaient donné environ 150,000 voix aux républicains et 125,000 aux conservateurs.

Un congrès républicain se tint, le 4 avril, dans la salle du Conservatoire, à Lille. Quelques membres de ce congrès proposèrent la candidature du général Boulanger. Elle fut immédiatement et à la presque unanimité repoussée par l'ordre du jour suivant :

« Le Congrès républicain, repoussant la candidature d'un général politicien et indiscipliné, passe à la discussion d'une candidature franchement républicaine. »

M. Paul Foucart, de Valenciennes, avocat très

distingué, républicain progressiste, fut désigné par 142 délégués.

Une réunion des principaux chefs du parti monarchiste eut lieu, le même jour, à Lille, chez M. le comte d'Hespel, et dès que fut connu le résultat du Congrès républicain, les membres de la réunion décidèrent qu'il n'y avait pas lieu de désigner un candidat conservateur.

C'était l'abdication devant le courant boulangiste. Mais il est vraisemblable que plusieurs des membres de la réunion connaissaient les raisons supérieures de cette détermination.

Le général Boulanger ne croyait pas réussir par la force de sa popularité, avec l'aide des plébiscitaires qui rêvaient soit la restauration d'un empereur, soit l'établissement d'une République démocratique ; il voulait de plus le concours des royalistes. Il fit croire à chacun de ces partis qu'il était prêt à le servir et il espéra pouvoir se servir de tous.

C'est ainsi qu'il obtint, par l'entremise du comité royaliste, les deux cent mille francs qui devaient alimenter la propagande électorale dans le Nord. C'est ainsi que M. de Martimprey, député du Nord, et plusieurs de ses collègues recommandèrent sa candidature. C'est ainsi encore qu'il eut diverses entrevues non seulement avec M. de Martimprey, mais avec M. de Mackau, M. de Breteuil, M. de Beauvoir. secrétaire du comte de Paris, et avec le prétendant lui-même ; c'est ainsi, enfin, que la duchesse d'Uzès fut amenée à verser une somme de trois millions pour l'action parallèle électorale qui devait s'exercer au profit des boulangistes et des royalistes (1).

La lutte fut ardente pour l'élection du Nord. La publicité organisée par la *Lanterne* et servie par les camelots de ce journal dépassa tout ce qu'on avait pu prévoir. Les réunions furent nombreuses et tumultueuses ; les incidents de toute sorte se multiplièrent (2).

Dans les derniers jours, le parti radical crut utile d'avoir un candidat qui lui fût propre et désigna M. Moreau, conseiller général de Roubaix. C'était le moyen, pensait-on de ce côté, de ne pas laisser perdre des voix qui n'iraient pas à un républicain simplement progressiste et d'amener peut-être un ballottage favorable.

Ces calculs furent déjoués. Le 15 avril, les candidats républicains ne réunissaient que 85.430 voix : M. Foucart, 75.706 ; M. Moreau, 9.724, tandis que le général Boulanger en obtenait 172.796. C'était plus que le chiffre des suffrages de M. le baron des Rotours, tête de liste des conservateurs aux élections générales de 1885, 164.942. Et les républicains per-

_____

1. Pour le détail des entrevues, des versements de fonds et de leur maniement, consulter les *Coulisses du Boulangisme*, p. 64, 75, 90 à 91. Comp. *Année Politique*, 1895, p. 58 à 64.

2. *Le Boulangisme dans le Nord*, par Maxime Lecomte, député du Nord. *Histoire de l'élection du 15 avril*. Paris, 1888. Librairie illustrée.

daient 37.754 des suffrages qui s'étaient portés sur M. Trystram le 21 novembre 1886.

Sur le nom de M. Boulanger, l'action combinée des plébiscitaires, des orléanistes et des cléricaux avait produit des résultats que ses plus chauds partisans n'espéraient pas. Elle avait entraîné un grand nombre de républicains inconscients du péril et ignorants des secrets de l'intrigue. Le succès était considérable et l'élu du Nord pouvait se permettre bien des audaces.

Le comte de Paris, de son côté, pour donner satisfaction à certains de ses fidèles que ne séduisaient pas les beautés de l'action parallèle, se voyait obligé de lancer un manifeste pour bien rappeler que la restauration de la Monarchie restait le but final (1). Dans la nuit du 5 au 6 juillet, la police saisit dans les bureaux de postes une circulaire imprimée adressée à tous les maires nouvellement élus et revêtue de la signature autographiée du chef de la maison de France. Il y expliquait que seule la monarchie pouvait sauvegarder les droits et les intérêts de « la démocratie communale ». Il disait aussi :

« *Un gouvernement d'occasion* vous promettra peut-être la restitution des libertés perdues. N'espérez pas qu'il puisse vous les rendre. Son premier soin sera de détruire celles qui vous restent... »

Le 4 juin, le nouveau député du Nord fit sa proposition de révision, et, le 12 juillet, après avoir

1. *Coulisses du Boulangisme*, p. 107.

demandé la dissolution de la Chambre, il remit au président sa démission, qu'il avait à l'avance préparée.

Le général Boulanger croyait à son étoile. Elle pâlit quelque temps. Il subit un échec personnel qui dut être très sensible à son amour-propre et atteignit certainement son prestige. Dans un duel avec M. Charles Floquet, président du Conseil, le 13 juillet, il fut blessé à la gorge; le 22 du même mois, il subit un échec électoral dans l'Ardèche.

Mais l'action plébiscitaire se releva victorieuse, le 19 août, par une triple élection du général Boulanger: dans le Nord, dans la Somme et dans l'Ardèche. Il est vrai que, dans le Nord, le chiffre de ses voix avait baissé de plus de 42,000,

Le concours des partisans du trône et de l'autel lui était indispensable. Avant les élections du 19 août, la *Croix* s'était refusée à servir la propagande du général si, de son côté, il ne prenait pas d'engagements. Elle lui demanda : « s'il voterait la liberté de la religion, de l'association, de l'enseignement, et s'il ne persécuterait jamais, comme beaucoup le redoutaient. Aussitôt il écrivit:

« Je réponds sans difficulté à votre télégramme : je ne ferai jamais, quoi qu'il arrive, de persécution religieuse, car, si j'en faisais, j'agirais contre ma conscience et mes intérêts.

« La Rochelle, 11 août 1888 ».

Ces engagements ne furent pas connus dès cette

époque, et on n'attacha même aucune importance
à un article paru dans le *Moniteur du Puy-de-Dôme*,
article que reproduisit le *Paris* du 28 octobre.
C'étaient des renseignements circonstanciés et presque complètement exacts sur l'entente du général
Boulanger avec le parti royaliste :

« Ce n'est un mystère pour personne que les plus
actifs partisans de l'alliance entre royalistes et boulangistes se trouvent dans la droite de la Chambre
et au journal le *Gaulois*. Depuis assez longtemps
les inventeurs et les propagateurs de l'idée de la
« combinaison intermédiaire » se réunissaient dans
l'hôtel de Madame la duchesse d'U... Là fréquen-
taient assidûment MM. Arthur Meyer, de Martimprey, de Breteuil, de Mun, etc. C'est là que fut étu-
diée, puis décidée, l'alliance formelle à conclure en
vue des prochaines élections entre M. Boulanger et
le comte de Paris.

« M. Boulanger, pressenti par d'officieux intermédiaires, déclara qu'il ne se sentait personnellement
aucun goût pour la dictature. Il avait, au contraire,
des sympathies pour le comte de Paris et pour le
prince Victor, et il aurait volontiers favorisé l'acces-
sion de l'un d'eux au pouvoir. On comprit ce que
signifiaient ces préférences éclectiques et on demanda
à M. Boulanger quelle récompense il exigerait après
avoir ramené le comte de Paris sur le trône.
M. Boulanger découvrit aussitôt qu'il avait, réflexion
faite, des préférences marquées pour le comte de
Paris, et il exprima le désir de recevoir, comme récompense de ses services, un titre et une rente annuelle de deux millions. Particularité qui serait
amusante, si le sujet en lui-même n'était pas aussi
triste, il manifesta l'intention de troquer plus tard

contre un autre son nom de Boulanger, qui ne lui a jamais plu et qui, dans ses destinées futures, lui paraîtrait sonner d'une façon trop roturière.

« Ces conditions, qui n'engageaient que l'avenir, furent acceptées sans difficulté. On détermina ensuite le plan de campagne à adopter pour la réalisation des projets des nouveaux alliés. Il fut convenu que, dès ce moment, l'alliance était permanente et complète en vue des élections. Dans chaque circonscription, suivant les circonstances, on accentuera le Boulangisme ou le Royalisme. On a la conviction d'obtenir ainsi une majorité dont le premier acte sera de porter M. Boulanger à la présidence du Conseil. Celui-ci, ayant fait choix de collaborateurs sûrs, fera un coup d'État. Il exilera Carnot et rappellera le comte de Paris. Tous les points de ce plan de campagne sont si bien arrêtés que les portefeuilles sont attribués d'avance : M. de Martimprey aura la Guerre et M. de Breteuil les Affaires étrangères... Il restait le point le plus important : obtenir l'adhésion formelle de M. le comte de Paris. La duchesse d'U... fut chargée de cette mission. Le comte de Paris était aux eaux d'Ems, elle se transporta à Coblentz, afin d'être à portée de le voir. Le comte de Paris, mis au courant des négociations qui avaient eu lieu à Paris, les approuva complètement. De part et d'autre, on prit des assurances. Les collaborateurs de M. Arthur Meyer croient avoir la certitude que le général Boulanger observera cette fois sa parole. Le traité d'alliance définitivement conclu, il restait à préparer des deux côtés la campagne électorale. Malgré l'histoire des mandats trouvés chaque matin dans son courrier, l'argent était ce qui manquait le plus au général Boulanger. Le comte de Paris n'en a pas donné, mais la duchesse d'U... et quelques autres gros personnages de la conspira-

tion ont constitué les premiers fonds, qui sont considérables... »

Le 17 décembre, le *Figaro* jugea à propos de
raconter comme une chose arrivée l'histoire, ou
plutôt le roman, de *Georges Ier, protecteur de la
République française*. Le correspondant imaginaire
du grand journal parisien apprenait ainsi le résultat
des élections générales de 1889, qui avaient donné à
l'*Union boulangiste* 334 voix contre 249 à la minorité républicaine gouvernementale ; après bien des
péripéties, après un cabinet Devès et un cabinet
de Freycinet, M. Carnot avait été amené à donner
sa démission ; le Congrès avait fait la révision, et,
le 17 mars 1890, avait proclamé le protectorat de
Boulanger.

Précisément, à cette date du 17 mars 1890, dans
les annales véritables de notre pays, on trouve la
formation d'un ministère de Freycinet-Constans qui
n'a que peu de ressemblance avec le gouvernement
que le fantaisiste *Figaro* composait comme suit :

Président du Conseil, minis-
tre de la Guerre. . . de FREYCINET.
Affaires étrangères . . Edouard HERVÉ.
Intérieur . . . . THIÉBAUD
Justice. . . . . PIOU.
Finances . . . . Baron de SOUBEYRAN.
Instruction publique . RENAN.
Cultes et Beaux-Arts . TURQUET.
Ministre de la Police . LAGUERRE.

Colonies.	Laisant.
Marine	Vice-amiral Cloué.
Travaux publics. . . .	Eiffel.
Postes et Télégraphes.	Dillon
Commerce et Industrie.	Dugué de la Fauconnerie.
Agriculture.	Naquet.

Les choses, cependant, ne paraissaient point tourner à la comédie. Tenté par le grand succès de la triple élection du 19 août, le général Boulanger voulait faire la conquête de Paris. Un siège était vacant pour le département de la Seine et l'élection devait avoir lieu le 27 janvier 1889. Toujours soutenu par la même coalition, le général Boulanger n'hésita pas à se présenter. Contre lui, M. Jacques, président du Conseil général de la Seine, fut le candidat de tous les républicains et le cabinet Floquet comptait que le général n'aurait pas raison du Paris qui avait montré ses véritables sentiments par la manifestation du 2 décembre précédent sur la tombe de Baudin.

La polémique de presse fut des plus intéressantes. Le duc d'Aumale ne dédaigna pas d'écrire sous la signature : un ancien officier général, dans le journal le *Matin*, un article qui constituait un éloquent appel au sentiment de l'honneur, appel qui ne fut pas écouté de son neveu, M. le comte de Paris.

La polémique sur les murailles fut à la hauteur de l'autre et les placards boulangistes et républicains se succédaient sans interruption. La collec-

12.

tion de ces affiches est très curieuse et utile encore à consulter.

Le général faisait placarder :

Général BOULANGER

Dissolution — Révision — Constituante

A BAS LES COTERIES PARLEMENTAIRES !!!

PLUS DE POTS-DE-VIN !!!

VIVE LA RÉPUBLIQUE HONNÊTE

VIVE LA FRANCE !!!

ou bien :

ÉLECTEURS DE LA SEINE

Que notre cri de ralliement, le 27 janvier, en réponse à la calomnie officielle, soit :

VIVE LA RÉPUBLIQUE HONNÊTE

LIBÉRALE, PROGRESSIVE !

A BAS LES LACHES ET LES VOLEURS !

PLUS DE FERRY ! PLUS DE WILSON !

Votons pour le *général Boulanger.*

L'adulation pour le candidat dépassait les limites raisonnables et atteignait celles du grotesque. On affichait sur tous les murs de Paris que le général Boulanger avait des aptitudes infinies. Voici le texte de ce placard :

ÉLECTEURS DE LA SEINE

Le 27 Janvier, nous aurons à faire notre choix entre les deux candidats qui se présentent : M. le Général BOULANGER, M. JACQUES.

M. JACQUES, qui s'intitule le candidat de la République, est un ancien distillateur, qui a fait fortune dans son industrie.

M. JACQUES n'a pas de programme, pas de vues politiques. Il est l'incarnation des ennemis acharnés du Général BOULANGER. Ennemis, qui, malgré leurs déclarations, savent bien que le Général leur est supérieur à tous les points de vue. M. JACQUES est un champion qui leur sert de bouclier.

Le Général BOULANGER, dont la glorieuse carrière est connue, a, dès ses débuts dans l'armée, attiré l'attention de ses chefs, qui, tous, et toujours, ont été unanimes à reconnaître en lui un officier du plus grand mérite et du plus grand avenir, travailleur infatigable d'un jugement sûr et d'un dévouement à toute épreuve à ses devoirs.

Brave comme son épée, loyal comme les anciens chevaliers, le Général BOULANGER a vaillamment défendu le drapeau de la France sur tous les champs de bataille où il a payé de sa personne et de son sang.

Dans toutes les circonstances, il a énergiquement affirmé son dévouement à la République. Comme Ministre, il a apporté dans l'administration de la Guerre de nombreuses et utiles modifications. Il a amélioré, d'une manière très sensible, l'ordinaire et le bien-être du soldat. Il s'est rendu compte par lui-même de l'état de nos frontières et de toutes nos places fortes de première ligne. Les fonderies, les fabriques d'armes, les magasins ont été, de sa part, l'objet de visites incessantes. C'est au Général BOULANGER que nous devons la nouvelle loi militaire et le service de trois ans obligatoire pour tous les Français.

M. le Général BOULANGER dont les aptitudes sont infinies, s'est imposé d'étudier bien d'autres questions se rattachant à tous les services de notre administration civile. Telles sont :

La répartition plus équitable de l'impôt. — Les frais écrasants de justice. — L'abus des sinécures. — L'exploitation de l'ouvrier par le patron. — L'organisation des caisses de retraite pour les travailleurs. — Le budget, voté tous les ans avec un excédent considérable des dépenses, etc., etc.

On dit le Général BOULANGER ambitieux;

Son ambition, à lui, est de relever son pays; de le doter d'institutions sages et protectrices pour les masses, de faire la France grande et forte à l'intérieur et respectée à l'extérieur.

Ceux qui le combattent savent bien que cet homme, si merveilleusement doué, si sympathique à ceux qui le connaissent, ne peut marcher avec eux.

Voilà pourquoi il a eu à subir toutes les injustices, et pourquoi il est abreuvé d'injures.

ÉLECTEURS DE LA SEINE,

Pleins de confiance dans la droiture du Général BOULANGER, dans son désintéressement et dans son profond et loyal dévouement au Pays et à la République, nous nous grouperons autour de lui, et nous lui donnerons, tous, nos voix le 27 Janvier.

Vive la France!
Vive la République!

UN ÉLECTEUR DE LA SEINE

VU : Le Candidat,
Général BOULANGER

Les partisans de M. Jacques faisaient avec raison remarquer aux électeurs quels étaient les soutiens de la candidature Boulanger :

Républicains,

Voici la liste des Journaux impérialistes et royalistes qui soutiennent la candidature de Boulanger :

L'AUTORITÉ, Impérialiste. Rédacteur en chef. **PAUL DE CASSAGNAC**
LA CROIX, Organe de l'Archevêché.
LA FRANCE NOUVELLE, Royaliste.
LE GAULOIS, Royaliste. Rédacteur en chef. **ARTHUR MEYER**
LA PATRIE, Bonapartiste. Rédacteur en chef. **GUYON**
LE PAYS, Impérialiste. Rédacteur en chef. . **ROBERT MITCHELL**
LE PETIT CAPORAL, Imp. Réd. en chef. **A. BLANC**
LE PETIT MONITEUR, Roy. Réd. en chef. **ERNEST DAUDET**
LE SOLEIL, Royaliste. Rédacteur en chef. **ÉDOUARD HERVÉ**
LA SOUVERAINETÉ, Imp. Réd. en chef. **CUNÉO D'ORNANO**

M. Boulanger qui crie : Vive la République — sur ses affiches — est donc soutenu par tous ceux qui crient :

VIVE LE ROI ! VIVE L'EMPEREUR !

Un troisième candidat, M. Boulé, était le tenant du socialisme révolutionnaire. Voici quel était l'appel fait aux électeurs par son comité :

Les capitalistes et les réactionnaires sont divisés en deux camps : l'un représente la dictature parlementaire et l'autre la dictature du sabre.

Tous deux menacent la liberté des citoyens et l'existence de la République.

CITOYENS,

Voter pour JACQUES, c'est voter pour les tripoteurs qui se bâtissent des fortunes colossales avec votre misère, c'est voter pour Ferry et le Tonkin, c'est voter pour les Clémenceau, les Floquet et leurs trahisons à toutes leurs promesses électorales.

Voter pour BOULANGER, c'est voter pour l'ancien officier versaillais qui combattit les Parisiens défendant la République.

Mais voter pour **BOULÉ**

C'est voter pour le travailleur dévoué, représentant du prolétariat, odieusement frappé par le gouvernement radical parce qu'il remplissait honnêtement le mandat de conseiller prud'homme, que des électeurs ouvriers lui avaient confié.

Voter pour BOULÉ, c'est voter pour la République, pour l'émancipation du travail, pour l'égalité sociale, pour l'achèvement de l'œuvre de la République française.

CITOYENS,
Votez pour **BOULÉ**
Candidat de la République Sociale

Le résultat fut celui que redoutaient les républicains clairvoyants. Le général Boulanger fut élu au premier tour; il avait 244.149 voix; M. Jacques, 162.419 voix; M. Boulé, 16.900. Un seul arrondissement, le troisième, avait donné la majorité au candidat républicain.

C'était pour le syndic des mécontents, comme quelques-uns appelaient le général Boulanger, un triomphe personnel sans précédent. Il le fêta avec ses amis, le soir même de l'élection, au restaurant Durand, et on se demandait si les boulangistes allaient marcher sur l'Élysée (1). Quels obstacles pouvait rencontrer une popularité qui venait de s'affirmer si hautement par les suffrages des électeurs de la capitale ? Paris n'était-il pas

Courbé comme un cheval qui sent venir son maître ?

Cette popularité, il convient de le faire remarquer, si elle avait un côté négatif, avait aussi son côté positif. Ce serait, d'ailleurs, calomnier notre pays que de soutenir qu'elle avait seulement été créée à force de réclames, d'images, de chansons et de canards; qu'elle n'avait pas de causes plus sérieuses.

Le côté négatif est évidemment la coalition ou le syndicat des mécontentements. Ils étaient singulièrement complexes, et si l'on avait scruté les mobiles des électeurs, on aurait été confondu des conflits de volontés que ces mobiles pouvaient révéler. Si le propriétaire espère qu'avec le gouvernement du général les loyers hausseront, le locataire a des espérances diamétralement opposées. Si le démocrate vote pour Boulanger parce que, selon lui, la Chambre n'a rien fait, le conservateur, le cléri-

1. *Coulisses du Boulangisme*, p. 13.

cal vote également pour lui parce que la Chambre a
pris telle mesure ou se dispose à la prendre. Le
républicain avancé, l'impérialiste, le royaliste...
ont des aspirations absolument contradictoires, et
cependant leurs bulletins se sont rencontrés dans
les urnes pour donner deux cent cinquante mille
voix au maître de demain, et la plupart ne veulent
pas de maître ou bien en veulent un autre Des
électeurs du 27 janvier se révolteront demain contre
le pouvoir nouveau ou se mettront à conspirer
contre lui. Tous aujourd'hui sont enthousiastes du
succès de leur candidat et beaucoup sont prêts à le
suivre n'importe où.

Les parlementaires sont impopulaires, et ils l'ont
en grande partie mérité. Ils se sont mutuellement
attaqués, injuriés, dénigrés. Ils ont travaillé, et ils
ont crié bien haut qu'ils n'avaient rien fait et ne
pouvaient rien faire. On les a pris au mot. Comment
vont-ils se réhabiliter ?

Le pays a nommé, en 1885, beaucoup d'adversaires de la République qui se prétendaient simplement conservateurs. C'est là une faute dont il
ne songe pas à s'accuser : le souverain ne s'accuse
jamais ; mais il a envoyé à la Chambre une majorité
de républicains et ces républicains jusqu'ici n'ont
pu s'entendre pour gouverner avec esprit de suite
et donner suffisante satisfaction aux intérêts de la
masse. De là vient la colère de la nation, cette sorte
d'emportement plébiscitaire. On lui avait promis la
concentration républicaine ; on ne l'a pas faite,

quoiqu'on en ait beaucoup parlé, et c'est la lourde
faute dont a profité le général Boulanger.

Toutefois cette popularité n'est pas faite toute
entière d'opposition et de négation, de l'impopularité du Parlement, de l'obstruction des droites, des
divisions des gauches, de l'acquittement Wilson,
des trente jours d'arrêt et de la mise à la retraite.
Le côté positif est que le général ainsi frappé, pendant son passage au ministère de la Guerre, a su
faire deux choses : donner au pays confiance en ses
forces et améliorer le bien-être du soldat. Comme
on l'a dit, le général Boulanger a mis son képi sur
l'oreille. Il a par là été sympathique à l'armée et a
réveillé dans le pays tout entier, non pas le sentiment du patriotisme, qui a toujours existé, mais
la conviction que ce patriotisme était appuyé sur
une puissance matérielle avec laquelle tout le
monde devait compter. En même temps, le soldat a
été reconnaissant au général Boulanger des améliorations apportées à son existence, améliorations
préparées depuis longtemps et dont il ne faut pas
exagérer l'importance, mais qui viennent de se révéler et qui témoignent d'une bonne volonté réelle,
d'une sollicitude attentive. Comment maintenant
détruire cette idée que tout est dû à ce seul ministre, qu'il fait trembler les Allemands, depuis le
plus petit jusqu'à Bismarck, que seul il est capable
de décider l'heure de la revanche et de bien conduire la guerre qui nous rendra les provinces arra-
chées à la France par le traité de Francfort? Cette

foi et cette reconnaissance ne pouvaient rester enfermées dans la caserne. L'armée aujourd'hui c'est tout le monde. Le paysan et l'ouvrier sont devenus boulangistes grâce à l'effet insensible, mais puissant par la continuité, de l'admiration plus ou moins raisonnée d'un fils, d'un frère, d'un voisin. Le portrait du général Revanche, du général bienfaiteur du troupier, s'est trouvé au cabaret, à l'atelier, dans la chaumière, comme à la caserne. La foi du soldat est devenue la foi du travailleur, de l'employé, du petit bourgeois. Les humbles, les besogneux attendent leur bien-être du pouvoir remis aux mains du général Boulanger. Comment fera-t-il? Que fera-t-il? Va-t-il contenter tout le monde? Il sait ce qu'il faut faire, telle est la réponse. Le général n'y a même pas pensé, mais il ne faut pas le dire, on ne vous croirait pas. On ne raisonne pas avec des sentiments irraisonnés et la foi ne veut pas être combattue. Pour le moment le peuple a son idole.

Ceux qui mènent les classes dirigeantes savaient combien cette idole était creuse, mais venaient quand même s'incliner devant elle. Des réceptions hebdomadaires avaient lieu chez M. Dugué de la Fauconnerie. Après l'élection du 27 janvier, on en vit une particulièrement mémorable. L'état-major royaliste y fut représenté, et l'auteur des *Coulisses du Boulangisme* nous dit :

« M. de Mackau lui-même fit son apparition, vers onze heures, et quand l'huissier l'annonça d'une voix de Stentor, ce fut un événement... La grande majorité des assistants, d'ailleurs, était dans le ravissement. On s'épanouissait, on débordait de joie; il semblait que l'on vint de sauver la France. On s'abordait sans se connaître, on faisait des mots qui circulaient de bouche en bouche; entre autres celui d'un diplomate connu qui, aux applaudissements de la galerie, avait appelé le boulangisme le dégoût collecteur (1) ».

Le 27 janvier, le général Boulanger ne voulut pas qu'on mobilisât les forces révolutionnaires qui étaient à sa disposition et qui vraisemblablement auraient tout emporté. Il croyait qu'il arriverait à son but sans avoir recours à un coup de force. Il était à la tête d'une conspiration et il refusa aux conjurés de donner le signal qu'ils attendaient de lui et qui permettrait à l'acte décisif de s'accomplir.

Nous écrivions alors, en parlant du duel engagé par le général contre le parlementarisme :

« Jusqu'ici tout réussit au prétendant : les actes de ses adversaires, les manifestations de ses amis, tout jusqu'à ses fautes. C'est la période ascendante avec une force initiale considérable... Le parlementarisme est faible, divisé, jusqu'ici sans direction prépondérante. C'est un décadent. Ces deux mouvements inverses peuvent s'arrêter et la lutte se poursuivre d'une façon sérieuse. Le général qui s'est laissé porter par le flot de la popularité *va être forcé d'agir*. Le parlementarisme qui s'abandonnait va sans doute se ressaisir. Le péril national est grand.

1. Page, 330.

Il doit ouvrir tous les yeux, faire taire les rancunes, apaiser les ambitions, imposer l'union. Le duel offrirait alors des chances aux champions de la loi contre la révolution, de la liberté contre le gouvernement personnel, du gouvernement du pays par le pays contre la dictature militaire (1). »

La Chambre vota le rétablissement du scrutin uninominal, puis, ce qui entraîna la démission du cabinet Floquet (14 février 1889), l'ajournement indéfini du projet de révision. Le nouveau Cabinet, qui était présidé par M. Tirard et qui avait M. Constans comme ministre de l'Intérieur (2), fit voter la loi interdisant les candidatures multiples. Dans l'intérêt de la stabilité républicaine il eût été bien inspiré en demandant aux Chambres d'établir le renouvellement partiel de la Chambre des Députés, ce qui aurait heureusement complété les mesures de défense de nos institutions constitutionnelles.

1. *Le Boulangisme dans le Nord*, p. 281.
2. *Présidence du Conseil, Commerce et Industrie*.................... Tirard
Justice et Cultes.................... Thévenet
Intérieur.................... Constans
Affaires étrangères.................... E. Spuller
Finances.................... Rouvier
Guerre.................... De Freycinet
Marine et Colonies.................... Vice-amiral Jaurès
    (19 mars, vice-amiral Krantz.
    (10 novembre, Barbey.)
Instruction publique et Beaux-Arts... Fallières
Travaux publics.................... Yves Guyot
Agriculture.................... Léopold Faye
    Sous-secrétaire d'Etat des Colonies. Etienne

Les boulangistes irritaient la majorité de la Chambre et le nouveau ministre de l'Intérieur par une interpellation de M. Laguerre visant de la façon la plus outrageante la personnalité de M. Constans. C'était une lutte à mort qui était engagée et la faction opposante avait impérieusement besoin de l'appui des cléricaux. Le 16 mars, M. Rivet avait interpellé le Gouvernement sur l'attitude du clergé, et la discussion s'était terminée par l'ordre du jour pur et simple. Du côté boulangiste, l'entente avec le parti clérical fut négociée entre M. Delahaye et, ce qui était fort inattendu, l'auteur de *Religion, Famille, Propriété*, M. A. Naquet lui-même.

L'alliance fut consacrée par un discours dû à la plume de M. Naquet et que le général Boulanger vint prononcer à Tours le 17 mars (1). Voici la péroraison de ce discours :

« La République telle que je la conçois doit consacrer toutes les libertés : elle doit répudier l'héritage jacobin de la République actuelle, elle doit apporter au pays la pacification religieuse par le respect absolu de toutes les croyances et de toutes les opinions.

« Tout à l'heure, mon ami Naquet, un de ceux qui sont venus à moi du vieux parti républicain, qui sont venus sans rien sacrifier de leurs convictions antérieures et, au contraire, parce qu'ils ont vu dans le parti national la réalisation des principes de toute leur vie, mon ami Naquet vous disait ce qu'il pense

1. V. *Coulisses du Boulangisme*, p. 151.

de la politique religieuse du gouvernement actuel et comment il conçoit celle du gouvernement de demain.

« De semblables déclarations, dans une telle bouche, sont plus significatives encore que dans la mienne, parce que l'homme qui les prononce pourrait être, plus que je ne pourrais l'être moi-même, suspect de nourrir, à l'endroit de la liberté religieuse, des sentiments hostiles.

« Vous l'avez entendu; et ses paroles ont dû, je crois, rassurer les plus hésitants.

« Je m'adresse donc à la fois aux conservateurs et aux vieux républicains qui m'entourent, et je leur dis : Plus de suspicion ! plus d'équivoque !

« Qu'on n'accuse le parti national ni de conspiration monarchique, ni de conjuration démagogique ! Le résulttat que nous poursuivons est de ceux qui peuvent s'affirmer au grand jour.

« Ce vers quoi je marche, je le dis hautement, en demandant leur concours à ceux qui marchent à ce but et en répudiant le concours des autres, — c'est la République, mais la République non parlementaire, la République donnant à ce pays un gouvernement fort, la République protectrice des faibles, des humbles, des petits, la République préoccupée avec passion des intérêts du peuple, la République enfin respectueuse de la liberté individuelle sous toutes ses formes, et en premier lieu, de la liberté de conscience, qui est la première et la plus respectable de toutes les libertés.

Ainsi, pour précipiter la chute de la République parlementaire, M. Naquet parlait et écrivait en faveur de ce qu'on est convenu d'appeler la *liberté religieuse*, et c'était le même qui avait dit au Cercle

13.

révisioniste de Marseille, le 28 septembre précédent :

« Le général Boulanger a brisé les oppositions réactionnaires qu'il a rencontrées dans l'armée; il a exécuté la loi qui expulsait les princes ; il a présenté le premier, en tant que ministre, une loi militaire renfermant le principe du service militaire égal pour tous, même pour les séminaristes, car *ce prétendu clérical* n'a pas hésité à condamner des dispenses scandaleuses et c'est au cri de : « les curés sac au dos ! » qu'il était naguère acclamé dans l'Ile-et-Vilaine. »

Les conservateurs prenaient confiance et concevaient mieux que jamais quel était le secret du boulangisme. M. Hervé écrivait dans le *Soleil:*

« On a crié pendant des années: guerre au cléricalisme, à bas le gouvernement des curés. Le général Boulanger, et M. Naquet, que nous ne devons pas oublier dans la circonstance, *offrent aujourd'hui la paix au cléricalisme et demandent l'alliance des curés.* C'est la morale de cette histoire. »

Le gouvernement s'était décidé à entrer dans la voie des poursuites judiciaires. Ces poursuites avaient commencé par un procès fait aux principaux meneurs de la Ligue des patriotes et la Chambre avait levé l'immunité parlementaire qui couvrait MM. Naquet, Laguerre, Turquet et Laisant. Le tour du général Boulanger allait-il venir ? Ce qui pouvait le faire croire, c'était la démission de M. Bouchez, procureur général à la Cour de Paris, démission non acceptée, M. Bouchez ayant été purement et simplement remplacé par M. Quesnay de Beaurepaire.

Qu'était-ce à côté de ce coup de théâtre auquel on se refusait à croire et que tout, même sa date du 1er avril, rendait invraisemblable. Le général Boulanger, celui que la foule ne connaissait guère que sous le nom de brave général, celui sur lequel on comptait pour le grand coup de balai, l'homme que sa popularité rendait tout puissant et intangible, l'élu du Nord, plus tard l'élu de trois départements en un même jour, celui enfin que sacrait roi l'élection triomphante du 27 janvier, avait fui les poursuites et s'était réfugié à Bruxelles. Le Gouvernement, dit-on, l'avait fait intimider par des policiers qui s'étaient présentés à lui comme trahissant le ministère de l'Intérieur ; les frontières s'étaient trouvées ouvertes devant lui. C'était vrai. Le général Boulanger était en Belgique. Brave comme soldat, il n'avait pas eu le courage du conspirateur. Il avait préféré à tout sa sauvegarde personnelle et la continuation d'une liaison qui lui était chère.

D'après l'auteur des *Coulisses du Boulangisme* (1), à la fin de mars, avait eu lieu une réunion chez la duchesse d'Uzès ; les assistants étaient MM. Arthur Meyer, comte Dillon, de Mackau, comte de Martimprey, marquis de Beauvoir, de Breteuil. Il paraît que les politiques s'étaient séparés en deux camps : le marquis de Breteuil, M. de Martimprey. M. Arthur Meyer, s'étaient déclarés avec énergie, presque

1. Page 181.

avec violence, contre toute idée de départ. Le peuple dirait que le général avait eu peur. « Un général qui se sauve ! ce serait d'un effet désastreux. — MM. Dillon et de Mackau exprimèrent l'avis contraire..... M. de Mackau avait commencé avec M. Dillon le travail préparatoire des élections; M. Dillon était en possession de tous les secrets de l'organisation boulangiste; il en tenait tous les fils; personne ne pouvait le suppléer. La disparition de M. Dillon (et M. Dillon devait partir) rendrait presque impossible la continuation de l'œuvre commencée. Enfin, *le baron de Mackau hésitait à se charger devant Dieu de la responsabilité de la mort du général, qui peut-être ne sortirait pas vivant de prison.* Le marquis de Beauvoir écoutait en silence, comme Mme la duchesse d'Uzès. Représentant du comte de Paris, il n'osait pas émettre un avis qu'on eût pu croire conforme aux désirs du prince. Aussi bien, M. de Beauvoir était venu à la réunion plutôt pour connaître les opinions de chacun et en faire son rapport que pour donner la sienne. Cependant, à un certain moment, le tempérament fut plus fort chez lui que la raison politique. Il s'écria : « — S'il fuit, Boulanger est déshonoré, perdu. »

C'était vrai. Après la fuite en Belgique, le boulangisme râla une agonie agitée dont il nous suffira de rappeler les phases principales, jusqu'au suicide du héros lui-même qui alla, le 30 septembre 1891, au cimetière d'Ixelles, se brûler la cervelle sur la tombe de sa maîtresse.

Les Chambres organisèrent la procédure devant le Sénat dont la Constitution prévoyait le rôle comme Haute-Cour de justice. Dès le 4 mai, la Chambre des Députés avait autorisé les poursuites contre le général-député; le 12 avril, était rendu l'arrêt ordonnant l'instruction; le 12 juillet, le général Boulanger, le comte Dillon et M. Henri Rochefort étaient renvoyés devant la Haute-Cour; les 8, 9 et 10 août, le procureur général, Quesnay de Beaurepaire prononçait son réquisitoire (1); le 14 août, la Haute-Cour condamnait par contumace M. Boulanger et ses deux complices à la peine de la déportation dans une enceinte fortifiée.

Le général Boulanger en fuite ou condamné, c'était son parti battu aux élections et avec ce parti ceux qui avaient suivi une action parallèle. Aux élections des conseils départementaux, en juillet, vainement on avait tenté de faire élire conseiller général ou conseiller d'arrondissement dans un grand nombre de cantons l'accusé devant la Haute-Cour, la victoire électorale avait appartenu aux républicains et le général Boulanger n'avait été nommé que dans douze cantons.

Malgré l'entente consacrée par une entrevue à Londres entre le général Boulanger et M. le comte de Paris, malgré les abondantes souscriptions versées à la caisse royaliste, souscriptions dont le chef

1. *Année Politique*, par M. A. Daniel, 1889. Pièces justificatives, p. 202.

de la maison de France avait donné l'exemple (1), le
pays républicain, qui avait célébré le centenaire de
1789 et qui était heureux du succès de l'Exposition
universelle, confirma les manifestations antérieures
de sa volonté et envoya à la Chambre une majorité
résolument attachée à la Constitution. Et cependant,
M. le comte de Paris avait adressé au peuple français un manifeste daté de Sheen-house, le 23 août,
et M. le baron de Mackau avait donné le mot d'ordre
à la coalition anti-républicaine dans un discours
prononcé à Argentan :

« Déjà, dit-il, M. le comte de Paris, le représentant
de cette longue lignée de rois auxquels M. Challemel-
Lacour, ce républicain convaincu, rendait devant le
Sénat, il y a quelque temps, un si éclatant hommage,
avait, dans des instructions célèbres, indiqué à ses
amis comment ses droits héréditaires pouvaient et
devaient se concilier avec les droits de la volonté
nationale. Hier encore, dans un manifeste qui fera
époque, il reprend et précise cette affirmation. Qui,
plus que lui cependant, pouvait se réclamer exclusivement de titres séculaires ? Mais il s'est souvenu
du temps où la nation elle-même avait été chercher
ses ancêtres pour en faire des rois, et il n'a pas
hésité à puiser de nouveau la sanction de ses droits
incontestés dans l'acclamation populaire.

« Grâce à Dieu, grâce aux princes patriotes que l'intolérance parlementaire a chassés du territoire, il
n'y a plus de notre côté qu'une seule armée; il y a
unité d'action, unité de but, unité de moyens. Toutes
les forces conservatrices réunies ne veulent qu'une

1. *Coulisses du Boulangisme*, p. 264, 269.

chose : renverser légalement les hommes qui détiennent le pouvoir et en ont fait l'usage que vous savez ; obtenir légalement la révision d'une Constitution qui, mauvaise par elle-même, a encore été faussée par des modifications successives ; mettre légalement la volonté nationale à même de se prononcer sur les destinées de la France...

« Le boulangisme, grandi par les fautes de ses adversaires, a poursuivi quand même son œuvre, confondant ses revendications avec les nôtres, pratiquant cette politique parallèle définie, dans les discours de Tours, par le général Boulanger et par son ami, M. Naquet, et aboutissant aussi à ces trois termes : dissolution, révision, volonté nationale.

« C'est ainsi que l'unité s'est faite successivement chez les coalisés, chacun restant fidèle à son passé, à ses convictions, mais tous poursuivant, à l'heure présente, un but unique : le renversement, non du gouvernement, mais des hommes qui gouvernent, — la prise légale du pouvoir, — la révision de la Constitution et la manifestation de la volonté du pays.

« Toutes ces revendications, nous les poursuivons aujourd'hui avec les amis du général Boulanger, — comme nous les poursuivions avant lui, — comme nous les poursuivrions sans lui, si, lui aussi, il n'avait pas pris en main avec la force que donne la faveur populaire, l'heureux programme qui a réalisé et qui réalisera encore tant de rapprochements. »

Ces rapprochements avaient été inutiles. On indiquait que la nouvelle Chambre était ainsi composée :

Républicains	366
Bonapartistes et royalistes	166
Boulangistes	44

Ainsi, le boulangisme était bien mort, longtemps avant la lettre dite d'abdication du général Boulanger, du 14 mai 1890, longtemps avant son mélodramatique suicide du 30 septembre 1891.

Ce rapide historique de l'agitation boulangiste appelle une sorte de post-scriptum, c'est la citation d'une lettre de M. le comte de Paris, à propos de la publication qui venait de se faire des *Coulisses du Boulangisme*. On se demandait si le prétendant reniait ou regrettait son entente avec le général d'aventure, le général espagnol, suivant le mot qui était prêté à Emilio Castelar.

La lettre à M. Bocher était un aveu, donné en toute liberté, à la date du 23 septembre 1890 :

« La polémique suscitée par une récente série d'indiscrétions pourrait tromper l'opinion sur la politique que j'ai suivie dans les élections de l'année dernière.

« Devant quitter demain l'Europe pour quelques semaines, je ne veux pas laisser s'établir des erreurs et des calomnies.

« Je crois avoir bien compris, dans un moment difficile, les intérêts de la cause monarchique. Proscrit par la République, je ramasse pour la combattre les armes qu'elle me fournit. Je ne regrette pas de m'en être servi pour diviser les républicains. Leur trouble avant les élections, leurs violences après, montrent quelles eussent été les conséquences du succès.

« Représentant de la Monarchie, je ne dois négliger aucune occasion d'en préparer le triomphe. J'ai voulu que la parole fût rendue au pays. Je n'ai jamais poursuivi d'autre fin et je n'ai jamais rien attendu que de la France.

« Aujourd'hui, je demande à mes amis de ne pas s'attarder à des récriminations sur le passé. Qu'ils affirment hautement leur foi dans le principe monarchique et qu'ils s'unissent pour continuer la lutte. Ils ne mériteront la confiance de la France que s'ils ont confiance en eux-mêmes, en leur cause et en Dieu. »

CHAPITRE VI

La Politique pontificale.

Un discours de M. Freppel. — Réponse de M. Ribot. — Politique pontificale. — Les institutions et les lois. — Discours de M. Challemel-Lacour. — Correspondance entre Léon XIII et le président Grévy. — Le Pape et le septennat militaire allemand. — Réunion plénière des droites. — La droite indépendante. — Arrestation et emprisonnement du duc d'Orléans. — M. Léon Bourgeois nommé ministre de l'Intérieur en remplacement de M. Constans. — Interpellation. — Discours de M. Barthou. — Cabinet de Freycinet. — Les événements de Cronstadt. — Discours de M. Ribot. — Toast du cardinal Lavigerie, le 12 novembre 1890. — Polémiques. — L'Union de la France chrétienne. — Mandement de l'évêque de Grenoble. — Le Pape et la question sociale. — Pèlerinages d'ouvriers à Rome. — Incidents du 3 octobre 1891. — Circulaire du ministre des Cultes. — Réponse de l'archevêque d'Aix. — Poursuites et condamnation. — Interpellations. Maintien du statu quo. — Déclaration des cardinaux. — Interview du Pape, publiée par le *Petit Journal*. — L'encyclique. — Les conséquences. — Chute du cabinet de Freycinet. — Ministère Loubet. — Lettre du Pape aux cardinaux. — Dissolution de l'Union de la France chrétienne. — Discours de M. le baron de Mackau à Carrouges.

Le 1er février 1890, M. Freppel, à l'occasion de a discussion d'une validation d'élection, vint soutenir à la tribune de la Chambre le droit des membres du clergé de combattre les candidats qu'ils reconnaîtraient comme dangereux aux intérêts de la religion. Qu'ils en eussent le droit ou non, les curés, dans beaucoup de circonscriptions, ne s'étaient pas gênés pour combattre les candidats républicains au profit soit de bonapartistes, soit de royalistes, soit d'amis du général Boulanger. Etait-ce là une conduite qu'il fallait approuver ? Pouvait-on continuer à la tolérer ? Etait-elle favorable aux intérêts de la religion tels qu'on devait sainement les comprendre ?

C'est M. Ribot qui se chargea de répondre au discours de l'évêque d'Angers, et il le fit aux applaudissements de la majorité républicaine. Il déplora l'hostilité qui s'élevait contre la religion elle-même et demanda si l'attitude du clergé n'avait pas souvent contribué à créer cette hostilité :

« Vous avez parlé à ce propos de lois récentes ; nous nous sommes expliqués sur ces lois ; mais est-ce que l'hostilité déclarée d'une partie du clergé contre la République ne remonte pas au delà de ces lois, aux jours qui ont précédé cette crise néfaste du 16 Mai qui a fait tant de mal à ce pays ? Comparez cette attitude à celle que le clergé observe dans d'autres pays, aux Etats-Unis, par exemple ; il n'est pas tout d'un côté, il n'est pas le lien d'un parti, il n'a pas l'ambition de tenir le drapeau politique d'un parti. La conséquence, vous la voyez, dans ce pays : il n'y a nulle part, ni parmi les républicains, ni parmi les démocrates, ni dans aucune fraction du pays, d'hostilité systématique contre la religion, parce qu'elle ne s'offre pas elle-même aux coups de ses adversaires en prenant les apparences tout au moins d'un parti, d'une association politique.

« La paix religieuse, je la demande. Je veux le prêtre libre, respecté dans son église, mais je veux aussi maintenir les droits du pouvoir civil, suivre les traditions de ce pays, me conformer à l'instinct profond, au génie du peuple français ; je veux le curé hors de la politique. A l'église, oui ; sur la place publique, sur le forum, jamais !

« Nos lois, s'inspirant de cet esprit, ont écrit en termes formels que le prêtre transgressait ses droits lorsque, sortant du sanctuaire, il portait des censures contre les actes du pouvoir législatif.

« Cette règle a été trop souvent oubliée. Notre devoir est de la maintenir, de la faire respecter et aucun de nous, dans cette Chambre, ne manquera à ce devoir.

« Que l'Eglise, comprenant enfin que ces luttes stériles ne peuvent que nuire au respect qu'elle mérite, à la situation qu'elle a dans l'Etat, ne s'inspire pas des conseils dangereux qui viennent de lui être donnés du haut de la tribune ! Qu'elle se renferme dans son rôle, qu'elle soit l'Eglise enseignante et non pas l'Eglise militante, dirigeant toute la force morale des consciences contre les institutions, contre la République, contre les lois ; cela vous pouvez le tenter : nous ne le tolérerons jamais ! »

L'orateur, à la fin de ce discours, avait parlé des attaques cléricales contre les institutions de la République et contre ses lois. Cette distinction est essentielle. Elle va être le pivot de l'évolution d'une partie des députés de la droite, frappés d'une déconvenue plus grande que celle de 1885, et de l'Eglise, dont le chef reconnaîtra qu'il n'est pas utile aux intérêts dont il a la garde de continuer de servir de lien aux partis monarchiques. Représentants des anciens partis, à la suite de ceux-là mêmes qui s'étaient le plus engagés dans les conjurations contre la République, membres du clergé obéissant à la voix du Souverain Pontife, vont faire adhésion aux institutions républicaines, et se jugeront ainsi sur un terrain meilleur pour combattre les lois faites par les républicains. Cette évolution se résume en ceci : abandon de la cause monarchique, parce que c'est une cause perdue, du moins momentanément ; ralliement à la République dont le principe ne sera plus ouvertement et quotidiennement attaqué; lutte pour l'abrogation des lois dont se plaignent les conservateurs ; lutte engagée avec l'espoir d'obtenir le concours des républicains modérés, parce que ceux-ci seront rassurés sur le sort des institutions elles-mêmes et qu'ils abandonneront volontiers une législation qui leur paraîtra peu en rapport avec une ère nouvelle de pacification, d'apaisement.

Le discours prononcé au Sénat par M. Challemel-Lacour, le 19 décembre 1888, justifiait ces espérances (1). Ce discours, œuvre académique superbe, traduisait merveilleusement les sentiments des républicains arrivés à l'heure de la lassitude et des regrets, qui avaient couru tout d'une haleine avec les autres, avant les autres; mais, essoufflés, s'arrêtaient pour jeter un regard en arrière et constater

1. Voir *Année politique*, 1888 pièce annexe F.

qu'on avait mal marché, qu'on était allé trop vite et trop loin. Ils s'empressaient de faire leur *mea culpa* sur la poitrine des autres.

Les partisans de cette évolution qui, au lieu de se rallier aux républicains, allaient demander aux républicains modérés de les rejoindre en arrière du gros des forces républicaines, rencontreraient, il fallait le prévoir, deux sortes d'adversaires : les fidèles des anciens partis qui voulaient espérer encore contre toute espérance et les fidèles de l'idée républicaine, qui voulaient l'institution avec ses conséquences et ne séparaient pas de la Constitution les lois que les républicains avaient faites ensemble et qu'ils considéraient comme la raison d'être et la meilleure défense de cette Constitution.

Le pape Léon XIII, esprit élevé, d'une diplomatie à la fois prudente et active, employait, depuis son avénement, toute son habileté à assurer à l'Eglise un *modus vivendi* favorable à ses intérêts avec toutes les puissances temporelles. Partout l'Eglise, grâce à cette politique plus souple que celle de Pie IX, reconquérait peu à peu quelque chose de son influence, s'insinuait, reprenait de son empire sur les consciences, en dehors même des intérêts purement religieux.

En 1883, Léon XIII avait écrit à M. le président Grévy une lettre dont on ne connut l'existence et le caractère que par une analyse publiée par le *Temps* du 7 janvier 1892.

Le Pape se plaignait que les événements qui se

déroulaient en France, depuis quelque temps, concernant les affaires religieuses, étaient pour lui un sujet de douleur et d'appréhension. Il insistait sur l'esprit de modération dont avait fait preuve le Saint-Siège et constatait que ses espérances avaient été déçues, notamment par les mesures prises « contre divers ordres religieux que l'on disait non reconnus par l'autorité gouvernementale. »

« Le Pape protestait ensuite contre « la loi qui a exclu des écoles l'indispensable et traditionnel enseignement religieux », et contre les mesures qui ont « écarté tout élément salutaire de religion des hôpitaux, des collèges, de l'armée, des asiles de charité et de tous les établissements de l'Etat ».

« Il s'élevait contre les deux projets de lois relatifs au divorce et à l'obligation du service militaire pour les ecclésiastiques. Il se plaignait des suspensions de traitement infligées à divers ecclésiastiques, comme contraires à la lettre et à l'esprit du Concordat. Après avoir réitéré l'expression de ses appréhensions et de ses angoisses, Léon XIII faisait appel à l'intervention du président de la République « pour nous rendre possible, dit-il, de continuer notre attitude si paternellement modérée et si utile à votre nation, même sur le terrain de son influence à l'étranger, que le Gouvernement français désire, à juste titre, ainsi qu'il nous l'a fait savoir dernièrement, conserver et accroître d'accord avec le Siège apostolique ». Le Pape terminait en disant qu'il espérait que « grâce à la haute autorité du président, la France conservera les avantages précieux de la paix religieuse » et en lui envoyant, ainsi qu'à sa famille et à la France catholique, sa bénédiction apostolique.

Voici quelle fut la réponse de M. Jules Grévy :

« Juin 1883.

« Très Saint-Père,

« J'ai reçu la lettre que Votre Sainteté m'a fait l'honneur de m'écrire au sujet des affaires religieuses en France.

« Personne plus que moi ne déplore le caractère qu'elles ont pris et ne désire plus ardemment une solution qui concilie les intérêts de l'Eglise et ceux de l'Etat.

« Votre Sainteté se plaint avec juste raison des passions antireligieuses. Il en existe certainement à côté des sentiments opposés de la grande majorité des Français. Mais ces passions, que je réprouve, peut-on méconnaître qu'elles sont nées principalement de l'attitude hostile d'une partie du clergé à l'égard de la République, soit à son avènement, soit dans les luttes qu'elle a eu depuis à soutenir pour son existence, soit dans celles qu'elle soutient encore journellement contre ses mortels ennemis ?

« Dans ce funeste conflit de passions contraires, je ne puis malheureusement que fort peu sur les ennemis de l'Eglise; Votre Sainteté peut beaucoup sur les ennemis de la République. Si elle daignait les maintenir dans cette neutralité politique qui est la grande et sage pensée de son pontificat, elle nous ferait faire un pas décisif vers un apaisement si désirable.

« Dans son appel au président de la République, Votre Sainteté ne doit pas perdre de vue le rôle assigné au chef du pouvoir exécutif par la Constitution française.

« En ce qui concerne les mesures gouvernementales, renfermé dans son irresponsabilité, le président doit s'abstenir de tout acte personnel. Il ne peut qu'offrir ses conseils au Ministère et il ne manque pas à ce devoir.

« Quant aux lois et aux résolutions parlementaires, il n'y intervient que par ses ministres, qui ont eux-mêmes à compter avec les majorités des deux Chambres.

« Toutefois, grâce au temps, qui amène avec lui la réflexion et l'expérience, grâce aux dispositions que manifeste le Parlement, grâce aux efforts du Gouvernement qui est animé des sentiments les plus modérés et les plus conciliants, il est permis d'entrevoir des jours moins difficiles, et si Votre Sainteté daigne persévérer dans l'attitude que sa bienveillance et sa haute intelligence des choses et du temps présent lui ont fait prendre aux applaudissements respectueux de tous les amis éclairés de la religion et de la paix publique, si la partie hostile du clergé finit par désarmer, nous avons l'espérance de voir tomber bientôt ces regrettables débats et d'arriver enfin à une heureuse pacification.

« Je demande à Votre Sainteté la permission de ne pas la suivre dans le détail des divers points auxquels sa lettre touche. J'aurais beaucoup de choses à approuver; il en est quelques autres sur lesquelles je demanderais peut-être à faire de respectueuses réserves. Mais le caractère de ma fonction ne me permet pas d'entrer personnellement dans une discussion que la loi réserve aux ministres responsables. Je leur ai communiqué la lettre de Votre Sainteté, en recommandant à leur plus vive sollicitude les griefs qu'elle renferme. Je suis assuré qu'ils feront ce qui dépendra d'eux pour leur donner toute satisfaction possible.

« Je remercie Votre Sainteté du précieux témoignage d'estime et de confiance dont elle m'a honoré en m'adressant personnellement sa lettre. Je la remercie aussi de la bénédiction apostolique qu'elle a daigné à cet occasion donner à la France, à ma famille et à moi, et je la prie d'agréer l'humble expression de ma haute vénération et de mon profond respect. »

Léon XIII eut l'occasion, au commencement de l'année 1887, de donner son concours au gouvernement allemand qui voulait obtenir du Reichstag le septennat militaire. La loi proposée devait, suivant le langage du ministre, M. de Bœtticher, montrer que « la nation allemande est résolue à employer, aujourd'hui et toujours, la totalité absolue de ses forces complètement armées à repousser toute agression contre ses frontières. »

Le centre catholique était opposé à la loi. Le Saint-Siège envoya ses instructions et les catholiques s'abstinrent, permettant ainsi le vote de la loi, vote qui eut lieu le 11 mars. La paix n'en était pas plus assurée, au contraire! Le 21 avril se produisait l'incident Schnæbelé. Mais le gouvernement allemand entrait avec le Saint-Siège dans l'ère de la pacification religieuse; les congrégations vouées à la vie contemplative ou à la bienfaisance pouvaient rentrer en Allemagne.

En France, quelques jours avant le discours de M. Ribot sur l'attitude du clergé, les droites de la Chambre s'étaient réunies en assemblée plénière, le 22 janvier 1890.

Le procès-verbal suivant fut publié :

« Les députés de la droite se sont réunis ce matin au secrétariat général, sous la présidence de M. le comte de Maillé, doyen d'âge, en vue d'organiser l'assemblée plénière des députés de la droite.

« Monseigneur Freppel a expliqué qu'il ne s'agissait pas de constituer un groupe spécial, mais de fournir à tous les députés conservateurs, sans distinction de nuance, le moyen de se rencontrer et de se concerter.

« Il a ajouté que tous les députés peuvent et doivent s'unir sur le terrain de la conservation sociale, de la revendication des libertés publiques, religieuses et sociales. Il a terminé par un chaleureux appel à la concorde qui a été unanimement applaudi.

« Il a été décidé ensuite que la réunion ainsi constituée prendrait le nom de Réunion générale des députés de la droite.

« Monseigneur Freppel a alors proposé la constitution d'un bureau qui serait la représentation des diverses nuances politiques de la droite et permettrait ainsi à tous les députés de travailler en commun, tout en réservant à chacun l'indépendance de ses opinions.

« A la suite d'observations échangées entre plusieurs membres, il a été décidé que le bureau se composerait de 4 présidents, 4 secrétaires, 2 trésoriers, 1 questeur et 3 commissaires chargés du secrétariat.

« En outre, il a été convenu qu'un certain nombre de délégués désignés par la réunion, sur la proposition du bureau, lui serait adjoint. Il a ensuite été procédé à l'élection du bureau.

« Ont été nommés présidents : MM. de la Rochefoucauld, duc de Doudeauville ; Jolibois, baron de Mackau, Jacques Piou ; secrétaires : MM. Desjar-

dins (de l'Aisne), Dufaure, Paulmier, Plichon ; trésoriers : MM. le comte de Lanjuinais, Le Roux ;
questeur : M. le baron Reille ; commissaires chargés
du secrétariat : MM. d'Aillières, Déjardin-Verkinder
(du Nord), Godelle.

« Toutes ces propositions ont été adoptées par acclamation. »

L'Union des droites n'empêchait pas la création
d'une droite *indépendante*, ayant à sa tête MM. Piou
et Delafosse, et ce groupe reprenait le programme
de la droite républicaine. Pas d'opposition systématique, disaient les indépendants. Les institutions
actuelles sont légalement établies ; il ne faut pas les
mettre en question. A la nation seule, toujours maîtresse de ses destinées, appartient le droit de les
réviser. En attendant, il convient d'aider à la *formation d'une nouvelle majorité de gouvernement.*

Un pareil ralliement était méritoire, surtout de la
part de M. Delafosse qui, quelque temps auparavant, avait manifesté un goût si prononcé pour la
dictature.

L'adversité engendre bien des conversions !

Le jeune duc d'Orléans, fils aîné du comte de
Paris, avait cru utile d'aider à la résurrection de la
foi monarchique, en venant à Paris, malgré les dispositions de la loi d'exil, réclamer son inscription
parmi les jeunes soldats de sa classe. Arrêté le
7 février 1890, il avait été conduit à la Conciergerie.
Le 12, après une courte défense par M⁰ Rousse, il
fut condamné au minimum de la peine, deux ans

d'emprisonnement. Deux jours avant, M. Cazenove de Pradine avait vainement demandé à la Chambre l'abrogation de la loi d'expulsion des princes. Disons immédiatement que le 3 juin, le duc d'Orléans était gracié et quittait la maison de Clairvaux pour reprendre le chemin de l'étranger. Peu de personnes furent émues de ces incidents: le pays resta absolument calme.

Il ne fut pas non plus troublé par les crises ministérielles qui vinrent à se produire : crise partielle, d'abord par la démission de M. Constans, ministre de l'Intérieur, qui fut remplacé par M. Léon Bourgeois, le 1er mars; treize jours après, crise plus importante, le Cabinet tout entier se retirant devant un vote hostile du Sénat sur une question d'ordre économique.

Le 3 mars, à la Chambre des Députés, M. Camille Dreyfus avait interpellé M. Tirard sur le remplacement de M. Constans.

Dans cette discussion fit ses débuts un jeune député républicain des Basses-Pyrénées, M. Barthou. Il prit à tâche, dans des observations qui furent généralement bien accueillies, d'indiquer que l'orientation du parti républicain devait être vers la gauche et non vers le côté opposé et que les modérés risquaient d'être entraînés à une alliance basée sur l'abandon de certaines lois qui déplaisaient aux conservateurs. Voici les principaux passages de ce discours :

« Le mandat du Cabinet, son devoir politique étaient dictés par le mandat même que le pays avait imposé à la majorité de la Chambre, et ce mandat — toute équivoque serait impossible — se présente de la façon la plus nette, la plus claire ; il se résume dans ces deux mots : *union du parti républicain pour les réformes démocratiques...*

« Parmi ces réformes, il en est dont le seul énoncé divise le parti républicain. Ces réformes, qui sont de politique pure, il faut les écarter, tout au moins les ajourner.

« Il en est d'autres, au contraire, dont la solution peut ne pas réunir dans un même sens toutes les bonnes volontés et qui, lorsqu'on entre dans les détails de la réalisation, peuvent soulever des difficultés des plus graves. Mais tout au moins sommes-nous d'accord dans la majorité républicaine pour penser qu'il faut les aborder et essayer de les faire aboutir.

« Ce sont les questions d'affaires et cette politique n'exclut ni les initiatives hardies, ni les mesures réformatrices.

« En opposition avec la politique que je viens de définir, il en est *une autre* qui s'est affirmée depuis quelque temps... *Elle pèse comme un mystère sur la situation actuelle.*

« Cette politique est celle qui consiste à se tourner du côté de ceux qui étaient hier, et qui restent aujourd'hui, nos adversaires intraitables et irréconciliables. Elle est *oublieuse des luttes d'hier, accessible et bienveillante aux ennemis de la veille,* prête à leur sacrifier parmi nos conquêtes les plus récentes, celles qui sont les plus précieuses, puisqu'elles touchent à l'égalité devant la loi et à la liberté de conscience elle-même...

« Oui, cette politique s'est affirmée par cette déclaration que *l'orientation du parti républicain* devait se diriger non pas à gauche, mais *à droite,* et

quant aux concessions à faire à la droite, elles con-
sistaient dans la renonciation à la loi militaire et
aux lois sur l'enseignement primaire.

« Cette précision fournie, je répète que je suis
pour la politique d'union de tous les républicains
qui prépare les réformes indispensables, contre la
politique de l'union et de l'alliance conservatrice qui
sacrifie parmi les conquêtes que nous avons faites
celles qui sont la force, l'honneur et la raison d'être
de l'institution républicaine elle-même. »

M. Barthou feignait de soupçonner que le cabinet
Tirard fût enclin à une alliance avec la droite. Ce
n'était nullement dans les intentions des ministres,
et quand M. Barthou dit :

« Nous avons obtenu de M. le président du Conseil cette affirmation que l'orientation de sa politique se trouve vers la gauche et que, pour son compte
personnel, comme au nom du Cabinet, il renonce
avec éclat à cette autre... »

M. Tirard protesta énergiquement :

« Je n'y renonce pas : elle n'a jamais été la
mienne, jamais! Je n'ai jamais fait alliance avec la
droite! »

MM. Barthou, Poincaré et Saint-Germain présentèrent un ordre du jour ainsi conçu :

« La Chambre, confiante dans les déclarations du
Gouvernement et convaincue qu'il continuera à suivre une *politique résolument républicaine conforme aux vœux du pays,* passe à l'ordre du jour. »

Il ne fut pas voté par les droitiers *indépendants,*

mais obtint une forte majorité : 257 voix contre 195.

C'est sous le quatrième ministère de Freycinet (1) que se passa un événement important par lui-même et gros de conséquences pour la consolidation de la République et l'accroissement de son influence dans le monde. Le 25 juillet 1891, le Tzar rendit visite à l'escadre française dans les eaux de Cronstadt ; il entendit debout notre hymne national, la *Marseillaise*, et cet acte fut accompagné et suivi des manifestations populaires les plus enthousiastes, montrant combien le Tzar et son peuple attachaient de prix à l'amitié de la France.

M. Ribot, ministre des Affaires étrangères, allant inaugurer à Bapaume, dans le département qu'il représentait à la Chambre, une statue du général Faidherbe, saisit cette occasion pour indiquer avec précision quelle était la portée de cet événement (le 16 septembre 1891) :

« L'Europe, pendant quelque temps, incertaine, nous a enfin rendu justice. Un souverain, prévoyant

1. *Présidence du Conseil et Guerre*.... DE FREYCINET
Justice et Cultes................ ... FALLIÈRES
Affaires étrangères.................. RIBOT
Intérieur.......... .... CONSTANS
Finances.......................... ROUVIER
Marine............................. BARBEY
Instruction publique et Beaux-Arts... Léon BOURGEOIS
Travaux publics.................... YVES GUYOT
Agriculture....................... Jules DEVELLE
Commerce, Industrie et Colonies...... Jules ROCHE
     Sous-secrétaire des Colonies ETIENNE.

et ferme dans ses desseins, pacifique comme nous-mêmes, a publiquement manifesté les sympathies profondes qui unissent son pays et le nôtre.

La nation russe s'est associée à son Empereur pour nous témoigner une amitié cordiale. Vous savez quelle réciprocité ces sentiments ont trouvée chez nous. Les incidents de Cronstadt ont retenti jusqu'au fond de la plus petite de nos bourgades et du moindre de nos villages...

« D'où nous sont venues ces marques si diverses et si nombreuses d'estime et de confiance ? Du sentiment répandu partout que *nous apportons une garantie nécessaire à l'équilibre général*. Cette conviction, peu à peu, s'est fait jour dans tous les esprits. Ce qui est vrai de la politique intérieure l'est plus encore de la politique étrangère ; les résultats ne s'improvisent pas ; ils sont la conséquence et le prix d'une longue suite d'efforts, et quand ils se manifestent, ceux-là seuls en sont étonnés, qui n'avaient pas été attentifs à la série d'actes qui les avaient silencieusement préparés.

« Et ici, messieurs, *je ne parle pas seulement du Ministère actuel, mais de tous ceux qui se sont succédé dans la République depuis vingt années*. Tous ont été fidèles à la même tradition et chacun a apporté son concours à l'œuvre nationale. C'est la grandeur de la France, quelles qu'aient été ses dissensions intérieures, aujourd'hui si diminuées, d'être unie devant l'étranger ; *notre seul mérite est d'avoir continué ce que nos devanciers avaient commencé et peut-être d'avoir compris que le moment était venu de donner à leurs efforts la consécration qui était dans les vœux du pays.* Il est résulté pour nous, comme on l'a justement dit, une situation nouvelle, ce qui ne signifie pas qu'il faille y adapter une nouvelle politique. Celle que nous avons suivie nous a été trop favorable pour que nous la désertions le jour même où la valeur en apparaît à tous les yeux et où nous commençons à en recueillir les fruits. *Ce n'est pas au moment où nous pourrons pratiquer la paix avec plus de dignité que nous nous exposerons à la compromettre.* La France, ayant conscience de sa force et confiance en son avenir, continuera de montrer les qualités de prudence et de sang-froid qui lui ont attiré l'estime des peuples et qui ont contribué à lui rendre le rang qu'elle doit occuper dans le monde. »

Nous devons revenir en arrière pour noter un autre événement, beaucoup moins considérable sans doute, mais qui fit beaucoup de bruit et engendra, outre une longue série de polémiques, des conséquences sur lesquelles il convient d'appeler l'attention.

Le 12 novembre 1890, les officiers de l'escadre de la Méditerranée, conviés à la table du cardinal Lavigerie, archevêque d'Alger et de Carthage, primat de l'église d'Afrique, eurent la surprise d'entendre la musique des Pères Blancs jouer la *Marseillaise;* ils ne furent pas moins surpris, et tout particulièrement leur chef, le vice-amiral Duperré, d'entendre le cardinal, leur amphitryon, porter un toast à l'union de tous les Français dans la République :

« Plaise à Dieu, dit le cardinal Lavigerie, que l'union qui se montre parmi nous règne bientôt, entre tous les fils de la mère-patrie! L'union, en présence de ce passé qui saigne encore, de l'avenir qui menace toujours, est en ce moment notre besoin suprême; c'est aussi le premier vœu de l'Eglise, à tous les dégrés de la hiérarchie. Sans doute, elle ne nous demande de renoncer ni au souvenir des gloires du passé, ni aux sentiments de fidélité et de reconnaissance qui honorent tous les hommes. Mais quand la volonté d'un peuple s'est nettement affirmée, que la forme d'un gouvernement n'a rien en soi de contraire, comme le proclamait dernièrement Léon XIII, aux principes qui seuls peuvent faire vivre les nations chrétiennes et civilisées, lorsqu'il faut, pour arracher son pays aux abîmes qui le menacent, l'adhésion sans arrière-pensée à cette forme de gouvernement, le moment vient enfin de déclarer l'épreuve faite et, pour mettre un terme à nos divisions, de sacrifier tout ce que la conscience et l'honneur ordonnent à chacun de nous de sacrifier pour le salut de la patrie. En dehors de cette résignation, de cette acceptation patriotique, rien n'est possible, en effet, ni pour conserver l'ordre et la paix, ni pour sauver le culte même dont nous sommes les ministres. Ce serait folie d'espérer soutenir les colonnes d'un édifice sans entrer dans l'édifice lui-même, ne serait-ce que pour empêcher ceux qui veulent le détruire d'accomplir leur œuvre, folie surtout d'assiéger du dehors, comme le font encore quelques-uns, malgré des hontes récentes, donnant à nos ennemis qui nous observent le spectacle de nos ambitions et de nos haines et jetant dans le cœur de la France le découragement précurseur des dernières catastrophes. »

Le cardinal, dans ce toast, invoquait l'autorité du chef de la hiérarchie ecclésiastique, et, en effet, il devait être d'accord avec le Pape en prêchant ainsi l'entrée sans arrière-pensée dans l'édifice républi-

cain pour y consolider les colonnes de la conservation sociale et pour faciliter l'action de l'Eglise.

D'ailleurs, le *Moniteur de Rome* du 16 novembre
commentait favorablement le toast du prélat :

« Cette parole autorisée est plus qu'un programme ;
c'est un événement. La France aspire franchement
à la paix et à la concorde. Mais personne n'avait le
courage de dire la parole libératrice, cette parole
qui donne en quelque sorte leur formule aux vœux
de tout un peuple.

« Cette parole, la voilà enfin.

« L'illustre primat ne sait pas seulement sauver
l'Afrique, sous l'inspiration et la direction de
Léon XIII : il rend en même temps la liberté à son
pays, avec la paix et l'union.

« Nous saluons avec joie cette grande voix qui
nous vient d'Afrique : là est le salut. »

Ce ne fut pas de la part du primat d'Afrique une
manifestation isolée. Il la répéta sous forme de
mandements et de lettres. Au commencement de
1891, il reçut du Pape un bref approbatif dont il
s'empressa de donner communication à son clergé
dans une circulaire où il disait :

« Vous aviez bien compris, dès le premier jour,
que je n'avais pu prendre seul et de moi-même la
solennelle et grave initiative que j'avais prise le
12 novembre. Vous saviez que j'arrivais de Rome.
Vous pensiez que c'était pour répondre à ses désirs
que je profitais de l'occasion favorable que me présentait le séjour de la flotte française à Alger, pour
frapper un grand coup. J'ai cru devoir rendre un
compte fidèle à notre Saint-Père le Pape de la

manière dont je me suis acquitté de ce devoir. Il
vient de me répondre par le bref dont je vous com-
munique le texte. Il daigne m'y donner l'assurance
que ce que j'ai pu faire répondait parfaitement aux
besoins du temps, à son attente et aux marques de
particulier dévouement qu'il a toujours reçues de
moi. »

Au Sénat, à l'occasion de la discussion du budget,
M. de l'Angle-Beaumanoir demanda à M. Fallières,
ministre de la Justice et des Cultes, pourquoi le
gouvernement n'avait pas supprimé le traitement
d'un archevêque qui s'occupait de politique, comme
il avait supprimé ceux de beaucoup de pauvres curés
de campagne. Le ministre répondit qu'il ne voyait
rien à blâmer dans le langage de. M. de Lavigerie.
Les royalistes étaient très froissés de ce langage,
d'autant plus qu'il semblait complètement approuvé
par la curie romaine. En février 1891, M. d'Haussonville prononça, à Nîmes, dans une réunion
monarchiste, un discours qui, au point de vue auquel
se plaçait l'orateur, renfermait des choses très sen-
sées. Il s'élevait à la fois contre le programme de la
Droite indépendante et contre la politique pontificale:

« ...*Je suis persuadé qu'il n'y a guère, dans ce
dissentiment, autre chose qu'une divergence sur
une question de tactique.* En effet, sans mettre
d'aucune façon en doute la véracité de leurs assurances, si, par une de ces brusques sautes de vent
qui sont si fréquentes dans notre pays, un souffle
monarchique venait à passer de nouveau sur la

France, je m'imagine qu'ils auraient quelque peine à puiser dans la solidité de leurs convictions nouvelles assez d'énergie pour résister au courant qui les entraînerait.

« Mais s'il en est véritablement ainsi, s'il ne s'agit que d'une question de tactique, tactique parlementaire dans le présent, tactique électorale dans l'avenir, il est permis de juger cette tactique par ses résultats, et il ne me semble pas que, jusqu'à présent, ils aient été très heureux. Sans doute, quelques-uns de nos amis ont été admis à l'honneur de voter avec la majorité. On leur a permis de sauver par leur abstention ou leurs votes un ministère singulièrement menacé, et je ne le leur reproche pas, car il me semble que, si j'avais l'honneur d'être député, n'ayant pas plus de confiance dans les ministres de demain que dans ceux d'aujourd'hui, je serais aussi peu soucieux des existences ministérielles pour les détruire que pour les prolonger.

« Mais je ne vois pas que dans aucune circonstance ils aient réussi à grouper les éléments d'une majorité nouvelle, où l'appoint d'une droite républicaine remplacerait l'élément radical, et sur laquelle pourrait s'appuyer un Ministère, je ne dirai même pas conservateur, mais libéral et modéré.

(L'orateur citait à l'appui de sa thèse la séance où s'est discutée la question du droit d'accroissement et la séance plus récente consacrée à *Thermidor* ; il déclarait que les républicains demanderaient des gages, et que ces gages seraient non seulement l'acceptation de la République, mais l'adhésion à la loi militaire et à la loi scolaire) :

« On leur fera, suivant l'énergique expression de

M. Paul de Cassagnac, la porte si basse qu'il leur faudrait se mettre à plat ventre pour y passer, et, comme nos amis sont gens d'honneur, comme ils ne sont pas de ceux qui se mettent à plat ventre, ni même qui courbent la tête, qu'ils se refuseront à donner ces gages et à proférer, fût-ce du bout des lèvres, les articles de ce symbole sectaire, que leur arrivera-t-il?

« C'est qu'ayant commencé par donner congé à leurs électeurs monarchistes et n'ayant pas voulu, au prix de compromissions, acheter les électeurs républicains, ils se trouveront abandonnés par les uns sans avoir réussi à faire la conquête des autres. De telle sorte, et en fin de compte, que, après que le résultat de la tactique parlementaire aura été d'affaiblir la droite, en la divisant, le résultat de la tactique électorale sera, pour eux, de les éliminer de la vie publique par une sorte de suicide involontaire, résultat déplorable et dont nous gémirons autant qu'eux, car il y a dans leur nombre des hommes qu'on ne remplace pas.

(Venant alors aux avis donnés aux monarchistes qui sont en même temps catholiques) :

« Quelques-uns de ces avis sont partis de si haut qu'il y aurait peu de déférence à paraître ne pas les avoir entendus. Un prélat éminent, qui occupe dans l'Eglise de France une haute situation et qui a rendu de grands services à la cause de la civilisation, a pris la peine, dans un toast et dans une lettre, de nous adresser à la fois un enseignement et un conseil. Il nous a enseigné que l'Eglise ne consacrait aucune forme de gouvernement, qu'elle n'en réprouvait aucune et qu'elle se bornait à réclamer des pouvoirs publics les libertés nécessaires à l'exercice de sa divine mission. Puis, il nous a conseillé de renoncer à la Monarchie comme à une forme de gouvernement condamnée, non pas seulement en France, mais en Europe, et d'apporter à la République le concours de nos forces et de notre dévouement.

« *Il nous est permis, je le crois, messieurs, de distinguer entre l'enseignement et le conseil.* Devant l'enseignement nous nous inclinons avec respect, tout en faisant remarquer qu'il avait peut-être quelque chose de superflu.

« *Pour le conseil, c'est une autre affaire. Celui-là est purement humain, purement politique, sujet par conséquent à discussion* et exposé, comme tous les conseils, à être accepté ou rejeté par celui ou ceux à qui il s'adresse. Si l'on insiste, si l'on nous presse, si, comme le faisait, il y a quelques jours un autre évêque (l'évêque d'Annecy), confondant, j'ai le droit de le dire, deux domaines ; l'un, celui de la foi, où la soumission est due ; l'autre, celui de la politique, où la liberté reste entière, on prétend nous imposer à nous monarchistes, l'obligation morale, comme catholiques, de devenir républicains, on nous contraindra de nous réfugier dans cette réponse qui a retenti dans le passé et retentira toujours dans l'avenir comme la défense et la protestation suprême de l'honneur et de la conscience : *non possumus,* nous ne pouvons pas. »

Une note du *Moniteur de Rome,* du 12 février, donna tort à M. d'Haussonville et approuva les déclarations et lettres de M. Piou. Vers cette époque, Mme la duchesse d'Uzès, qui désirait être reçue en audience particulière par le Pape, arriva à Rome pour apprendre que très malencontreusement la fin de ces audiences avait coïncidé avec son arrivée.

L'évêque d'Angers, M. Freppel, de son côté fit son voyage *ad limina*. Bien entendu il ne demanda pas au Gouvernement l'autorisation de quitter son diocèse, comme le prescrit le concordat, ce qui valut au ministre des Cultes une question qui lui fut adressée, au Sénat, par M. Maxime Lecomte (10 mars). L'évêque-député, d'après ce que l'on affirmait, était allé à Rome plus spécialement comme député de la droite, porteur d'une déclaration signée d'une soixantaine de ses collègues refusant d'adhérer à la forme républicaine. On ignora le texte même de cette déclaration et l'accueil qu'elle reçut au Vatican.

Les royalistes, d'ailleurs, songèrent à adapter leur politique à celle du Pape, en conservant leurs convictions dynastiques, mais *en agissant surtout en tant que catholiques*. C'était, dans notre pays, la formation d'un « parti catholique ». Le cardinal Richard, archevêque de Paris, avait écrit dans cet esprit une lettre pastorale *aux catholiques qui l'avaient consulté sur leur devoir social*, pour leur montrer l'intérêt qu'ils avaient à séparer leur cause de celle des anciens partis, la question purement politique et dynastique restant du domaine du for intérieur. Sous les auspices de l'archevêque, se fonda l'*Union de la France chrétienne*, avec comme chefs : MM. Chesnelong, Keller, comte de Mun, baron de Mackau. Le comte de Paris ne crut pas nuire à sa situation de prétendant en envoyant à cette union et à ceux qui se disaient « catholiques avant tout », sa chaleureuse adhésion.

L'évêque de Grenoble, M. Fava, donna un programme catholique de ralliement aux institutions républicaines :

« Nous acceptons, écrivit-il dans un mandement, la forme du gouvernement, qui est celle de la France d'aujourd'hui, c'est-à-dire la République. Nous voulons un chef catholique : c'est la loi de notre pays. Nous voulons un gouvernement qui s'inspire, dans ses lois et dans son action, des croyances catholiques, religion de la très grande majorité des Français, et non des erreurs maçonniques dont le naturalisme est la base et qui ne sont pratiquées que par un petit nombre de Français. »

« Si l'évêque de Grenoble ne combat plus la République, dit M. E. Spuller (1), il ne renonce pas à combattre la franc-maçonnerie, origine et fontaine de toutes nos erreurs, cause de tous les maux dont nous souffrons. Il faut savoir que de tous les évêques français, l'adversaire le plus ardent et le plus passionné de la franc-maçonnerie, c'est M. Fava, ancien aumônier de la flotte. Ce prélat voit des francs-maçons en tout et partout. Il en est obsédé, affolé. S'il faut en croire les familiers de son évêché, il irait, dans sa défiance des francs-maçons, jusqu'à procéder lui-même, chaque soir, avant de prier et de s'endormir, à la visite, à l'inspection minutieuse de son appartement, à seule fin de bien s'assurer que quelque affidé de la secte impie et criminelle ne viendra pas troubler son sommeil ? Il est aisé de penser qu'un homme aussi pénétré que M. Fava des périls que nous fait courir la franc-maçonnerie, ne pouvait laisser échapper l'occasion

1. *Evolution politique et sociale de l'Eglise*, 1893, p. 105.

de rappeler le sujet de ses préoccupations constantes, dans un document aussi solennel que ce mandement par où il prétend organiser un parti catholique dans son diocèse. »

L'attention de Léon XIII se porta sur le côté social de l'évolution moderne et il ne s'indigna pas d'être appelé par M. le comte de Mun « le Pape des ouvriers ». D'année en année se succédèrent au Vatican des délégations, des pélerinages de patrons ou d'ouvriers, ou bien à la fois de patrons et d'ouvriers. Pour la France, c'est M. Langénieux, archevêque de Reims, qui s'était mis à la tête de l'œuvre et qui, enflammé d'un beau zèle, tenait parfois un langage qui n'eût pas été déplacé dans la bouche d'un ardent démocrate.

En 1889, eut lieu un grand pélerinage ouvrier, qui reçut comme récompense la publication de l'encyclique *de conditione opificum*, dans laquelle le Pape faisait connaître sa doctrine et ses sentiments sur l'amélioration du sort des travailleurs.

Il est bien certain qu'à aucun degré l'Eglise ne pouvait prêter les mains à l'extension d'une propagande qui aurait pu être confondue avec celle du socialisme révolutionnaire. Mais l'Eglise revendique la direction des consciences; elle prêche la charité, l'aide et l'assistance pour les humbles et les petits, la difficulté du salut pour ceux qui ne savent pas se dépouiller du superflu. Aussi, affirmant que la solution du problème social, la rémunération du travailleur adéquate à la valeur même de son travail, dépend uniquement du domaine de la conscience, elle devait se considérer comme seule apte à procurer aux ouvriers leur perfectionnement moral et leur bien-être matériel.

En 1891, eut lieu un grand pélerinage d'action de grâces, pélerinage des ouvriers reconnaissants de l'encyclique et en même temps pélerinage de la jeunesse catholique; ces réunions étaient en grande partie composées de Français; les esprits étaient passablement excités par des sentiments de gratitude et de dévouement envers le chef de l'Eglise. Cet enthousiasme pouvait aller jusqu'à la douleur de voir le Pape confiné dans le Vatican et jusqu'au désir de restaurer son pouvoir temporel.

Le 3 octobre, vers midi, un groupe de pélerins de la Jeunesse catholique se rendit au Panthéon, où se trouve le tombeau de Victor-Emmanuel. Quelques-uns inscrivirent sur un registre, au lieu de leurs noms, un hommage au pape-roi. Les susceptibilités italiennes s'emparèrent de cet incident qui fut démesurément grossi et des manifestations antifrançaises du caractère le plus fâcheux eurent lieu à Rome et dans plusieurs villes d'Italie.

En France, si on déplora que l'effervescence à laquelle se laissaient emporter nos voisins dans leur mauvaise humeur dépassait toute limite raisonnable, surtout après les excuses faites spontanément, au nom des pélerins, par les fils de M. Harmel, de Reims, on regretta en même temps que les manifestations imprudentes des pélerins et de leurs guides aient donné aux susceptibilités du patriotisme italien un prétexte de s'élever et aient fourni l'occasion à la presse gallophobe de dénoncer nos tendances et de mettre contre elles l'Europe en défiance.

Le langage de M. Langénieux n'était pas de nature à apaiser ces susceptibilités et ces défiances ni à nous faire croire à la complète inocuité des manifestations des pélerins :

« La Providence, dit-il, en permettant que la joie des derniers jours du pélerinage de 1891 fut douloureusement troublée, en associant les ouvriers français à la captivité et aux douleurs du Souverain Pontife, leur réservait la mission suprême d'affirmer avec éclat, à la face du monde, qu'en dépit des déclarations intéressées de la franc-maçonnerie et de la politique, le Pape n'est pas libre et que la question romaine reste au premier rang parmi toutes celles qui troublent cette fin de siècle. »

Le 4 octobre, le ministre de la Justice et des Cultes, M. Fallières, envoya aux archevêques et évêques la circulaire suivante :

« Vous connaissez les regrettables incidents qui viennent de se produire à Rome, au cours des pélerinages dits « des ouvriers français ».

« Vous avez trop le sentiment des intérêts de la nation pour ne pas penser, comme moi, que toutes les autorités du pays doivent éviter d'être compromises dans des manifestations qui peuvent perdre facilement leur caractère religieux.

« J'ai, en conséquence, l'honneur de vous inviter

à vous abstenir, pour le moment, de toute participation à ces pèlerinages.

« Agréez, monsieur l'archevêque *ou* l'évêque, l'assurance de ma haute considération. »

L'archevêque d'Aix profita de la réception de cette lettre pour jeter une énorme pierre dans le marais de la politique d'apaisement. Le 8 octobre, il écrivit au ministre :

« J'ai l'honneur de vous accuser réception de votre lettre par laquelle vous invitez les évêques à s'abstenir pour le moment des pèlerinages à Rome dits « des ouvriers français. »

« Je me suis mis à la tête du pèlerinage provençal, et, à ce titre, je me crois directement désigné.

« J'ai suivi mes 541 compagnons de route partout : on ne peut leur reprocher la moindre parole, le moindre acte répréhensible ; l'attitude des Italiens, j'aime à le reconnaître, a toujours été correcte, respectueuse, empressée ; mais nous sommes partis la veille de l'explosion du complot.

« Des témoins très autorisés pourront vous rendre le même témoignage pour tous les autres pèlerinages.

« Dans ces conditions, Monsieur le Ministre, je ne vois pas pourquoi vous nous invitez à ne pas nous compromettre dans des manifestations qui peuvent, dites-vous, facilement perdre leur caractère religieux.

« Ces manifestations ont toujours gardé leur caractère religieux et ne l'ont jamais perdu par la faute des pèlerins.

« Nous n'avions pas besoin de votre invitation ni pour le passé, ni pour le présent, et rien ne vous

autorise à nous la faire pour l'avenir ; du reste nous
savons nous conduire.

« Le comité organisateur a suspendu les pèlerinages ; quand ils se rétabliront, je ferai ce que je
voudrai dans l'intérêt de mon diocèse. Votre lettre
donc était inutile.

« L'incident du Panthéon est un coup monté contre la France, à l'occasion des pèlerins ; les scènes
sauvages et les cris féroces contre les Français, dans
la plupart des villes italiennes, à la même heure, en
sont une preuve incontestable.

« Vous aviez mieux à faire que de vous presser de
nous écrire *cette lettre qui devient un triste et
odieux contre sens*. De plus, elle n'est appuyée sur
rien de sérieux : sa seule raison est de répondre à
ces deux mots : « Vive le Pape ! »

« Mais est-ce un crime à soulever tout un peuple
que de crier : « Vive le Pape ! » dans une église où
le Pape est chez lui, à côté du tombeau d'un roi que
Pie IX a pardonné, et qui a reconnu ses torts en se
confessant avant de paraître devant Dieu ?

« Vous ne savez même pas si ces deux mots sont
l'œuvre d'une main française ou d'une main étrangère. Comment rendre les pèlerins français responsables d'un fait personnel et insignifiant dont vous
ne connaissez pas sûrement l'auteur ? Dites, si vous
voulez, que c'est une étourderie, et vous l'aurez jugé
avec une entière sévérité.

« M. le président de la République et ses ministres se croiraient-ils insultés parce qu'un visiteur
écrirait sur un registre officiel : « Vive M. le comte
de Paris ! » Vous n'y prêteriez pas même attention,
à moins que les francs-maçons ne voulussent en
faire un cas de guerre contre les catholiques, comme
en Italie.

« Ah ! si les rôles étaient intervertis, quelles protestations vous auriez déjà reçues et à bon droit. Il aurait bien fallu qu'on insultât un pèlerin anglais ! La pénitence serait déjà faite.

« Nous nous refusons à croire que des excuses et des remerciements aient été présentés au gouvernement italien. Des excuses !!! On nous en doit : nous n'en devons point. Où sont les fautes commises ? Des remerciements !!! Pourquoi ? Sans doute pour quelque genre d'outrages qu'on aura oublié, et pour de plus grands malheurs qui n'ont été évités que par le bon esprit et le calme chrétien des pèlerins, obligés de fuir, comme des criminels, à des heures indues.

« Comme ils ont été admirables de prudence et de sagesse à tous les points de vue, et qu'ils vous ont rendus forts à l'égard de nos voisins !

« Nous devons aussi féliciter nos compatriotes de ne pas répondre par la plus légère représaille aux nombreux Italiens qui viennent gagner leur vie au milieu de nous.

« Vous nous faites l'honneur, Monsieur le Ministre, de nous dire que nous avons le sentiment des intérêts de la nation. Oui, nous avons ce sentiment profondément enraciné dans nos âmes, parce que nous le puisons à une source où il est toujours pur, et où il ne subit jamais de défaillance. En allant à Rome, nous l'avons ravivé aux pieds de ce grand Pape, héroïque victime de la Révolution, qui nous a parlé de la France catholique en des termes qui nous la feraient aimer davantage, si c'était possible, et nous ont rendus plus fiers d'être ses enfants ; il m'a dit à moi personnellement, sur mon pays, des choses inoubliables.

« *Et voilà pourquoi nous sommes humiliés des lamentables événements qui se passent en Italie et en France, où les maîtres du jour ne manquent*

*aucune occasion d'attaquer et d'insulter cette reli-
gion catholique qui a fait l'Italie et la France.*
La paix est quelque fois sur vos lèvres, la haine et
la persécution sont toujours dans les actes, parce que
la franc-maçonnerie, cette fille aînée de Satan, gouverne et commande : mille fois aveugle volontaire
qui ne le voit pas.

« Pour moi, je suis vivement blessé dans ma dignité de Français, de catholique et d'évêque.

« Recevez, Monsieur le Ministre, l'assurance de
tout mon respect.

« XAVIER, archevêque d'Aix. »

Les républicains modérés, partisans de la politique concordataire, purent à ce moment apprécier
quelle faute on avait commise en ne tenant pas la
main à la stricte application du concordat et de la loi
de germinal qui, au point de vue de notre loi d'Etat,
de la police des cultes appartenant à tout gouvernement, fait corps avec le concordat, en est le complément indispensable. Ils purent s'apercevoir que la
question portée, au commencement de l'année, à la
tribune du Sénat, par M. Maxime Lecomte, au sujet
du voyage à Rome de l'évêque d'Angers, avait une
portée plus grande que celle qu'on lui avait attribuée
à l'époque.

Un ministre qui voulait user de son droit vis à-vis
de ses subordonnés, qui le faisait avec ménage-
ments et dans des circonstances où son inaction
eût été des plus répréhensible, se trouvait en présence d'une véritable révolte s'armant contre lui du
sarcasme et de l'injure.

Parce qu'il était républicain, le Gouvernement n'avait-il pas la possibilité de se défendre? Devait-il, contrairement à ce qu'avaient fait tous les autres, renoncer à se faire obéir des évêques, à les punir s'ils entraient en rébellion contre la loi d'État.

« La prétention des évêques, dit M. E. Spuller (1), et en particulier celle de M. l'archevêque d'Aix, est que, ni de près ni de loin, ni directement ni indirectement, ils ne relèvent de l'autorité du ministre des Cultes, en ce qui touche leurs rapports avec le Saint-Siège et les voyages qu'ils peuvent faire à Rome. Cette protestation est en violation formelle de la loi du 18 germinal an X, qui est une loi de l'État. Assurément, nombre d'évêques, pour ne pas dire tous, ne reconnaissent pas cette loi. Dans leur ardeur à la rejeter, il en est qui vont jusqu'à commettre le délit prévu et puni par l'article 222 du Code pénal. Il y a donc lieu de savoir si ce délit a été commis ; en fait, cela n'est pas douteux ; reste la question d'intention dont la conscience des magistrats est seule juge. »

En effet, M. Gouthe-Soulard fut déféré à la première chambre de la Cour de Paris pour répondre du délit d'outrage au ministre des Cultes. Le 24 novembre, il fut condamné à trois mille francs d'amende. Le *Figaro* fut poursuivi et condamné pour avoir ouvert une souscription destinée à couvrir l'amende.

Il est à remarquer que la plupart des archevêques

1. *Évolution politique et sociale de l'Église*, p. 195.

et évêques, à quelques rares exceptions près, et on peut noter celle de M. Turinaz, évêque de Nancy, se solidarisèrent hautement avec le condamné. Des manifestations eurent lieu comme savent en organiser les cléricaux de France. Avant le procès, M. Perraud, évêque d'Autun, membre de l'Académie française, n'avait pas hésité à écrire à M. Gouthe-Soulard :

La Providence semble vous avoir ménagé une occasion admirable de dissiper, une fois pour toutes, le déplorable malentendu qui, depuis vingt ans, se mêle sans cesse aux relations de l'Église et de l'État et fournit aux passions antireligieuses un prétexte qu'elles exploitent très habilement contre nous. Quelques paroles tombées de vos lèvres dans une circonstance aussi solennelle auront, par la force des choses, un immense retentissement.

Au delà du prétoire où vous allez vous asseoir comme accusé, derrière ces magistrats qui ne seront pas médiocrement surpris de vous voir comparaître à leur barre pour être jugé, la France entière sera debout. C'est à elle que vous parlerez.

Le Parlement s'émut de ce qu'on appela la levée de crosses de l'épiscopat français. Elle coïncidait avec la diffusion de « catéchismes électoraux » qui accentuaient le rôle politique que le clergé voulait prendre dans notre pays. M. le sénateur Dide interpella le 9 décembre, et le 11, à la Chambre des Députés, MM. Hubbard, Ricard (Côte-d'Or) et Turrel interpellèrent sur le même sujet, c'est-à-dire

sur les menées cléricales et les manifestations ultra-
montaines des évêques.

Au Sénat, l'ordre du jour présenté par MM. Demôle, Merlin et Ranc, fut voté par 211 voix contre
57. Cet ordre du jour était ainsi conçu :

« Le Sénat, considérant que les manifestations
récentes d'une partie du clergé pourraient compromettre la paix sociale, et constituent une violation
flagrante des droits de l'Etat ; confiant dans les déclarations du Gouvernement, compte qu'il usera des
pouvoirs dont il dispose ou qu'il croira nécessaires
de demander au Parlement, afin d'imposer à tous le
respect de la République et la soumission à ses lois,
passe à l'ordre du jour, »

M. Dide avait rappelé les précédents ; M. Goblet
avait indiqué la nécessité d'aboutir à la séparation
de l'Eglise et de l'Etat et par quelles mesures, à son
avis, cette séparation nécessaire devait être préparée
et facilitée ; M. de Marcère avait prêché l'oubli des
injures et recommandé la politique d'apaisement ;
après une longue homélie de M. Chesnelong, la parole avait été donnée au Gouvernement. M. Fallières,
qui avait été plus directement atteint, parut pen-
cher vers les mesures d'indulgence et de pacification, et ses déclarations furent loin de donner une
suffisante satisfaction aux sentiments de la majorité
du Sénat. Heureusement, par un langage très net et
très ferme, M. de Freycinet, président du Conseil,
permit le vote de l'ordre du jour de confiance.

Voici la partie la plus importante de son discours:

« Je sais bien que, de ce côté-ci (la droite), on ne reconnaît pas la valeur des articles de loi auxquels je fais allusion. On affecte, depuis 1891, de séparer les lois organiques du Concordat. Je sais que cette prétention a été élevée, et l'honorable M. Buffet me fait un signe d'assentiment qui semble indiquer que, sans doute, il partage cette opinion.

« M. Buffet. — Complètement.

« M. le Président du Conseil. — Eh bien ! je déclare, quant à moi, que je la trouve absolument renversante.

« Que le Pape ait pu, dans une certaine mesure, se croire autorisé à contester la valeur des lois organiques, on peut le comprendre. L'article premier du Concordat reconnaît à l'Etat le droit d'édicter des règlements de police, c'est tout au long dans l'article premier ; ces règlements de police, ce sont précisément les lois organiques.

« Je disais que les lois organiques ont été promulguées « ensemble » avec le Concordat - l'expression y est — et Portalis, quand il les présenta, déclara qu'elles en faisaient partie intégrante ; par conséquent, à l'époque même où les auteurs du Concordat promulguaient les lois organiques, ils ne comprenaient pas autrement l'expression « règlement » de police qui figure dans l'article premier.

« Mais, enfin, je comprends que le Pape ait pu se considérer comme ayant, jusqu'à un certain point, le droit de contester les lois organiques, qui avaient été faites sans lui. Mais les évêques, ce sont, j'imagine, des citoyens français ! Est-ce que leur nomination d'évêque leur enlève cette qualité ? Est-ce qu'en acceptant la dignité épiscopale, ils renoncent à leur nationalité ? Est-ce qu'ils ne sont pas soumis à toutes les lois de l'Etat ?

« Est-ce que les lois organiques ne sont pas des lois applicables comme les autres lois ?

« Est-ce que les ecclésiastiques ont, plus que tout autre, le droit de faire un tri parmi les lois et de dire : « A partir du jour où je serai évêque, j'accepterai telle loi et non pas telle autre. »

« Si ces lois répugnent à leur conscience, qu'ils ne sollicitent pas un siège épiscopal. Personne ne les y a contraints, et si vous aviez été amené comme moi à recevoir les communications de bon nombre d'entre eux, vous verriez qu'ils n'y sont pas forcés et que les démarches qu'ils font ont généralement un caractère spontané.

« M. BUFFET. — Un pareil langage est un scandale de la part d'un membre du Gouvernement. (*Exclamations à gauche.*)

« M. LE PRÉSIDENT. — Monsieur Buffet, veuillez, je vous prie, retirer l'expression dont vous venez de vous servir.

« M. BUFFET. — « Je dis, monsieur le président, qu'il y a quelque chose de douloureux à entendre un ministre accuser publiquement, à la tribune, les prêtres français d'être des solliciteurs !

« M. LE PRÉSIDENT. — « Le mot « scandale » est retiré. Cela suffit. Veuillez continuer, monsieur le président du Conseil.

« M. LE PRÉSIDENT DU CONSEIL. — « Je disais donc, messieurs, que lorsqu'un prêtre est nommé évêque, vous m'accorderez bien qu'il n'est pas nommé malgré lui, et qu'il n'est pas contraint d'accepter ces fonctions. Or, il sait bien, lorsqu'il les accepte, que les lois dont nous parlons sont en vigueur et, si elles blessent sa conscience, pourquoi accepte-t-il les fonctions épiscopales ? Je dis donc, messieurs, que, à mon sens, il n'est pas possible d'arguer de ce fait, que les lois organiques ne sont pas partie intégrante du Concordat ou qu'elles n'y sont pas directement contenues, pour se dérober à leur exécution. Dès lors, le gouvernement considère que tous les moyens d'action que ces lois mettent à sa disposition lui appartiennent légitimement. Il en fera l'emploi qu'il convient pour ramener au degré d'obéissance voulu tous ceux qui seraient tentés de s'en écarter.

« Nous ne demandons aux prélats rien de contraire à leur conscience, dans le domaine religieux, rien qui puisse froisser leurs croyances, mais, je le répète, dans le domaine temporel, nous entendons qu'ils soient les subordonnés du ministre des Cultes et que, dans leurs rapports avec l'État, ils conservent la déférence qui lui est due.

« Je vous fais juges vous-mêmes, messieurs (l'orateur désigne la droite); admettez-vous que dans un État bien réglé — je n'emploierai pas le mot de fonctionnaires, nous prendrons le mot que vous voudrez — admettez-vous que des hommes placés à la tête d'un service public, de quelque nom que vous les désigniez, non seulement puissent écrire à un ministre dans les termes que vous connaissez, mais puissent encore livrer leur lettre à la publicité?

Un sénateur à gauche. — « Le voilà, le scandale?

M. LE PRÉSIDENT DU CONSEIL. — « Vous m'adressiez tout à l'heure, monsieur Buffet, un mot violent et que je ne mérite pas; je serais en droit de l'employer moi-même pour qualifier de pareils actes !

« C'est la modération de mon caractère et le respect de la tribune qui m'empêchent d'user de pareils termes, mais je dis que cela n'est pas supportable, que, dans une société bien ordonnée, les hommes qui sont dans une relation aussi étroite avec l'État, qui en sont les salariés, pour accomplir un service public important, respectable, élevé autant que vous voudrez, mais qui les oblige d'autant plus qu'il est plus respectable et plus élevé, je dis que ces hommes n'ont pas le droit d'aller faire appel à une publicité malsaine pour mettre en échec le ministre des Cultes qui a autorité sur eux. Je soutiens que ce n'est pas là un procédé régulier, correct, et qu'un État qui se respecte puisse accepter.

« Eh bien, vous nous avez dit : « Faites la paix. » Certainement nous ne demandons pas mieux que de vivre en paix... (*Bruit à droite*)... mais nous ne voulons pas être dupes. (*C'est cela! — Très bien à gauche.*)

Nous entendons pratiquer, et nous l'avons fait. une politique de modération et d'apaisement. En présence des incidents qui viennent de se produire, ne soyez point surpris que notre attitude se modifie en ce sens que, sans nous livrer à une politique de provocation et d'agression. nous aurons du moins une politique momentanément plus réservée et plus sévère, jusqu'à ce que l'ordre se soit rétabli, jusqu'à ce que nous soyons convaincus que les choses se passent comme elles doivent se passer. Mais nous ne consentirons pas à prendre cette attitude faible et effacée que vous appelez la « paix avec le clergé français. »

« Non, nous n'y consentirons pas, nous exigerons au préalable la soumission aux droits de l'État, et si nous ne l'obtenons pas ainsi, nous emploierons les autres moyens que la loi met à notre disposition. S'ils ne suffisent pas, si de nouveaux moyens sont nécessaires, nous les réclamerons de vous. Enfin, si rien de tout cela ne réussit, si nous sommes en présence d'une insurrection voulue et qu'il y eût une sorte de parti pris... nous déclinerons la responsabilité des conséquences qui retomberaient directement sur ceux qui auraient pris cette attitude vis-à-vis de l'Etat... »

La politique du Cabinet avait été clairement exposée: il ne croyait pas avoir reçu le mandat ni des Chambres ni du pays d'accomplir la séparation de l'Eglise et de l'Etat ni de la préparer ; mais il se reconnaissait la mission de faire respecter la société civile et ses prérogatives nécessaires.

A la Chambre des Députés, le langage de M. Fallières fut plus ferme qu'au Sénat, celui de M. de Freycinet plus atténué ; mais là encore ce fut cette même politique qui triompha par le vote d'un ordre du jour identique à celui du Sénat, présenté par MM. Rivet et Delpeuch, et qui obtint 243 voix contre 223. L'ordre du jour radical de M. Hubbard avait été rejeté par 321 voix contre 179.

C'était le maintien du *statu quo*, c'est-à-dire le recours aux textes du Concordat et aux lois organiques lorsque des circonstances pressantes y obligeraient, et comme attitude générale, une grande tolérance, non seulement envers le clergé et l'épiscopat des paroisses, mais encore envers les congrégations, même celles vouées à l'enseignement, et cette tolérance comprenait jusqu'à la Société de Jésus (1).

Le 20 janvier 1892, les cinq cardinaux de la métropole, auxquels se joignit bientôt M. Lavigerie, publièrent un document qui s'intitulait : « Exposé de

1. *Année politique,* par A. Daniel, 1891, p. 359.

la situation faite à l'Eglise de France et Déclaration des éminentissimes cardinaux » (1). Il est inutile de rappeler ici les doléances du haut clergé sur les lois votées par les républicains. Après les avoir longuement exposées, la Déclaration affirmait que les catholiques ne prétendent nullement former un Etat dans l'Etat ; mais qu'ils n'admettent pas davantage que l'Eglise soit incorporée dans l'Etat comme un simple rouage administratif et que plutôt que de subir cet avilissement ils devaient être prêts à tout souffrir et disposés à tout entreprendre pour la résistance.

En parlant du Concordat, la Déclaration disait que ses avantages matériels et moraux ne devaient pas être préférés à tout, et ce document se terminait par ce résumé :

« Respect des lois du pays, hors le cas où elles se heurtent aux exigences de la conscience, respect des représentants du pouvoir, acceptation franche et loyale des institutions politiques ; mais, en même temps, résistance ferme aux empiètements de la puissance séculière sur le domaine spirituel, dévouement actif et généreux aux œuvres qui ont pour objet de fournir à la société chrétienne les éléments de sa vie propre, notamment aux œuvres d'enseignement, d'apostolat et de charité ; enfin, fidélité au devoir électoral, dont l'accomplissement par tous les gens de bien assurerait une représentation nationale vraiment conforme au vœu du pays et capable d'opérer dans la législation les réformes nécessaires à la paix politique. »

2. *Année politique*, 1892, pièce justificative A.

C'était là plutôt une déclaration de guerre qu'un instrument de pacification.

On attendait toujours la parole du chef de l'Eglise, et pour la faire connaître le Pape eut recours à un moyen assez insolite. Il accorda une *interview* à M. Judet, rédacteur du *Petit Journal*. C'est le 18 février qu'elle fut publiée :

« Mon désir, comme la volonté de l'Eglise, est que la France soit heureuse ; c'est une nation dont l'esprit est vif et le caractère généreux ; si quelquefois elle ne suit pas le chemin le plus droit, le plus conforme à ses intérêts, elle répare vite ses fautes dès qu'elle voit bien la vérité.

« Je fais le vœu — et j'agis conformément malgré les résistances — que les divisions cessent et qu'il n'y ait plus chez vous de querelles stériles qui vous affaiblissent.

« Je suis d'avis que tous les citoyens doivent se réunir sur le terrain légal ; chacun peut garder ses préférences intimes ; mais, dans le domaine de l'action, il n'y a que le Gouvernement que la France s'est donné.

« La République est une forme de gouvernement aussi légitime que les autres.

« Je viens de recevoir le président du comité d'organisation de l'exposition de Chicago, qui demandait au Saint-Siège son adhésion et sa participation à cette œuvre américaine. Les Etats-Unis, qui sont en république, malgré les inconvénients qui dérivent d'une liberté sans bornes, grandissent tous les jours, et l'Eglise catholique s'y est développée sans avoir de luttes à soutenir contre l'Etat. Ces deux puissances s'accordent très bien, comme elles doivent s'accorder partout, à la condition que l'une n'em-

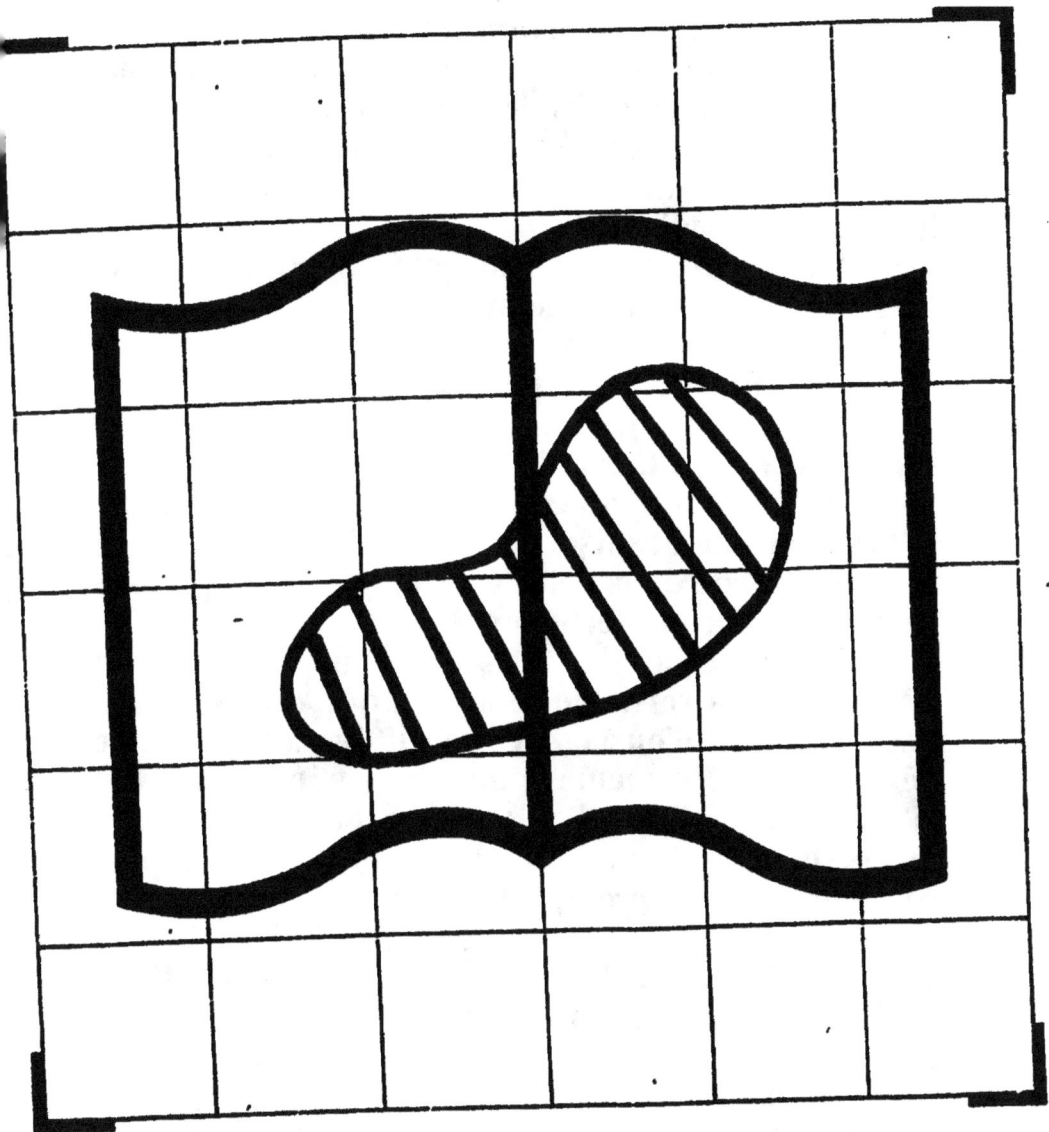

piète pas sur les droits de l'autre ; la liberté est bien
réellement là-bas le fondement des rapports entre
le pouvoir civil et la conscience religieuse.

« L'Eglise réclame avant toute autre chose la
liberté ; ma voix autorisée doit être entendue, pour
que son but et son attitude ne soient plus dénaturés
par des attaques mal fondées. Ce qui lui convient
aux Etats-Unis lui convient à plus forte raison dans
la France républicaine.

« Je tiens à tous les Français qui viennent me
voir le même langage indistinctement ; je souhaite
qu'il soit connu de tous. Je regrette seulement jusqu'ici que des personnes haut placées n'osent pas
reconnaître publiquement, comme il conviendrait,
les efforts que je fais pour la paix et la prospérité de
votre noble nation, que je regarde toujours comme
la fille aînée de l'Eglise.

« Je persiste dans cette voie et j'encourage tous
ceux qui y entrent fermement.

« C'est pour faciliter cette tâche que l'Eglise doit
s'attacher à sa véritable mission, qui est de mora-
liser les âmes, d'enseigner l'esprit de sacrifice et de
dévouement. En même temps elle s'intéresse à la
situation des faibles ; l'affirmation que j'ai faite des
droits des ouvriers doit concourir à rendre plus
commode et plus prompt l'apaisement intérieur, à
réduire à une infime minorité ceux qui n'ont d'autre
préoccupation que de troubler les esprits et d'empêcher l'union du pays, union sans laquelle il n'est
pas capable de remplir ses hautes destinées.

« C'est par cette Constitution solide à l'intérieur
que la France, en dépit de ses ennemis, se relèvera
pleinement.

« Je suis heureux d'apprendre que la France veut
résolument la paix, malgré l'abondance de ses ressources et le courage de ses enfants.

« Si elle garde sans défaillance cette sagesse et
cette patience, si elle sait s'arracher aux divisions
qui arrêtent son développement et paralysent son
influence, si elle se décide à s'abstenir des tracasse-
ries et des persécutions, elle reprendra vite son rang
important et la place glorieuse qui lui appartient
dans le monde. »

Le Pape avait voulu employer les moyens modernes de publicité, ce qui avait d'autant moins
d'inconvénient que son Encyclique, adressée le
16 février aux archevêques, aux évêques, au clergé
et à tous les catholiques de France, et écrite en langue française, allait être connue quelques jours
après (1). Elle était publiée par l'*Univers* le
20 février.

Le Pape établissait la doctrine de l'Eglise qui
veut le respect des pouvoirs établis. Toutefois, il
prenait grand soin de remarquer ceci :

« Quelle que soit la forme des pouvoirs civils
dans une nation, on ne peut la considérer comme
tellement définitive qu'elle doive demeurer immuable, fût-ce l'intention de ceux qui, à l'origine, l'ont
déterminée. Seule, l'Eglise de Jésus-Christ a pu
conserver, et conservera sûrement jusqu'à la consommation des temps, sa forme de gouvernement.
Fondée par Celui qui était, qui est et qui sera dans
les siècles, elle a reçu de Lui, dès son origine, tout
ce qu'il lui faut pour poursuivre sa mission divine
à travers l'océan mobile des choses humaines. Et
loin d'avoir besoin de transformer sa constitution

1. Voir la pièce annexe B, à la fin du volume.

essentielle, elle n'a même pas le pouvoir de renoncer aux conditions de vraie liberté et de souveraine
indépendance dont la Providence l'a munie dans
l'intérêt général des âmes. »

Puis, le Pape venait à la distinction capitale qui
était le but principal de l'Encyclique et l'esprit
même de toute la politique qu'il avait suivie à
l'égard du régime intérieur de la France :

« Une difficulté se présente : cette République,
fait-on remarquer, est animée de sentiments si anti-
chrétiens que les hommes honnêtes, et beaucoup
plus les catholiques, ne pourraient consciencieusement l'accepter. Voilà surtout ce qui a donné naissance aux dissentiments et les a aggravés. On eût
évité ces regrettables divergences, si l'on avait su
tenir soigneusement compte de la distinction considérable qu'il y a entre *pouvoirs constitués et législation.* »

Le Pape alors continuait en déplorant la législation émanée des pouvoirs républicains, approuvait
la récente déclaration des cardinaux et s'écriait :

« Pauvre France! Dieu seul peut mesurer l'abîme
de maux où elle s'enfoncerait si cette législation,
loin de s'améliorer, s'obstinait dans une telle déviation, qui aboutirait à arracher de l'esprit et du cœur
des Français la religion qui les a faits si grands. Et
*voilà précisément le terrain sur lequel, tout dis-
sentiment politique mis à part, les gens de bien
doivent s'unir comme un seul homme pour combattre, par tous les moyens légaux et honnêtes, ces
abus progressifs de la législation.* »

On s'explique difficilement l'aberration de certains dévots qui, voyant le Pape reconnaître le pouvoir républicain établi, firent des neuvaines pour obtenir sa conversion. Ils ne voulaient pas comprendre que la Monarchie s'était rendue impossible et que la seule chance de se débarrasser un jour du régime républicain était d'en enlever tout ce que les républicains y avaient mis.

Mais la politique pontificale, pour produire quelque effet, ne devait pas se borner à ces déclarations théologiques, à ces conseils d'union sur le terrain constitutionnel; il était nécessaire de désarmer les défiances qui pouvaient subsister chez les républicains modérés et les empêcher de se rapprocher des représentants des anciens partis. Pour cela, il fallait dissimuler autant que possible l'action électorale du clergé, et, d'autre part, retirer toute faveur à ceux qui s'étaient par trop compromis dans les dernières intrigues monarchistes. Le parti royaliste était un tronc mort et pourri; au lieu d'y rester attaché, il convenait de le pousser du pied et de le laisser aller à la dérive.

Sur l'invitation de Rome, la plupart des évêques cités comme d'abus devant le Conseil d'État, à raison des catéchismes électoraux, écrivaient au ministre des Cultes qu'ils retiraient les chapitres visés. Cette soumission, il est vrai, était accompagnée de protestations contre le droit de contrôle de l'État sur les enseignements des évêques, ce qui obligeait le ministre à manifester son regret de la persistance d'un désaccord sur un des principaux principes de notre droit public.

A la veille de la publication de l'Encyclique, une crise ministérielle fut déterminée précisément par la discussion de la question religieuse. Le Gouvernement, qui devait à ce moment avoir connaissance de l'Encyclique, ne jugea pas à propos d'en tirer argument. La Chambre, par trois votes successifs, montra qu'elle était incapable d'affirmer une politique sur cette question. Mais le Cabinet avait été mis en échec et se retira.

Cette séance du 18 février est des plus curieuses. Le débat s'était engagé sur la demande de M. Hubbard de déclarer l'urgence sur le projet de loi relatif à la liberté d'association. M. Hubbard donnait comme raison que ce projet devait « constituer une réponse du gouvernement républicain aux déclarations des cardinaux et préparer la séparation des Églises et de l'État. » Nous savons que telle n'était pas la politique du Cabinet. Après les remarquables interventions de M. Henri Brisson et de M. Clémenceau, interventions qui s'étaient produites après celles de M. Paul de Cassagnac, de M. le comte de Mun, et après que M. de Freycinet eut pris deux fois la parole, le débat fut clos. Deux ordres du jour étaient en présence: Celui de MM. Trouillot, Lasserre et Pourquery de Boisserin, accepté par le Gouvernement, et ainsi conçu :

« La Chambre, décidée à poursuivre sa politique

républicaine et à défendre énergiquement les droits de l'État, vote l'urgence. »

L'autre de MM. Pichon, Jullien et Hubbard :

« La Chambre, convaincue de la nécessité de poursuivre la lutte du pouvoir civil contre le parti clérical, prononce l'urgence sur le projet de loi relatif aux associations. »

L'ordre du jour Trouillot fut rejeté par 282 voix contre 210. Le Cabinet se retira. Puis l'ordre du jour Pichon fut également repoussé par 278 voix contre 181. Enfin, la déclaration d'urgence fut elle-même repoussée par 267 voix contre 167.

Après huit jours de crise, M. Emile Loubet constitua un nouveau Ministère (1). Ce Cabinet a été victime de l'affaire du Panama, qui en a fait beaucoup d'autres, et qui, entre autres effets, a eu celui de montrer combien étaient peu solides les nouvelles recrues de la République : les hommes de la droite

1. *Présidence du Conseil et Intérieur.* Loubet
Justice et Cultes..................... Louis Ricard
Affaires étrangères.................... Ribot
Finances............................. Rouvier
Guerre.............................. De Freycinet
Marine............................. Godefroy Cavaignac.
    (12 juillet, Bordeau).
    Sous-secrétaire d'Etat, Jamais.
Instruction publique et Beaux-Arts... Léon Bourgeois
Travaux publics..................... Viette
Commerce, Industrie et Colonies...... Jules Roche
Agriculture......................... Develle

républicaine n'avaient pas tenu devant les attaques du boulangisme ; ceux du ralliement conseillé par la Cour de Rome n'eurent pas une plus fière attitude devant les scandales du Panama et s'empressèrent de se tourner du côté des agresseurs. Nous examinerons de plus près cette attitude dans le chapitre suivant. Nous suivons en ce moment les développements de la politique pontificale.

La pacification religieuse était loin de gagner du terrain au printemps de 1892. Les prélats ne cessaient pas d'être belliqueux et M. Ricard, ministre de la Justice et des Cultes, était obligé de sévir. Des suspensions de traitement et des appels comme d'abus frappèrent les archevêques d'Aix et d'Avignon, les évêques de Mende, Montpellier, Nîmes, Valence et Viviers.

L'archevêque d'Avignon et ses quatre suffragants avaient publié un mandement qui accentuait les réserves de l'Encyclique :

« ... Nous dirons à nos diocésains qu'ils ne sont point mis en demeure de rompre dans le secret de leur cœur avec l'attachement intime par lequel beaucoup tiennent au souvenir du passé.

« L'attitude recommandée par le Saint-Siège se dégage toujours de celle que l'Eglise a toujours gardée dans ses rapports avec les nombreux gouvernements; elle implique seulement le respect et la déférence envers les pouvoirs établis et même, Léon XIII le dit expressément, ce respect et cette déférence ne persévèrent qu'autant que le demandent les exigences du bien commun.

« Le devoir de soumission s'arrête à la limite où finit le droit de commander.

« Donc, ce que le Pape demande, c'est de ne pas se constituer à l'état de rebelles et de conspirateurs prêts à l'insurrection.

Mais les paroles et les écrits servent de peu si l'on n'obtient pas le pouvoir ; or, le pouvoir s'acquiert aujourd'hui par les élections.

« Partout où il y a des comités créés pour la défense des intérêts religieux et politiques du pays, il faut demander à ces comités un conseil et une direction. Là où il n'en existe pas, il faut en créer. »

De son côté, l'évêque de Nancy voyait suspendre son traitement pour avoir apprécié comme suit une circulaire de M. Ricard aux procureurs généraux :

« ... Je me demande si jamais une tyrannie, à la fois aussi odieuse et aussi hypocrite, aussi absurde et aussi déshonorante, a été imposée depuis dix-neuf siècles à un clergé et à un pays catholique ? Et ce pays catholique s'appelle la France ! Et ce clergé est le clergé français, qui a derrière lui quatorze siècles de légitime indépendance, de dignité, de gloire, de courage et souvent d'héroïsme ! Non, non ! il ne peut pas courber la tête sous une pareille servitude... »

Le Pape ne pouvait se dispenser de parler ni d'agir. Le 8 mai, on connaissait, à Paris, le texte d'une lettre adressée par Léon XIII aux cardinaux français (1). Il réclamait des princes de l'Église, du

1. *Année politique*, par A. Daniel, 1892. Pièce justificative C.

clergé et des fidèles une subordination sincère aux pouvoirs constitués. Il terminait en disant que les hommes qui rechercheraient avant tout le triomphe de leur parti, « fut-ce sous le prétexte qu'il leur paraît plus apte à la défense religieuse),seraient dès lors convaincus de faire passer, en fait, par un funeste renversement des idées, la politique qui divise avant la religion qui unit. Et ce serait leur faute si nos ennemis, exploitant leurs divisions, comme ils ne l'ont que trop fait, parvenaient finalement à les écraser tous. »

Sous l'inspiration de M. l'abbé d'Hulst s'était fondée une association de l'Union de la France chrétienne, dont nous avons déjà parlé, qui était recrutée parmi les meneurs de l'assemblée générale des comités catholiques de France. Les directeurs de l'Union de la France chrétienne donnèrent leur démission parce que la bénédiction papale qu'ils avaient demandée pour l'assemblée générale avait bien été accordée, mais avec l'invitation pressante de se conformer aux enseignements de l'Encyclique. C'est que les directeurs du parti clérical avaient conserve leurs attaches avec le prétendant. Il importait que l'Union de la France chrétienne, qui était placée sous la présidence d'honneur du cardinal Richard, archevêque de Paris, et sous la présidence effective de M. Chesnelong, fut considérée comme dissoute, et c'est ce qui arriva.

Malgré ces paroles et ces actes, les républicains étaient tenus en défiance, moins par les résistances que rencontrait la politique pontificale dans le camp royaliste que par des adhésions bruyantes et inattendues qui, venant de vieux conspirateurs, éclairaient la situation. Il n'y avait plus à s'y tromper : le vaisseau de la République allait rencontrer de nouveaux écueils et il fallait de fermes et habiles pilotes pour les côtoyer et échapper au péril.

L'adhésion la plus typique est celle de M. le baron de Mackau. Il la donna dans un discours qu'il prononça à Carrouges. Après une longue énumération des lois qu'il réprouvait et qu'il considérait comme autant de sacrifices consentis par la majorité à la fraction radicale, contrairement aux intérêts et aux véritables volontés du pays, l'orateur ajoutait :

« Et cependant chaque fois que les électeurs ont été interrogés au point de vue politique, dans les élections générales ou partielles, au scrutin de liste ou au scrutin d'arrondissement, après le 16 Mai comme après les consultations électorales postérieures, ils ont répondu par des élections républicaines, en nommant parfois ceux-là mêmes contre le vote desquels ils avaient protesté.

« Quelle signification peut avoir cette attitude, en apparence incompréhensible, si ce n'est que le pays, tout en voulant résolument ces libertés essentielles que l'on nomme la liberté du domicile, la liberté des consciences, la liberté des familles, la liberté de la magistrature, veut également la stabilité politique ; qu'il redoute les révolutions, même pacifiques, et demande le maintien de la République, autrement dit, qu'il veut la liberté dans la paix politique...

« Oui, encore bien que je ne l'aie pas votée, je reconnais que la grande majorité du pays veut, à l'heure actuelle, le maintien de la République organisée par la Constitution de 1875.

CHAPITRE VII

Le Panama.

Des attentats anarchistes s'étaient produits depuis quelque temps et leur répétition tendait à
prouver que la propagande par le fait devenait un
véritable péril social. L'émotion du public fut par-
tagée par le Gouvernement qui pensa qu'une modification à la loi sur la presse était indispensable. Il
déposa donc un projet qui admettait l'arrestation et
la saisie préventives en cas de provocation directe
à commettre certains crimes et le délit de vol « dans

le cas où cette provocation n'aurait pas été suivie d'effet », et qui aggravait certaines peines, notamment dans le cas de provocation à la désobéissance de la part des militaires.

L'explosion de la rue des Bons-Enfants, le 8 novembre 1892, fit hâter la discussion de ce projet. Le 16 novembre, M. le comte de Mun prononça un discours dans lequel il présenta éloquemment la thèse du parti catholique, que les lois sur l'enseignement détruisaient la morale chrétienne, sans la remplacer, laissant sans frein les appétits déchaînés.

Les comités catholiques firent afficher ce discours, ce qui, le 23 novembre, amena la Chambre à ordonner l'affichage de la réponse qu'à la séance du 17, M. Loubet, président du Conseil, avait opposée au discours de l'orateur catholique. Voici cette réponse :

« L'honorable M. de Mun, en terminant son discours, adressait au Gouvernement une invitation : Etes-vous prêt, disait-il, à donner au pays la liberté religieuse ? Déclarez-le, et je suis avec vous; mais je n'y suis qu'à cette condition.

« Je lui réponds : Non, je n'accepte pas votre concours dans les termes où vous l'offrez, parce que je ne puis pas convenir un seul instant que le Gouvernement, que les Chambres républicaines n'aient pendant quinze ans poursuivi qu'un idéal et qu'un but : faire l'athéisme officiel.

« Je dis que le parti républicain n'a pas occupé les quinze années depuis lesquelles il gouverne à la poursuite d'un pareil idéal; je dis qu'il n'a pas fait dans ce pays de l'oppression religieuse ; je dis enfin

que vous confondez à dessein la neutralité religieuse,
qui est de droit absolu. — et qui, je l'ajoute immédiatement, était du devoir du parti et des gouvernements républicains — avec l'athéisme, que l'Etat n'a
ni à recommander ni à condamner.

« Pouvez-vous vraiment, sur quelques faits, —
j'allais dire sur quelques épisodes pris çà et là, —
juger une doctrine, un ensemble de législation, l'œuvre de quinze années? Citerez-vous, d'ailleurs, apporterez-vous une preuve quelconque d'oppression?

« Notre législation assure la neutralité, rien de
plus, rien de moins.

« Notre pensée, — et le parti républicain ne la
renie pas et ne peut pas la renier, — notre œuvre
ont été d'assurer, dans les plus larges limites, la
neutralité dans l'école comme dans l'Etat, c'est-à-dire en respectant toutes les convictions religieuses,
en les honorant même comme elles doivent être
honorées, mais sans prendre jamais parti ni pour
l'une ni pour l'autre, dans un conflit qui relève du
domaine inviolable où il n'appartient à aucune autorité civile de prononcer un jugement et d'exercer
une direction.

« Vous me demandez un engagement. Mais avez-vous donc oublié le programme que nous avons
apporté à cette tribune, il y a bientôt neuf mois?
Nous avons dit alors que nous étions décidés à faire
respecter les lois scolaires et les lois militaires. Vous
en réclamez la réforme, l'abolition même.

« Je ne peux pas y consentir, car mon opinion n'a
pas changé depuis les déclarations que j'ai faites à
la Chambre des Députés, le 3 mars dernier : ni
combat, ni oppression, ni violence! Nous n'en voulons pas, nous n'en avons jamais voulu.

« La neutralité absolue que nos prédécesseurs ont
annoncée, que nous avons promise, nous la réali-

sons. C'est toute ma réponse à l'honorable M. de Mun. »

Le 19 novembre vint à la tribune de la Chambre la question relative à l'affaire du Panama qui, depuis plusieurs mois, préoccupait singulièrement l'opinion. M. Ricard, garde des Sceaux, annonça que l'instruction judiciaire venait d'aboutir à l'assignation devant la première chambre de la Cour de Paris de quatre administrateurs de la Compagnie de Panama et d'un entrepreneur. Il demanda, en conséquence, de laisser libre cours à la justice sans mêler à son œuvre des préoccupations politiques. MM. Argeliès et Delahaye, les interpellateurs, prétendirent que le côté politique de l'affaire pouvait rester absolument distinct des poursuites correctionnelles. M. Barthou intervint et insista fortement pour que l'interpellation vînt en discussion. Le ministre alors se résigna à accepter le débat pour la séance du 21 novembre, étant entendu que tout ce qui toucherait à l'action judiciaire ne pourrait être discuté.

La Chambre était naturellement disposée à mal accueillir l'interpellation, menée par M. Delahaye, ce député d'Indre-et-Loire qui avait été, à Tours, le collaborateur de M. Naquet et du général Boulanger e leur avait procuré l'appui du parti clérical. Mais la plupart des faits, dénoncés par M. Delahaye, étaient malheureusement exacts; puis, s'il se refusait à donner les noms qu'on lui réclamait de toutes parts, il donnait des détails assez circonstanciés et assez vraisemblables pour justifier sa demande d'enquête. L'interpellateur fut inébranlable dans son attitude et débuta ainsi :

« Je viens vous convier à accomplir une œuvre de salubrité publique, en vous demandant de nommer une commission d'enquête pour examiner les faits que je vais signaler hautement, au risque de mon honneur et au risque du vôtre. »

Il ne manqua pas de rappeler l'affaire Wilson et la considéra comme une « manifestation particulière du mal qui gangrène la société politique, tandis que l'affaire du Panama a été le mal lui-même et la curée au grand soleil. »

Il soutint que l'émission des valeurs à lots, autorisée en 1888, n'avait pu être votée que grâce à la corruption d'un grand nombre de membres du Parlement ; que le Gouvernement lui-même s'était compromis, exigeant de la Compagnie le versement d'une somme de 300,000 francs qui aurait paré à l'insuffisance des fonds secrets pour combattre le général Boulanger par deux fois candidat dans le département du Nord ; qu'un ministre, décédé depuis, avait touché 400,000 francs ; qu'un autre, toujours vivant, avait reçu la moitié ; qu'un ancien député, membre de la commission, avait obtenu 200,000 francs pour changer en majorité les voix partagées par moitié.

Une commission d'enquête, composée de 23 républicains, 9 membres de la droite et un boulangiste, fut nommée au scrutin de liste. Elle désigna pour son président M. Henri Brisson. M. Delahaye, appelé à apporter son témoignage devant cette commission, déclara ne pouvoir donner d'autres précisions que celles de son interpellation, mais indiqua toute une marche à suivre pour arriver à la découverte de la vérité. D'après lui, le grand corrupteur avait été le baron Jacques de Reinach et c'étaient surtout ses faits et gestes qu'il fallait examiner. Or, dans des conditions que la date même contribuait à rendre plus suspectes, le 20 novembre, M. de Reinach était décédé subitement.

Le ministère Loubet a été renversé pour un motif bien extraordinaire : il a refusé de faire procéder à l'exhumation et à l'autopsie d'un cadavre (1).

Le 25 novembre, la commission d'enquête demanda au garde des Sceaux si les mesures prescrites par la loi ont été prises pour la saisie des livres et des papiers du baron de Reinach. M. Ricard répond négativement. Le même jour, sur la proposition de M. Maujan, la commission met le Gouvernement en demeure d'ordonner l'exhumation du baron de Reinach, afin de faire établir s'il est, oui ou non, mort de mort violente.

Le lendemain 26, le Gouvernement déclare qu'il se refuse à intervenir au sujet de l'autopsie du baron de Reinach et qu'il s'en remettait à la famille du soin de faire procéder à ces constatations.

1. *Gouvernements, Ministères et Constitutions de la France*, par Léon Muel, 5e édit., 1895, p. 13 du supplément.

M. le comte de la Ferronnays, dans la séance du 28 novembre, pose à M. le garde des Sceaux, qui l'accepte, une question sur les circonstances qui ont entouré la mort de M. de Reinach. M. Ricard déclare que toutes les formalités exigées ont été remplies régulièrement. Le médecin de l'état civil a délivré un certificat constatant que la mort du baron de Reinach a été naturelle, qu'elle a été déterminée par une congestion cérébrale. M. de Reinach était mort avant d'avoir été cité devant la juridiction criminelle, aucune procédure ne peut lui être appliquée. Le garde des Sceaux termine en disant :

« Il faut que la lumière soit entière ; je vous affirme qu'elle le sera ; mais si le Gouvernement la veut éclatante, il n'entend du moins se servir que des moyens légaux, et sur ce point il ne transigera pas. »

La question est transformée en interpellation, et après une déclaration de M. Brisson, M. Lucien Millevoye dépose l'ordre du jour suivant :

« La Chambre, regrettant que M. le garde des Sceaux n'ait pas pris, à la suite de la mort de M. de Reinach, les mesures que comportait la situation, passe à l'ordre du jour. »

Pour se rallier ensuite à l'ordre du jour proposé par M. Brisson et ainsi conçu :

« La Chambre, s'associant au désir exprimé par sa commission d'enquête, passe à l'ordre du jour. »

M. Loubet, président du Conseil, monte à la tribune :

« Je ne peux pas laisser procéder au vote sans apporter ici mon opinion. Je ne retiendrai pas, d'ailleurs, bien longtemps l'attention de la Chambre. L'honorable président de la commission d'enquête est venu à cette tribune répondre à M. le garde des Sceaux et je puis résumer son discours sous cette forme nette, précise, qui ne prête à aucune équivoque :

« Je ne sais pas si vous êtes dans la légalité ou si vous en sortez....

« M. Henri Brisson. — Je n'ai rien dit de pareil. Je proteste absolument contre cette interprétation donnée à mes paroles. Il s'agit de l'interprétation de la pensée de la commission d'enquête tout entière, et je proteste en son nom, au nom de tous ses membres, contre une pareille interprétation.

M. le président du Conseil continue :

« Si l'honorable président de la commission d'enquête m'avait permis d'exprimer toute ma pensée, il aurait vu que je n'avais pas l'intention de mettre en doute son opinion ou celle de la commission. J'allais en effet ajouter immédiatement que telle serait l'interprétation que le pays donnerait à ses paroles. (*Mouvements divers. — Bruit.*)

« Messieurs, si vous ne voulez pas m'entendre, je descends de la tribune.

« Je déclare qu'il ne nous est pas possible de gouverner dans ces conditions, et je n'ai pas autre chose à ajouter.

« Le Gouvernement repousse l'ordre du jour qui est présenté à la Chambre. (*Applaudissements sur divers bancs. — M. le président du Conseil descend de la tribune. — Agitation prolongée.)*

M. le président du Conseil, de son banc :

« Nos intentions, nos actes sont suspectés matin et soir. Je dis et je répète qu'il n'y a pas de Gouvernement possible dans ces conditions, au moins pour moi. *(Très bien! Très bien! sur divers bancs. — Nouvelle agitation.)*

« M. Maujan, d'accord avec M. Brisson, déclare que la commission modifie comme suit son ordre du jour : *«La Chambre, confiante dans le Gouvernement et s'associant au désir de la commission d'enquête pour faire la lumière dans les affaires du Panama, passe à l'ordre du jour. »*

L'orateur déclare avoir pleine et entière confiance dans le Gouvernement, et estime qu'on ne doit pas ouvrir une crise ministérielle.

M. Loubet remercie M. Maujan, et déclare qu'il ne saurait accepter cet ordre du jour. M. Leygues demande l'ordre du jour pur et simple, qui est accepté par le Gouvernement.

A la majorité de 213 voix contre 195, l'ordre du jour pur et simple est rejeté.

C'était la chute du Cabinet Loubet.

Une semaine après, le *Journal Officiel* donnait la la composition du nouveau Ministère présidé par M. Ribot (7 décembre 1892) (1).

---

1. *Présidence du Conseil et Affaires*
     étrangères .... Ribot
Justice .... Léon Bourgeois

Le 12 décembre, M. Rouvier, ministre des Finances, est accusé par le *Figaro* d'avoir eu des entretiens compromettants avec le baron de Reinach pendant les dernières heures de sa vie. La *Justice* du lendemain, par un article de M. Clémenceau, confirme en partie cette allégation; aussi le bruit court que le ministre des Finances est démissionnaire.

Ce même jour, 13 décembre, M. Trouillot interpelle au sujet de ces bruits de démission et la discussion immédiate est prononcée. Le président du Conseil confirme que M. Rouvier a donné sa démission pour des motifs qui n'entachent en rien son honneur et qu'il avait dû s'incliner devant une décision « qui s'inspire de justes motifs de conscience et de dignité. »

M. Rouvier monte ensuite à la tribune pour présenter sa justification. Il explique que, le 19 novembre dernier, le baron de Reinach, fort ému par la campagne de presse dirigée contre lui, a insisté pour qu'il voulut bien l'accompagner chez M. Corné-

Intérieur............................... LOUBET
Finances............................... ROUVIER
    (13 décembre, TIRARD.)
Guerre................................. DE FREYCINET
Marine et Colonies..................... BURDEAU
    Sous-secrétaire d'Etat, JAMAIS.
Instruction publique, Beaux-Arts et
    Cultes............................. Charles DUPUY
Travaux publics........................ VIETTE
Commerce et Industrie.................. SIEGFRIED
Agriculture............................ Jules DEVELLE

lius Herz, afin de prier ce dernier de l'aider à faire cesser ces attaques ; que c'était pour lui une question de vie ou de mort. M. Rouvier a consenti à lui rendre ce service, mais à la condition qu'il y eût un témoin. M. Clémenceau a accepté d'être ce témoin. Ils se sont rendus tous trois chez M. Cornélius Herz. L'entretien a duré dix minutes, après quoi M. Rouvier est rentré chez lui. M. Rouvier termine en disant que, « pour répondre plus facilement aux calomnies dont il est abreuvé, il reprend sa place parmi ses collègues de la Chambre. »

Le 15 décembre, vient la discussion de la proposition de M. Pourquery de Boisserin, qui tend à donner à la commission d'enquête les pouvoirs les plus étendus.

Le garde des Sceaux, M. Léon Bourgeois, combat cette proposition.

« Le Gouvernement, dit-il, donnera son concours absolu à la commission d'enquête ; il poursuivra la recherche de la vérité, et dès à présent, il est disposé à ouvrir judiciairement un supplément d'information pour faits de corruption. Mais précisément pour cette raison, il conjure la Chambre de ne pas déposséder le Gouvernement de son autorité... »

Le passage à la discussion des articles est repoussé par 271 voix contre 265.

Le soir même, le garde des Sceaux fait ouvrir une information pour corruption de fonctionnaires publics Le lendemain, en vertu de cette information, confiée à M. Franqueville, juge d'instruction, quatre mandats d'arrêt sont lancés contre MM. Charles de Lesseps, Marius Fontane, Henri Cottu, administrateurs de la Compagnie de Panama, et M. Sans-Leroy, ancien député. Trois d'entre eux sont arrêtés à leur domicile, et seul M. Cottu se dérobe par la fuite à l'incarcération immédiate; mais le 20 décembre, il revient d'Autriche et se constitue prisonnier.

Nous pouvons maintenant rappeler sommairement les péripéties qui ont suivi :

Autorisation de poursuites contre dix membres du Parlement : MM. Rouvier, Jules Roche, Antonin Proust, Emmanuel Arène et Dugué de la Fauconnerie, députés; MM. Albert Grévy, Léon Renault, Paul Devès, Béral et Thévenet, sénateurs.

Interpellation de M. Paul Déroulède sur les mesures disciplinaires à prendre par le grand chancelier de la Légion d'honneur contre M. Cornélius Herz, grand officier de l'ordre.

Parlant des relations de M. Clémenceau, avec M. Cornélius Herz, l'interpellateur dit :

« Ce complaisant, ce dévoué, cet infatigable intermédiaire, si actif et si dangereux, vous le connaissez tous; son nom est sur toutes les lèvres, mais pas un de vous pourtant ne le nommerait, car il est trois choses en lui que vous redoutez : son épée, son pistolet, sa langue. Eh bien! moi, je brave les trois et je le nomme : c'est M. Clémenceau. »

Dans sa réplique, M. Clémenceau, accusé par M. Déroulède d'avoir trahi les intérêts de la France, lui lance les mots : « Vous en avez menti ! » D'où une rencontre qui a eu lieu le 22 décembre. Six balles ont été échangées sans résultat.

Interpellation de M. Lucien Millevoye visant MM. Rouvier et Floquet, anciens présidents du Conseil.

M. Floquet descend du fauteuil de la présidence pour expliquer ses actes. Il montre qu'il a considéré comme un devoir d'empêcher, autant que cela lui était possible, une action politique de s'exercer contre le Gouvernement qu'il représentait. Ce qu'il a fait, il le referait, et il apparaît d'une façon certaine qu'il n'y a eu de sa part aucune exigence ni aucun maniement d'argent.

M. Rouvier se défend aussi éloquemment, terminant ainsi :

« Je ne trouve dans mes actes rien qui puisse avoir un caractère indélicat. Ces actes, je les ai accomplis en traversant les temps les plus troublés de notre histoire contemporaine. J'en revendique la responsabilité devant la Chambre et les juridictions ordinaires. J'ai la conscience d'avoir défendu l'indépendance de mon pays, la liberté de nos institutions, la République, le gouvernement parlementaire. (*Applaudissements.*)

Revenant sur la phrase qu'il a prononcée le 20 décembre : « Quant à ceux qui m'interrompent, — j'ignore qui ils sont — s'ils avaient été autrement défendus et servis, peut-être ne seraient-ils pas sur ces bancs à l'heure qu'il est », M. Rouvier dit :

« Ce que je voulais dire l'autre jour, c'est que si vous aviez été autrement défendus, républicains qui m'écoutez, et vous, parlementaires libéraux dont j'ai eu à certains moments le concours, nous ne serions pas ici, nous couvririons les routes de l'exil, comme on l'a vu à une autre époque. (*Applaudissements sur plusieurs bancs à gauche et au centre. — Exclamations à droite et à l'extrémité gauche de la salle.*)

M. Ribot, président du Conseil, monte ensuite à la tribune, et dans un discours éloquent, interrompu à chaque instant par les applaudissements de la gauche, il démontre le but politique de ces accusations :

« Ici, on vient, dit-il, pour faire un scandale, pour faire le procès de la République et du gouvernement représentatif. Cela, nous ne le souffrirons jamais. Nous ne nous laisserons ni troubler, ni intimider. Nous continuerons avec fermeté l'œuvre qui a été entreprise et dont le pays sera le dernier juge. Mais, en même temps, nous surveillerons, comme c'est notre devoir, la campagne qui se poursuit en ce moment et sur le caractère de laquelle nous ne saurions nous tromper sans trahir la République. »

Ces déclarations valent à M. Ribot une ovation de la part de toute la gauche. M. Millevoye dépose ensuite l'ordre du jour suivant :

« La Chambre, convaincue que le Gouvernement désapprouve les théories gouvernementales apportées à cette tribune par deux anciens présidents du Conseil, passe à l'ordre du jour :

Mais la priorité est accordée à l'ordre du jour suivant présenté par M. Hubbard :

« La Chambre, approuvant les déclarations du Gouvernement et confiante dans sa fermeté pour assurer l'œuvre de justice et de lumière qui s'impose, passe à l'ordre du jour. »

Ordre du jour voté par 352 voix contre 83.

Arrestation de MM. Baïhaut et Blondin. — A la suite des violentes attaques dont ils sont l'objet, MM. Loubet, de Freycinet, Burdeau, ne se sentent plus l'autorité nécessaire pour s'associer à l'œuvre entreprise par le Cabinet, et il importe que le président du Conseil soit en même temps ministre de l'Intérieur. Le 10 janvier 1893, le Ministère donne donc sa démission collective et se reconstitue le lendemain (1).

Condamnation (9 février 1893) de MM. Ferdinand et Charles de Lesseps à cinq ans de prison et 3,000 francs d'amende; *de MM. Marius Fontane et*

1. *Présidence du Conseil et Intérieur.* Ribot
Justice.......................... Léon Bourgeois
Affaires étrangères............... Jules Develle
Finances......................... Tirard
Guerre........................... Général Loizillon
Marine........................... V.-amiral Rieunier
Instruction publique, Beaux-Arts et Cultes...................... Charles Dupuy
Travaux publics.................. Viette
Commerce, Industrie et Colonies...... Siegfried
    Sous-secrétaire d'État, Delcassé.
Agriculture...................... Viger

Henri Cottu à deux ans de prison et 3,000 francs d'amende pour manœuvres frauduleuses, escroquerie et abus de confiance ; *de M. Eiffel* à deux ans de prison et 20,000 francs d'amende pour abus de confiance et détournements de fonds.

Affaire de corruption. — Le 28 janvier, M. Franqueville, juge d'instruction, avait rendu une ordonnance de non-lieu en faveur de MM. Jules Roche, Emmanuel Arène et Thévenet. Le 2 février, la Chambre des mises en accusation met hors de cause MM. Cottu, Albert Grévy, Léon Renault, Paul Devès et Rouvier. Elle renvoie devant la cour d'assises de la Seine MM. Charles de Lesseps, Fontane, Blondin, Baïhaut, Sans-Leroy, Gobron, Béral, Proust, Dugué de la Fauconnerie et Arton, ce dernier en fuite.

Interpellation de M. Goussot (8 février) et ordre du jour Godefroy Cavaignac. — Cet ordre du jour, ainsi conçu :

« La Chambre, décidée à soutenir le Gouvernement dans la répression de tous les faits de corruption et résolue à empêcher le retour des pratiques gouvernementales qu'elle réprouve, passe à l'ordre du jour. »

est adopté à l'unanimité de 322 votants. Il avait été précédé d'un discours de M. Godefroy Cavaignac, discours dont la Chambre ordonne l'affichage.

Incident relatif à M. Soinoury, directeur de la sûreté générale et à Mme Cottu. — M. Léon Bourgeois, garde des Sceaux, donne sa démission afin de pouvoir en toute liberté apporter son témoignage au sujet de cet incident. Le 15 mars, il reprend son portefeuille.

Arrêt de la Cour d'assises dans le procès pour corruption (21 mars). — M. Charles de Lesseps est condamné à un an de prison, M. Blondin à deux ans de prison, M. Baïhaut à cinq ans de prison, à la dégradation civique et à 750,000 francs d'amende.

Les trois condamnés doivent solidairement rembourser les 375,000 francs touchés par M. Baïhaut et payer aux parties civiles des dommages-intérêts à fixer par état. MM. Fontane, Béral, Sans-Leroy, Dugué de la Fauconnerie, Gobron et Proust sont acquittés.

Admission par la Cour de cassation (15 juin) *du pourvoi formé par MM. Charles de Lesseps, Fontane et Eiffel contre l'arrêt de la Cour de Paris qui les avait condamnés pour escroquerie et abus de confiance.* — La Cour constate que l'arrêt a violé l'article 479 du Code d'instruction criminelle, les prévenus étant en droit d'invoquer la prescription un délai de plus de trois ans s'étant écoulé depuis le 16 décembre 1888, jour où les administrateurs de Panama ont été remplacés dans leurs fonctions par des administrateurs provisoires, jusqu'au 21 novembre 1892, date de la citation. En conséquence, MM. Eiffel et Fontane sont relaxés. M. Charles de Lesseps continue à subir la peine d'une année d'emprisonnement à lui infligée par arrêt de la Cour d'assises de la Seine dans l'affaire de corruption de fonctionnaires. Quant à M. Cottu,

de nouveau réfugié en Autriche, il est déclaré déchu
de son pourvoi, faute de s'être constitué prisonnier.

L'opinion publique n'était pas satisfaite ; les spo-
liés n'étaient pas vengés ; les auteurs de la plus vaste
escroquerie du monde restaient impunis. Mais quel
reproche le régime républicain devait-il subir ? Les
fautes de quelques-uns devaient-elles retomber sur
tous les représentants du pays, entraîner leur décon-
sidération et compromettre même le régime parlementaire ? Le titre de sénateur ou de député, celui
d'ancien ministre, avaient-ils empêché l'action publique de s'exercer ? La justice avait suivi son cours. Les
Chambres ne s'étaient-elles pas, avec la plus grande
sincérité, on peut dire avec une sorte d'acharnement, attachées à lever tous les voiles, à faire apparaître la pleine lumière ?

Sous les régimes précédents des turpitudes ne
s'étaient-elles pas produites et le plus souvent ne les
avait-on pas soigneusement cachées ?

D'incidents pénibles était résulté un amoindrisse-
ment, on peut même dire une sorte de mise hors
service et de disqualification d'hommes éminents
qui avaient rendu les plus grands services à la
chose publique et étaient encore des plus capables de
bien servir l'Etat. Des républicains s'étaient perdus,
d'autres compromis, d'autres encore soupçonnés,
mais, encore une fois, en quoi la République pouvait-
elle être atteinte ?

La droite était heureuse cependant d'agiter le
pays et de l'ameuter contre les parlementai-

res et elle le pouvait d'autant plus aisément que M. Dugué de la Fauconnerie était le seul homme compromis qui pût se réclamer d'elle, et que, si des corrupteurs de la Compagnie de Panama s'étaient adressés sans insuccès à quelques-uns de ses membres, ils avaient eu le bonheur de se mettre à l'abri et de faire disparaître tout document probant. De ce côté donc, toute suspicion manquait de base.

Dans ce mouvement contre les *Panamistes*, et c'était la majorité républicaine que l'on voulait comprendre sous ce nom, quel était le rôle des ralliés ? Comme nous le rappelle M. André Lebon (1) :

« Parce qu'il s'est trouvé dans le troupeau quelques brebis galeuses, on veut faire croire au pays que toutes sont contaminées. Et l'acharnement apporté dans cette entreprise est tel qu'on ne s'arrête pas une seconde à la pensée du tort fait à la France aux yeux de l'étranger. Tous se sont rués à l'assaut, meute aboyante ou glapissante, où sont mêlés les boulangistes, les monarchistes et jusqu'à ces *ralliés*, dont le dévouement de fraîche date n'a pas résisté à la première épreuve et qui se sont unis, dans des votes révolutionnaires, aux éléments les plus irréductibles de la minorité d'extrême-gauche ou de droite ; tous ont réclamé une part de la proie…. soit, la lutte se fera à visage découvert. Lorsque le Gouvernement achevant son œuvre de justice et de lumière, aura dénoncé ou puni les coupables, le pays jugera souverainement entre le régime qui permet de telles exécutions et ceux qui le veulent détruire. »

1. *Année politique*, 1892, p. IX de l'introduction.

Le verdict du pays fut très clair : les élections de 1893 furent résolument républicaines. Mais nous devons noter brièvement les événements qui ont trait à notre sujet et qui ont précédé les élections générales législatives.

En janvier 1893, M. Jacques Piou, dans une lettre publiée par le *Figaro*, donna le mot d'ordre aux ralliés. Voici la fin de cette lettre qui montre combien ce groupe avait encore de prochaines affinités avec le boulangisme :

« ... L'incohérente concentration qui est encore maîtresse du pouvoir ne peut survivre longtemps à la crise qu'elle traverse aujourd'hui. De ses débris sortiront forcément deux partis nettement définis, mais aussi nettement opposés, avec leurs aspirations, leurs doctrines et leur personnel distincts. Des radicaux clairvoyants s'efforcent en ce moment d'organiser l'un d'eux, avec les opportunistes avancés à leur aile droite et les socialistes à leur aile gauche. A nous d'organiser avec un loyalisme sincère le *parti conservateur démocratique*. Tous ceux qui entendent tenir tête aux apôtres du néo-radicalisme socialiste et aux sectaires de la franc-maçonnerie viendront prendre place dans ses rangs, et ils sont légion ! Pas d'exigences excessives, ni de suspicions, ni de rancunes ; pas de théories métaphysiques ni d'aspirations vers l'idéal. Il faut courir au plus pressé, oublier nos luttes, n'avoir qu'un programme et que ce programme tienne en ces mots : *République ouverte, tolérante et honnête*. Ainsi rangés sous le même drapeau, appelons-en résolument au pays ! Qu'il se prononce librement entre nos adversaires et nous... »

Le vote du budget de 1893 n'avait pas eu lieu en temps utile. Deux douzièmes provisoires, puis un troisième, avaient été votés; la Chambre et le Sénat étaient en conflit; le Ministère demandait à la Chambre la disjonction de la réforme de l'impôt des boissons et, à la séance du 30 mars, posait sur cette disjonction la question de confiance; il n'obtint que 242 voix, contre 247 et dut se retirer. Un Cabinet Charles Dupuy lui succéda (1). C'est ce Cabinet qui présida aux élections législatives et reçut les officiers de l'escadre russe qui vinrent rendre, du 13 au 29 octobre à Toulon et à Paris, la visite de l'escadre française en Russie.

La politique pontificale et l'action des ralliés ne paralysaient pas complètement le prétendant et ses fidèles. Le 28 mars, le comte de Paris envoyait une longue lettre aux présidents des comités royalistes, et le 18 juin, M. d'Haussonville développait un programme au banquet de la presse du parti.

C'est M. Charles Dupuy qui exposa la pensée du

1. *Présidence du Conseil et Intérieur,*   Charles DUPUY
Justice...............................   GUÉRIN
Affaires étrangères...............   Jules DEVELLE
Finances.............................   PEYTRAL
Guerre...............................   Général LOIZILLON
Marine...............................   V.-amiral RIEUNIER
Instruction publique, Beaux-Arts et
    Cultes...........................   POINCARÉ
Travaux publics...................   VIETTE
Commerce, Industrie et Colonies......   TERRIER
    Sous-secrétaire d'Etat, DELCASSÉ.
Agriculture..........................   VIGER

Gouvernement à Toulouse, le 23 mai. Voici les passages les plus remarqués de son discours :

« Ces fêtes, qui réunissent toutes les approbations, symbolisent l'unité de la patrie qu'aucune division, qu'aucun conflit ne peut entamer. Mais cette unité ne suffit pas; la patrie serait singulièrement plus forte si l'unité politique pouvait être réalisée dans ce pays.

« On dirait que nous ne sommes pas éloignés de ce but si désirable. Aujourd'hui, tout le monde veut être républicain et je crois qu'il faudrait aller bien loin pour découvrir cette curiosité rare : un monarchiste.

« Quelques-uns prétendent que ce concert unanime vient de ce que le Pape a parlé; mais il ne suffirait pas aux électeurs français qu'on leur dise : *Roma locuta est*, pour que les électeurs français répondissent : *Amen!*

« Certes, les conseils partis de Rome, dans une pensée élevée d'apaisement, de conciliation, et, pour tout dire, d'humanité, ne sont indifférents à aucun de ceux qui pensent dans le monde, et ce serait folie de méconnaître la force persuasive qui vient de ce pouvoir qu'un homme d'État a appelé « la puissance intangible ».

« Mais la question n'est pas là. Nous avons fondé la République; nous l'avons maintenue contre vents et marées; nous avons mis à sa base des lois significatives et indestructibles.

« *Que pensent de ces lois nos nouveaux républicains ? Que pensent-ils de la République elle-même ?*

« *Ils s'appellent les ralliés : moi je les appelle les résignés. Que voulez-vous qu'ils fissent après vingt-trois ans de République ? Il fallait bien s'incliner et se soumettre.*

« *Je reconnais que, contrairement à leurs ancêtres, ils ont appris quelque chose ; mais ils seront
les premiers à dire avec moi qu'ils n'ont rien oublié, pas même le chemin des comités royalistes
où ils préparent sans doute quelque action parallèle, à moins que ce ne soit une action conver-
gente.*

« *Je veux bien qu'ils subissent la République ;
je leur demande s'ils la défendraient !* Et c'est aux
chefs que je m'adresse, chefs sans soldats, dont les
troupes se sont fondues dans l'immense armée
républicaine.

« Je les convie, ces généraux superbes, à jeter un
regard en arrière et à me dire où sont leurs troupes,
où sont leurs soldats.

« Voilà le secret de leur conversion, et voilà pourquoi il ne saurait être question entre eux et nous
de conditions. La République n'est à personne, j'en
conviens; mais elle saura reconnaître les siens, et
elle fera quelque différence, sur le terrain électoral,
entre ceux qui ont mené l'assaut contre elle au 24 et
au 16 Mai, en 1885 et en 1889, et ceux qui l'ont toujours aimée et servie d'un cœur ardent et fidèle.

« J'ai parlé des élections. Le cabinet actuel y
présidera; cela ne fait doute pour aucun esprit réflé-
chi dans ce pays qui ne s'attache pas aux personnes,
mais aux idées. Notre nation, Dieu merci, n'a pas
peur des hommes nouveaux, et, comme Calypso,
elle sait se consoler du départ d'Ulysse.

« Je dis que nous présiderons aux élections; je
ne dis pas que nous « les ferons ». Cette formule me
désoblige et me choque; elle fait penser à je ne sais
quelles manipulations et quels maquignonnages
indignes d'un pays libre.

« On ne fait pas les élections; on les prépare par
une administration vigilante et éclairée, bienveil-

lante pour tous, et qui s'abstient de vexer ou de provoquer personne.

« Nous estimons qu'en protégeant contre toute atteinte les principes tutélaires de la société, qu'en imposant à tous les citoyens, quels qu'ils soient, le respect de la loi et qu'en traitant les affaires avec un esprit désintéressé et impartial, nous aurons heureusement préparé la prochaine consuRation nationale.

« Faut-il dire ce que sera la Chambre de demain? Le président du Conseil, ministre de l'Intérieur, paraît bien placé pour répondre à cette question. Cette Chambre contiendra une solide majorité républicaine, forte contre les surprises, pénétrée de ce désir de réformes que M. le maire de Toulouse réclame chez nos législateurs et assez sûre d'elle-même pour en opérer la réalisation en s'appuyant sur un gouvernement clairvoyant et résolu.

« On me demandera d'indiquer le programme de cette majorité; je n'ai aucune peine à m'expliquer sur ce point. Nous sommes à une heure où l'on peut faire de la politique sans être hypnotisé par un péril prochain. Nous n'avons à craindre ni boulangisme militaire, ni boulangisme civil, et, dès lors, notre esprit peut s'élever sans inquiétude vers les idées nécessaires.

« Les programmes des futurs candidats ne devront pas être longs. Le peuple est dégoûté des programmes qui n'en finissent pas et qui ne commencent jamais à s'appliquer.

« Comme candidat dans le département de la Haute-Loire, j'inscrirai dans mon programme trois principes, ni plus, ni moins, et je les propose avec confiance à l'universalité des républicains authentiques.

« En premier lieu, les lois ouvrières destinées à

régler les rapports du capital et du travail dans un esprit de solidarité républicaine, de façon à corriger la rigueur et la rudesse des lois économiques par un coefficient d'humanité.

« J'inscrirai en deuxième lieu les réformes fiscales qui, complétant les lois sur les frais de justice, sur la propriété bâtie, sur les portes et fenêtres, proportionneront de plus en plus les charges des contribuables à leurs facultés et réaliseront la justice sociale proclamée par la Déclaration des droits de l'homme et du citoyen.

« Enfin, je réclamerai une loi sur les associations, qui règle définitivement les rapports de la société civile et de la société religieuse dans un large esprit de tolérance et de liberté.

« Quel est le républicain qui pourra trouver ce programme insuffisant ou incomplet?

« Je supplie mes amis politiques, depuis le centre jusques et y compris l'extrême gauche, de borner là leur ambition pour la législature qui va s'ouvrir. Je les supplie de renoncer aux questions de personnes, aux épithètes qui divisent, d'immoler sur l'autel de la patrie les distinctions désormais surannées entre radicaux et opportunistes, et de se contenter d'être tous et chacun des républicains.

« Quand je considère combien de forces se sont perdues, combien de mérites se sont annulés, combien de personnalités se sont condamnées à être nuisibles ou inutiles pour s'être emprisonnées dans un formulaire étroit et pour s'être asservies à une opposition systématique, je suis tenté de dire: Républicains, nous avons su vaincre, mais nous n'avons pas su user de la victoire !

« Cette fois, la patrie française nous attend à l'œuvre et elle attend de nous le sacrifice définitif des personnalités impuissantes et des *verbalités stériles.*

« On s'étonnerait que je ne dise pas un mot du *socialisme* dont tout le monde parle et dont la République doit avoir souci. Le socialisme n'est pas une panacée. Pour moi, *je l'enferme dans un dilemme :* ou bien, il attend du jeu naturel des institutions et des lois, avec une entière confiance dans le suffrage universel, le triomphe de ses aspirations, et alors je le considère comme un parti politique qui poursuit régulièrement ses revendications.

« Dans ce cas, la sagesse du peuple dira la part qu'il veut lui faire.

« Ou bien il prétend, comme on l'a dit à la tribune, que le peuple n'a que ce qu'il prend, ou, comme on l'a dit à Marseille, qu'une subvention municipale n'est qu'une restitution, et alors je lui attribue un caractère révolutionnaire et je le considère, comme il se considère lui-même, en dehors de la loi.

« Dans ce cas, c'est un ennemi public contre lequel se dressent et la propriété qu'il conteste et la loi qu'il méconnaît.

« Tel est, mes chers concitoyens, à la veille des prochaines élections, l'état d'esprit du Gouvernement auquel vous donnez aujourd'hui l'hospitalité. Le Cabinet que je préside n'aime ni les malentendus ni les équivoques ; je crois qu'à cette heure ils seraient dissipés, s'il en était besoin. »

Dans un autre discours, le président du Conseil crut devoir atténuer légèrement le réquisitoire qu'il avait dressé contre la politique du ralliement.

La concentration républicaine fut attaquée à droite par M. Piou, à gauche par M. Goblet. Le cardinal Lécot, archevêque de Bordeaux, déclara au

Figaro qu'il était nécessaire de donner à la République une complète adhésion :

« Nous devons accepter la République et l'accepter *définitivement.* »

Léon XIII approuva ce langage en adressant au cardinal une lettre dont il lui demanda de publier la traduction française (1).

Le suffrage universel allait parler à son tour. Les élections législatives des 20 août et 3 septembre furent un triomphe pour la République progressive. Les ralliés arrivaient péniblement à trois douzaines ; M. Piou, leur chef, était battu ; 482 républicains de toute nuance se trouvaient en présence de 99 conservateurs. M. le comte de Mun (2) était parmi les vaincus avec M. Piou. MM. Floquet et Clémenceau étaient victimes de la suspicion née des discussions sur l'affaire du Panama. M. de Cassagnac n'était pas réélu dans le Gers. Cinq députés seulement s'étaient réclamés de l'appel au peuple : MM. Arthur Legrand, Rauline, comte d'Elva, Achille Adam et Prax-Paris. Dix royalistes avaient, dans des langages différents, déclaré la fidélité qu'ils gardaient de la cause monarchique : MM. le comte Le Gonidec de Traissan, de Cazenove de Pradine, comte de Juigné, comte de Maillé, prince de Bro-

---

1. *Année politique*, 1893, p. 269.
2. Il rentra à la Chambre, lors d'une élection partielle, pour 'arrondissement de Morlaix, le 21 janvier 1894.

glie, Gamard, comte de Lanjuinais, marquis de Larochejaquelein, Paul Bourgeois, de Baudry d'Asson. Tandis que M. le comte de Maillé, disait :

« Mes principes royalistes ne m'empêchent pas de considérer comme un devoir d'aider à la marche du gouvernement, lorsqu'il n'attaque pas les libertés nécessaires. »

M. le comte de Juigné faisait cette déclaration :

« Si je vous disais que je suis devenu républicain, vous ne me croiriez pas... Vous m'estimez trop pour me croire capable d'une lâcheté... je reste fidèle aux convictions de toute ma vie. »

Dans les programmes, le socialisme se fait assez modeste, à part l'exposé doctrinal présenté à Roubaix par M. Jules Guesde. M. Millerand se contentait de dire :

« La question sociale est la question des élections de 1893. En vain, les pourvus et les satisfaits tentent de reculer, dans un avenir indéterminé, une solution qui menace leur jouissance égoïste ; en vain, les défenseurs intéressés des iniquités économiques jettent sur le socialisme la raillerie et la calomnie. Il dépend de notre fermeté, de notre sagesse et de notre union d'avancer l'heure inévitable où chaque travailleur touchera le montant intégral de son labeur, où l'ordre, l'harmonie et la justice régleront la production et la répartition abandonnées à l'arbitraire du hasard. »

De son côté, M. Goblet se disait *partisan déterminé de la propriété et de la liberté individuelle*:

« Je crois cependant désirable qu'on étudie le retour à la collectivité, c'est-à-dire à l'État, de certains grands services publics aujourd'hui aux mains de trop puissantes Compagnies, et j'admets que, dans la situation économique créée par le développement de l'industrie moderne, l'état puisse légitimement intervenir pour réglementer, dans une juste mesure, les conditions du travail. »

Le socialisme à tendances plus ou moins subversives ne pouvait compter que sur 25 voix. M. Turrel, de l'Aude, avait proclamé qu'il fallait « se tenir à égale distance des tendances collectivistes et de celles des monarchistes. » Sur les députés qui s'étaient prononcés avec plus ou moins de force contre le socialisme révolutionnaire, 35 se déclaraient cependant, dans leur programme, partisans des réformes sociales ou du *socialisme pratique* ou encore du socialisme qui s'inspire des principes de la Révolution française. Ce sont : MM. Herbet, Dindeau, Sentenac, Turrel, Bouge, Cunéo d'Ornano, Braud, Henri Ricard, Milochau, de Mun (par l'application des principes de l'Evangile), Lebat, Vuillod, Sibille, Roch, Deluns-Montaud, Georges Leygues, Rauline, Bourlon de Rouvre, Mougeot, Dron, Hainsselin, Georges Graux, Farzon, Million, Goblet, Chautemps, Barodet, Paschal Grousset, Siegfried, Amodru, de Berne-Lagarde, Lasserfe, Naquet, Flandin et Thomson.

Deux cent deux programmes demandaient la révision de la Constitution ; 149, la séparation de l'Eglise et de l'Etat ; 187, l'impôt sur le revenu, ou sur le capital, ou sur tous les deux; 48, la suppression du Sénat.

Neuf revendiquaient la liberté de l'enseignement, c'étaient : MM. d'Hugues, de Vogüé, Jacquemin, de Ramel, de Cazenove de Pradine, Arthur Legrand, des Rotours, Achille Adam et Alicot.

Trente-quatre s'élevaient contre la condition de laïcité imposée à l'instruction primaire officielle; Dix-huit, contre le service militaire imposé aux prêtres et aux séminaristes.

Cent cinquante-cinq demandaient la stabilité ministérielle ou la constitution d'une majorité homogène.

La caractéristique de ces élections était une affirmation énergique de l'idée républicaine, la répudiation des tendances monarchistes ou socialistes, la défiance contre les manœuvres d'enveloppement au profit des ralliés, l'union du parti républicain pour les réformes démocratiques.

En effet, 293 programmes portaient : *réforme générale et répartition plus équitable de l'impôt*, et 425 : *développement des institutions de prévoyance et d'assistance*.

Nous allons noter spécialement ceux qui approuvent et ceux qui condamnent la politique du ralliement (1). M. Jacquemin approuve avec bonheur et

---

1. Voir le rapport général contenant le classement méthodique des opinions émises par les députés, par M. Barodet. Session de 1894, n° 532.

continuera de servir la République et la religion.
M. Amaury Simon approuve et promet son concours loyal au Gouvernement. MM. d'Hulst, Lemire,
de Mun et André Reille obéissent au souverain pontife et continueront à servir les intérêts religieux.

Cent huit députés condamnent le parti des ralliés
et n'y voient qu'une nouvelle tactique des ennemis
de nos institutions. Parmi eux, citons M. Paul
Delombre :

« Aucun républicain, si modéré qu'il puisse être,
n'accepte qu'on revienne sur le principe des lois
militaire et scolaire. »

M. Sauzet :

« Vous connaissez la tactique des ralliés... Oppo-
sons à ces revenants déguisés du passé monarchique la notion du Gouvernement que nous saurons défendre contre toutes les attaques. »

M. Armez :

« Les royalistes en sont réduits à cacher honteusement leur drapeau et ils se déclarent sournoise-
ment ralliés à un régime qu'ils détestent et qu'ils
espèrent détruire en s'introduisant dans la place
sous un masque. »

M. Denoix :

« Toute tentative de réaction doit être résolument
combattue. Aucune concession ne saurait être faite
aux néo-républicains. L'application de leur programme serait la mort de la République. »

M. Pierre de Rémusat :

« Un grand mouvement a entraîné vers la République ceux qui s'attardaient encore, mais n'oublions pas que ces nouvelles recrues ont besoin de faire leurs preuves. Dans les armées, ce n'est pas aux conscrits que l'on confie la garde du drapeau. »

M. Raynal :

« Quel serait le sort et l'avenir de la République si ces monarchistes louches arrivaient à la Chambre en majorité ? Le bon sens de la nation déjouera ces captieuses promesses et le premier souci du corps électoral sera de ne confier la garde de nos chères institutions qu'aux mains loyales et sûres de républicains éprouvés. »

M. Deluns-Montaud :

« On paraît s'inquiéter, dans le camp des anciens républicains, de la venue des ralliés. Nous recevons à bras ouverts ceux qui, de bonne foi, viennent demander place au foyer républicain. Quant aux chefs dont les réticences feront suspecter la sincérité, ils n'auront droit qu'à nos justes défiances. »

« Si, sans continuer cette énumération, nous passons à ceux qui manifestent une certaine confiance, nous pouvons citer MM. Morfan, Aynard, Lebaudy. »

M. Léon Say disait :

« La République n'est pas contestée, ou du moins, la minorité qui aurait envie de la contester n'a plus aucun moyen de lui nuire. Cette évolution s'est consommée au profit de la République... Le lien républicain qui unit les Français s'est resserré davantage et les unit dans une politique de plus en plus sage et de plus en plus gouvernementale. »

M. Félix Faure :

« Nous avons la patriotique satisfaction de constater aujourd'hui que les adversaires de la Constitution ont enfin désarmé. Sans abandonner aucune des conquêtes du parti républicain, notamment les lois scolaire et militaire, nous convions tous les bons citoyens à nous donner leur concours. »

CHAPITRE VIII

L'Esprit nouveau.

Chute du ministère Charles Dupuy. — Fin de la concentration républicaine. — Ministère Casimir-Perier. — Déclaration du 4 décembre 1893. — Les attentats anarchistes. — Les mesures de répression. — Question de M. Denys Cochin. — Discours de M. Spuller. — L'esprit nouveau. — Ordre du jour Brisson. — Ordre du jour Barthou. — Opinions sur l'esprit nouveau. — *L'Rvolution politique et sociale de l'Eglise.* — Un article de M. Ranc. — M. Spuller à Lille, 1894.

Le Cabinet présidé par M. Charles Dupuy a disparu à la suite d'une crise intérieure. C'était un Cabinet de concentration; MM. Peytral, Viette et Terrier y représentaient l'élément radical. Interprétant à sa façon les résultats des élections, le président du Conseil crut que le moment était venu de former un Cabinet homogène (1). En même temps,

1. Depuis la réélection de M. Jules Grévy, onze ministères se sont succédé au pouvoir:

Troisième ministère de Freycinet (7 janvier — 11 décembre 1886).

Ministère Goblet (11 décembre 1886 — 30 mai 1887).

le Cabinet se disloquait et avait à répondre à l'interpellation de MM. Millerand et Jaurès « sur sa politique générale. » Pour se conformer aux règles du
régime parlementaire, M. Charles Dupuy aurait dû
attendre, pour cette transformation de sa politique,
de recevoir une indication suffisante de la part des
Chambres, et le Cabinet, par une démission collec-

Ministère Rouvier (30 mai — 11 décembre 1887).
Premier ministère Tirard (12 décembre 1887 — 3 avril 1888).
Ministère Floquet (3 avril 1888 — 22 février 1889).
Second ministère Tirard (22 février 1889 — 17 mars 1890).
Quatrième ministère de Freycinet (17 mars 1890 — 27 février
1892).
Ministère Loubet (27 février — 6 décembre 1892).
Premier ministère Ribot (6 décembre 1892 — 11 janvier 1893).
Deuxième ministère Ribot (11 janvier — 4 avril 1893).
Ministère Charles Dupuy (4 avril — 3 décembre 1893).

On a vu, dans ces divers Cabinets, des radicaux et des modérés s'associer pour une œuvre de concentration républicaine et
de progrès législatif ; avec M. de Freycinet : M. René Goblet
à côté de MM. Sadi-Carnot et Develle ; avec M. René Goblet :
MM. Sarrien, Berthelot, Lockroy et MM. Flourens, Develle ;
avec M. Rouvier : MM. de Hérédia, Barbe, Lucien Dautresme
et MM. Barbey, Fallières, Flourens ; avec M. Tirard :
MM. Sarrien, de Mahy, Viette et MM. Fallières, Loubet, Flou-
rens ; avec M. Floquet : MM. Goblet, Peytral, de Freycinet,
Lockroy et MM. Pierre Legrand, Deluns-Montaud ; avec
M. Loubet : MM. Louis Ricard, Godefroy Cavaignac, Viette,
Léon Bourgeois et MM. Rouvier, Develle ; avec M. Ribot :
MM. Léon Bourgeois, de Freycinet avec MM. Loubet, Charles
Dupuy, Develle, Siegfried.

Voici les lois les plus importantes votées pendant cette
période :

AU POINT DE VUE POLITIQUE :

Loi relative aux membres des familles ayant régné en France
(22 juin 1886).

tive, devait laisser toute liberté au chef de l'Etat pour le choix d'une nouvelle combinaison ministérielle. C'est ce qui arriva, mais à la suite du bruit qui se répandit à la Chambre des démissions des trois ministres radicaux. Il fut reconnu que l'interpellation ne pouvait suivre son cours, puisqu'on ignorait si le Ministère subsistait encore et quelle

Loi sur la liberté des funérailles (15 novembre 1887).

Loi concernant les incompatibilités parlementaires (26 décembre 1887).

Loi rétablissant le scrutin uninominal (13 février 1889).

Loi sur la procédure à suivre devant le Sénat pour juger toute personne inculpée d'attentat contre la sûreté de l'Etat (10 avril 1889).

Loi relative aux candidatures multiples (17 juillet 1889).

Loi relative à une amnistie (décembre 1889).

Loi sur la destruction d'édifices et d'habitations (2 avril 1892).

Lois portant modification de la loi sur la liberté de la presse (16 mars et 12 décembre 1893).

Loi sur les associations de malfaiteurs (18 décembre 1893).

Loi sur les explosifs (18 décembre 1893).

AU POINT DE VUE ÉCONOMIQUE:

Loi concernant la fraude sur les beurres (14 mars 1887).

Loi élevant les droits sur les céréales (29 mars 1887).

Loi élevant les droits sur les bestiaux (5 avril 1887).

Loi sur les alcools étrangers (5 juillet 1887).

Loi concernant la fraude dans le commerce des engrais (4 février 1888).

LOIS SOCIALES :

Loi sur la caisse nationale des retraites pour la vieillesse (20 juillet 1886).

Loi relative à la restriction du privilège du bailleur d'un fonds rural (19 février 1889).

Loi sur la protection des enfants maltraités, délaissés ou moralement abandonnés (décembre 1889).

était sa composition réelle. L'incident est très curieux et mérite d'être rapporté.

La déclaration du 21 novembre portait que le Gouvernement ne voulait « ni révision de la Constitution, ni séparation des Eglises et de l'Etat, ni changement de mode de scrutin, ni création d'un impôt unique, inquisitorial et progressif. » Il se disait

Loi ayant pour objet d'abroger les dispositions relatives aux livrets d'ouvriers (2 juillet 1890).

Loi sur les délégués à la sécurité des ouvriers mineurs (8 juillet 1890).

Loi sur le contrat de louage et sur les rapports des agents des chemins de fer avec les compagnies (27 décembre 1890).

Loi relative à la création d'un office du travail (20 juillet 1891).

Loi sur le travail des enfants, des filles mineures et des femmes dans les établissements industriels (2 novembre 1892).

Loi sur la conciliation et l'arbitrage facultatif en matière de différends collectifs entre patrons et ouvriers ou employés (27 décembre 1892).

Loi concernant l'hygiène et la sécurité des travailleurs dans les établissements industriels (12 juin 1893).

Loi sur l'assistance médicale gratuite (15 juillet 1893).

Lois concernant l'armée :

Loi relative au recrutement des sous-lieutenants (25 juin 1885).

Loi sur les bataillons de chasseurs à pied (24 décembre 1888).

Loi sur la nouvelle dotation de l'armée (30 décembre 1888).

Loi sur le recrutement de l'armée (15 juillet 1889).

Loi relative à l'augmentation de l'artillerie de campagne (15 juillet 1880).

Loi sur le service de l'état-major (24 juin 1890).

Loi sur les cadres et les effectifs (25 juillet 1893).

Loi sur le rengagement des sous-officiers (25 juillet 1893).

décidé à « combattre le collectivisme, protéger la liberté individuelle et la liberté du travail, réprimer avec énergie toute tentative d'agitation ou de désordre. » C'est après la lecture de cette déclaration que vint l'interpellation. On entendit M. Jaurès, puis M. Charles Dupuy. Le 23 novembre, MM. Lockroy, Barthou, Chautemps et Deschanel se succédèrent à

Lois diverses :

Approbation du traité conclu avec la reine de Madagascar (6 mars 1886).

Loi sur la procédure en matière de séparation de corps (18 avril 1886).

Loi sur l'espionnage (18 avril 1886).

Loi sur l'organisation de l'enseignement primaire (30 octobre 1886).

Loi concernant la conversion de la dette tunisienne (9 février 1889).

Loi portant modification à la législation des faillites (4 mars 1889).

Loi sur la nationalité (26 juin 1889).

Loi sur les traitements des instituteurs (19 juillet 1889).

Loi sur la procédure à suivre devant les Conseils de préfecture (décembre 1889).

Loi sur les syndicats des communes (22 mars 1890).

Loi sur l'atténuation et l'aggravation des peines (26 mars 1891).

Loi sur les courses de chevaux (2 juin 1891).

Loi imputant la prison préventive sur la durée des peines prononcées (15 novembre 1892).

Loi sur l'exercice de la médecine (30 novembre 1892).

Loi relative à la réforme des prisons de courte peine (4 février 1893).

Loi portant modifications au régime de la séparation de corps (6 février 1893).

Loi modificative de celle du 19 juillet 1889 sur le classement et le traitement des instituteurs (23 juillet 1893).

la tribune. Le 25, ce furent MM. Goblet, Charles Dupuy, Georges Leygues, Jourdan, du Var. M. Camille Pelletan monta à son tour à la tribune pour dire :

« Avant de prendre la parole dans cette interpellation, je voudrais savoir — c'est peut-être une question indiscrète — s'il y a encore une interpellation au moment où je parle. (*Mouvement.*)

« Pour qu'une interpellation puisse se produire, il faut deux choses : un interpellateur d'abord, et ensuite un interpellé, le Ministère. Or, le Ministère existe-t-il encore? (*Applaudissements à gauche.*)

« M. LE PRÉSIDENT DU CONSEIL.— Nous sommes là!

« M. CAMILLE PELLETAN. — Une importante partie du ministère n'est-elle pas démissionnaire? (*Oui! oui! à gauche.*) Voilà ce que nous voudrions savoir.

« Vous reconnaîtrez sans doute qu'après les considérations très éloquentes qui ont été présentées sur l'homogénéité du Cabinet, il est important de savoir si ce Cabinet existe encore ou si M. le président du Conseil croit que la mutilation que son ministère vient de subir...

« M. LE PRÉSIDENT DU CONSEIL.— Il n'en a pas subi.

« M. CAMILLE PELLETAN... ne nuit pas à sa santé.

« M. LE PRÉSIDENT DU CONSEIL. — Monsieur Pelletan, vous pouvez en toute confiance poursuivre le cours de l'interpellation, car le Cabinet est au complet devant vous. (*Mouvements divers.*)

« M. MILLERAND. — On a parlé de la démission de M. Peytral.

« M. LOUIS JOURDAN. — Et de celle de M. Terrier.

« M. CAMILLE PELLETAN. — Tout le monde comprend qu'il faut que les explications soient très nettes et les situations très claires. (*Très bien! très bien! à gauche.*)

« Monsieur le président du Conseil, êtes-vous autorisé par tous vos collègues à nous faire cette déclaration ?...

« Du moment qu'aucune contradiction ne s'élève...

« M. LE PRÉSIDENT DU CONSEIL. — Je ne réponds pas à une question comme celle-là ! (*Exclamations à gauche.*)

« Je considère que je n'ai pas à y répondre. (*Bruit.*)

« M. CAMILLE PELLETAN. — Je ne veux pas soulever les passions. Il n'y a, dans mon intention, rien de blessant pour M. le président du Conseil dans la question que je lui ai posée.

« J'ai appris, il y a un instant, qu'une partie du Cabinet était démissionnaire. Si le fait n'est plus exact, M. le président du Conseil me permettra de le féliciter de sa force de persuasion, car ce revirement s'est produit en quelques minutes. (*Mouvements divers.*)

« M. OUVRÉ. — Messieurs, je ne serai pour aucun de vous suspect. Je demande à M. Peytral si la déclaration qu'il m'a faite il y a un instant est exacte : M. Peytral m'a dit que sa démission était signée. (*Applaudissements à gauche et à l'extrême gauche.*)

« M. HENRI BRISSON. — J'ajoute mon témoignage à celui de MM. Pelletan et Ouvré. Il n'y a pas cinq minutes qu'un ministre m'a déclaré qu'il était démissionnaire. (*Applaudissements sur les mêmes bancs. — Mouvement prolongé.*)

« M. CAMILLE PELLETAN. — Après ces déclarations, j'attendrai, pour attaquer la politique du Gouvernement, que le Ministère ait mis d'accord ses déclarations et ses actes. A l'heure présente, ne sachant si j'ai devant moi un Ministère, je descends de la tribune. (*Applaudissements sur divers bancs à gauche et à l'extrême gauche.*)

« M. LE PRÉSIDENT.— Messieurs, je n'ai, en ce qui me concerne, qu'un devoir à remplir. Lorsqu'un Cabinet est démissionnaire, il le fait connaître à la tribune ou au Président, qui en avise la Chambre. Tant que je ne serai pas informé par cette voie, je maintiendrai la liberté de la tribune et le droit d'interpellation. (*Très bien! très bien!*)

« M. HENRI BRISSON.— M. le président de la Chambre vient de définir admirablement son devoir et tout son devoir. En effet, il n'a rien de plus à nous faire connaître. Mais la Chambre a elle-même un devoir qui est d'observer la Constitution. Or, la première règle du régime que la Constitution a établi, c'est-à-dire la République parlementaire, c'est l'existence sur ces bancs d'un Cabinet solidaire, d'un Cabinet existant. Or, après les affirmations de MM. Pelletan et Ouvré et la mienne, il est certain que si la déclaration nous a été apportée par un Cabinet solidaire, à l'heure qu'il est, ce Cabinet n'existe plus. Depuis que la déclaration a été lue à cette tribune, il s'est donc passé des événements qu'on veut dissimuler. (*Applaudissements à gauche*), des événements politiques de la plus haute importance; et c'est dans de telles conditions, messieurs, que vous vous croyez assez informés pour émettre un vote de confiance ou un vote de défiance! C'est dans ces conditions profondément inconstitutionnelles que cette Chambre déciderait!... »

MM. Millerand et Jaurès retirèrent alors leur interpellation, et à la suite de ce retrait, les ministres se rendirent à l'Elysée et remirent à M. Carnot leur démission collective.

Après bien des pourparlers, des chassés-croisés, des acceptations et des refus, M. Casimir-Perier

accepta de former un Ministère, avec M. Spuller à
l'Instruction publique, M. Raynal à l'Intérieur,
M. Burdeau aux Finances(1). Les décrets constituant
ce Cabinet parurent à *l'Officiel* du 3 décembre.

Le 4 décembre fut lue la déclaration ministérielle.
Elle énumérait un certain nombre de réformes que
le Gouvernement demandait au Parlement de faire
aboutir : répartition plus équitable de l'impôt, révision du cadastre, relèvement des droits de succession, création d'une caisse de retraites pour les travailleurs, simplification de la procédure et diminution des frais de justice. Elle contenait ce passage :

« Ce sera répondre aux vœux de la France d'apporter dans la direction des affaires publiques cette
unité et cette fixité de vues qui constituent seules
un gouvernement digne de ce nom; de servir la
démocratie sans arrière-pensée, avec dévouement,
avec confiance; *d'opposer aux doctrines socialistes,
qui, en se produisant à la tribune du Parlement,*

1. *Présidence du Conseil et Affaires
          étrangères*...................... CASIMIR-PERIER
Justice........................., ANTONIN-DUBOST
Intérieur...................... RAYNAL
Finances...................... BURDEAU
Guerre...................... Général MERCIER
Marine...................... Vice-amiral LEFÈVRE
*Instruction publique, Beaux-Arts et
          Cultes*...................... E. SPULLER
Travaux publics...................... JONNART
Commerce, Industrie et Colonies... MARTY
     Sous-secrétaire d'État, Maurice LEBON
Agriculture...................... VIGER

témoignent nécessairement leur respect pour la souveraineté nationale, non le dédain, mais l'action généreuse et féconde des pouvoirs publics. C'est pour gouverner avec toutes les lois qui sont déjà le patrimoine de la République et en nous inspirant des espérances de la nation que nous assumons la responsabilité du pouvoir. »

Le 9 décembre 1893, pendant que la Chambre des Députés discutait l'élection de M. Mirman, député de Reims, une bombe de dynamite, lancée d'une tribune du deuxième étage, éclata et blessa un grand nombre de personnes, parmi lesquelles plusieurs députés. Le président, M. Charles Dupuy, conservant tout son sang-froid, imposa le calme aux députés par ces mots désormais historiques : « Messieurs, la séance continue (1). » L'auteur de l'attentat, Vaillant, dit Marchal, anarchiste exalté, a été arrêté le lendemain pour ce fait, condamné à mort le 10 janvier 1894, et exécuté le 5 février. A la suite de cet événement, le Gouvernement fit voter plusieurs lois répressives: lois du 12 décembre 1893 sur les explosifs et les associations de malfaiteurs.

Le 12 février 1894, à neuf heures du soir, une nouvelle bombe de dynamite fut lancée au café de l'hôtel Terminus, au milieu de consommateurs paisibles, et vingt et une personnes furent blessées. L'auteur de l'explosion, Émile Henry, âgé de vingt-deux ans, intelligent et instruit, était le fils de For-

1. *Gouvernements, Ministères et Constitutions de la France,* par M. Léon Muel, supp. p. 58,

tuné Henry, colonel chef d'état-major de la Commune.

A la suite de cet attentat, de nouvelles et nombreuses perquisitions et arrestations eurent lieu chez les individus soupçonnés d'être anarchistes. Le 20 février, deux nouveaux attentats furent commis : deux engins avaient été déposés, l'un à l'hôtel de la Vienne, 69, rue Saint-Jacques, et l'autre à l'hôtel de la Renaissance, 47, faubourg Saint-Martin. On sut plus tard que l'auteur de ces derniers attentats n'était autre que l'anarchiste Pauwels qui a été tué par son propre engin, le 15 mars 1894, au moment où il le déposait à l'entrée de l'église de la Madeleine.

Le 3 mars, M. Denys Cochin posa une question à M. Spuller, ministre de l'Instruction publique et des Cultes, au sujet d'un arrêté pris par le maire de Saint-Denis interdisant sur la voie publique l'exhibition de tout emblème servant au culte.

A cette occasion, M. Spuller produisit des affirmations qui certainement auraient entraîné la chute du Cabinet si très habilement M. Casimir Perier n'avait atténué et expliqué ce qu'il y avait d'étrange dans le langage du ministre de l'Instruction publique et des Cultes.

« Il nous importait, avait dit M. Spuller, de faire apparaître, à l'occasion de cette décision du Conseil d'Etat, qu'il est temps — comme le dit M. Cochin, à qui je ne crains pas de m'associer en cette occasion — de s'inspirer dans les questions religieuses du principe supérieur de la tolérance. (*Applaudis-*

sements sur un grand nombre de bancs. — Interruptions à l'extrême gauche et sur divers bancs à droite). Non pas de la tolérance, au sens étroit du mot — car ce n'est pas une opposition entre la tolérance et la liberté que je cherche à instituer — je dis qu'il est temps de faire prévaloir, en matière religieuse, un véritable esprit de tolérance éclairée, humaine, supérieure, la tolérance qui a son principe non seulement dans la liberté de l'esprit, mais aussi dans la charité du cœur. (*Vifs applaudissements sur les mêmes bancs.*) Je dis qu'il est absurde, dans une société bien réglée, qu'on se dispute pour des affaires religieuses, qu'on se querelle à propos d'emblèmes religieux. (*Nouveaux applaudissements sur les mêmes bancs.*) Je dis qu'il est temps de lutter contre tous les fanatismes, quels qu'ils soient, contre tous les sectaires, à quelque secte qu'ils appartiennent. (*Nouveaux applaudissements sur les mêmes bancs.*) Je dis que, sur ce point vous pouvez compter à la fois et sur la vigilance du Gouvernement pour maintenir les droits de l'Etat, et sur l'Esprit nouveau qui l'anime (*Applaudissements répétés au centre et à droite*), et qui tend à réconcilier tous les citoyens dans la société française...

« M. Dauzon. — Le pacte est conclu.

« M. Gustave Rivet. — Qu'entendez-vous par esprit nouveau ?

« M. le Ministre. - Vous pouvez compter sur la résolution et sur la fermeté avec lesquelles le Gouvernement continuera cette politique... (*Interruptions à l'extrême gauche et cris : assez !*)

« M. le Président. — Je vous invite au silence, Messieurs, et je demande de quel droit certains de mes collègues crient : assez !

« M. le Ministre. —...Cette politique, qui est conforme aux traditions de ce pays, conforme à l'indépendance du pouvoir civil dans son domaine vis-à-vis de l'Église et qui constitue ce que j'appelais tout à l'heure un esprit nouveau... (*Applaudissements à gauche et au centre. — Interruptions.*)

M. GUSTAVE RIVET *et plusieurs de ses collègues.* — Pourquoi nouveau ?

« M. LE MINISTRE.— Cet esprit nouveau, c'est l'esprit qui tend, dans une société aussi profondément troublée que celle-ci, à ramener tous les Français autour des idées de bon sens, de justice et de charité qui sont nécessaires à toute société qui veut vivre. (*Vifs applaudissements sur les mêmes bancs. — Interruptions.*) »

Quel chemin parcouru depuis le langage tenu par M. Goblet, le 30 août 1887. Le président du Conseil d'alors faisait bien appel au concours des *hommes dégagés de l'esprit de coterie et de secte;* il souhaitait bien l'adjonction à la majorité de gauche d'un certain nombre de membres de la droite, mais il les voulait sincères et « reconnaissant que la République est définitivement le gouvernement nécessaire de ce pays et qu'*il n'y en a jamais eu de moins tracassier, de moins vexatoire, de plus vraiment libre.* »

Le 3 mars 1894, M. Brisson demanda à transformer la question en interpellation. M. Spuller lui répondit et M. Goblet répondit à M. Casimir Perier. La priorité pour l'ordre du jour Brisson fut rejetée par 310 voix contre 197 (1). La Chambre vota par

---

1. Voici les noms des 197 députés qui ont voté pour la priorité en faveur de l'ordre du jour Brisson :
Abeille, Argeliès, Avez, Balandreau, Barodet, Bascou, Basly,

302 voix contre 119 l'ordre du jour Barthou, ainsi conçu :

« La Chambre, confiante dans la volonté du gouvernement de maintenir les lois républicaines et de défendre les droits de l'État laïque, passe à l'ordre du jour. »

On ne pouvait pas dire que c'était là un ordre du jour clérical, et ce que la Chambre semblait consacrer, c'était le *vieil esprit républicain*, ou si l'on veut l'esprit gallican plutôt que l'esprit nouveau que venait d'affirmer M. Spuller.

Ces deux esprits étaient en conflit chez M. Spuller lui-même et leur lutte, âpre et irréductible, a été le tourment de la fin de sa vie. M. Spuller, l'un des fidèles et intimes amis de Gambetta, est toujours

de Baudry d'Asson, Baulard, Bazille, Beauquier, Bepmale, Bérard (Ain), Berteaux, Bézine, Bizarelli, Bizot, Bizouart-Bert, Louis Blanc (Drôme), Boissy d'Anglas, Bory-Cisternes, Boudeville, Bourgeois (Jura), Bourgeois (Marne), Bourgoin, Bovier-Lapierre, Antide Boyer, Boysset, Bozérian, Braud, Brisson, Emile Brousse, Brunet, Calvinhac, Castelin, Thierry Cazes, César Lainé, Chambige, Chaudioux, Chapuis, Charonnat, Charpentier, Chassaing, Chautemps, Chauvière, Chauvin, Chevillon, Clapot, Cluseret, Coget, Emile Compayré, Cornudet, Coulant, Couturier, Crémieux, Dauzon, Alban David, Defontaine, Dejean, Delarue, Delbet, Demalvilain, Deproge, Derveloy, Desfarges, Dindeau, Paul Doumer, Gaston Doumergue, Dron, Dubief. Duchasseint, Dupon, Dupuy-Dutemps, Dutreix, Duval, Eliez-Evrard, Faberot, Fiquet, Forcioli, Franconie, Frébault, Gaussorgues, Gendre, Genet, Gerville-Réache, Giguet, Girodet, Gillot, Goblet, Goirand, Gouzat, Goussot, Paschal Grousset, Groussier, Guesde, Guillemaut, Guillemet, Guyot - Dessaigne, Hayez, Herbet, Hovelacque, Hubbard,

resté, quoiqu'on ait pu penser, ardemment attaché
à la République, à la démocratie, et il faut ajouter à
la libre-pensée. Mais, en même temps, il voulait
être très libéral et très tolérant, d'autant plus qu'il
entendait plus largement la liberté de croire ou de
ne pas croire De plus, il avait prévu depuis longtemps que l'Église serait amenée à faire une évolution politique qui, visant le régime intérieur de la
France, amènerait le déclassement des anciens partis. Heureux de voir se réaliser ses prévisions, il
mit une sorte d'amour propre de collaborateur à
affirmer l'importance et l'utilité de cette évolution.
L'Église inaugurait une politique nouvelle; l'État ne
devait-il pas la suivre? Mais si l'État consentait à
rendre l'Église plus libre, plus indépendante, ne
risquait-il pas de perdre quelque chose de sa propre

Clovis Hugues, Isambert, Iung, Jacques, Jaurès, Jourde,
Jumel, Labussière, Lacôte, Lacretelle, Lacroix, Lagnel, Lamen-
din, Gaston Laporte, De la Porte, Lavy, Leconte, Le Coupa-
nec, Lefoullon, Lepez, Lesage, Le Senne, Lévecque, Leydet,
Raymond Leygue, Lhopiteau, Lockroy, Loup, Luce de Casa-
bianca, Magnien, Maudeville, Henry Maret, Mas, Masson,
Félix Mathé, Maurice Faure, Merlou, Mesureur, Michelin,
Millerand, Mirman, Montaut, Mougeot, Odilon Barrot, Orsat,
Pajot, Pams, Paulin-Méry, Pédebidou, Camille Pelletan, Albert
Pétrot, Philipon, Pierre-Alype, Pierre Legrand, Pochon, Pou-
pin, Prudent-Dervillers, Ragot, Rameau, Rathier, Ricard
(Côte-d'Or), Ricard (Seine-Inférieure), Pierre Richard, Riu,
Rivet, Ernest Roche, Rolland, Rouanet, Charles Rousse, Ru-
billard, Saint-Germain, Saint-Romme, Salis, Samary, Saura-
net, Sembat, Signard, Sirot-Mallez, Souhet, Terrier, Tiphaine,
Toussaint, Turigny, Vacherie, Vaillant, Vollé, Pierre Vaux,
Vigné, Ville, Vival, Viviani, Vuillod, Walter, Weil-Mallez.

indépendance? Le terrain gagné d'un côté, aux dépens de qui serait-il acquis? N'y avait-il pas là un réel danger pour la société laïque telle qu'elle était issue de la Révolution française? Et l'esprit de M. Spuller se trouvait ainsi ballotté entre son admiration pour Léon XIII et l'adhésion qu'il avait par avance donnée à sa politique, d'une part, et, d'autre part, son dévouement à la République et ses craintes que l'évolution qu'il avait prévue et approuvée ne vint à tourner, en définitive, contre la démocratie et la libre-pensée.

Ce conflit de désirs et de volontés peut être suivi de près dans le volume qu'a publié M. Spuller, en 1893, intitulé : *Évolution politique et sociale de l'Église*, et composé, pour la plus grande partie, d'articles parus dans la *République française*.

M. Spuller pense que l'aventure boulangiste et la part qu'y a prise le comte de Paris, sur les conseils du jésuite le R. P. Dulac, a tué les dernières espérances de la monarchie, et, ce qui est bien contradictoire, il se réjouit de ce que le Pape abandonne la cause monarchiste et détache d'elle le clergé et les fidèles.

M. Spuller pense que si les ralliés veulent entrer dans la République, c'est pour s'en emparer et la faire à leur image, c'est-à-dire la défigurer et la dénaturer, et cependant il conseille aux républicains, comme M. Challemel-Lacour l'avait fait, de changer de système.

Jusqu'où peut aller ce changement de système ?

La République ouverte, n'est-ce pas la République livrée ? Sur ce point M. Spuller passe d'une juste défiance à une confiance enthousiaste ; tantôt il recommande la prudence, la fermeté, et tantôt l'abandon sans réserve.

Le premier son de cloche est très vibrant dans plusieurs passages qu'il convient de citer :

« A diverses reprises, nous avons eu l'occasion de déclarer qu'il y a lieu de mettre à part les chefs des anciens partis de la monarchie qui ont trempé dans toutes les conjurations ourdies contre le régime républicain, depuis le complot parlementaire qui a renversé M. Thiers, le 24 mai 1873, jusqu'à cette basse entreprise du boulangisme qui avait pour but de remettre pieds et poings liés la République aux mains d'un soldat sans honneur et sans scrupule, dont on attendait la restauration de la monarchie. Ceux-là, les chefs, *les conspirateurs relaps*, ne peuvent pas se dire républicains ; ils n'en ont pas le droit, et d'ailleurs personne ne voudrait croire à leur parole. Mais il n'en est pas de même des Français trop crédules qui les ont suivis, et ce ne serait pas sans une fâcheuse injustice que l'on confondrait dans une même réprobation, dans une même exclusion, les soldats avec les chefs, les dupes avec les complices. C'est à ramener les soldats, en laissant de côté les chefs, qu'il faut songer (1). »

« M. Jacques Piou, s'adressant au *Soleil*, déclare qu'il accepte les principes de la République, mais uniquement « afin de mieux défendre les idées conservatrices et d'assurer ainsi le rétablissement de la paix sociale et religieuse, » M. Piou repousse avec

1. Page 55.

une égale énergie la loi militaire et la loi scolaire, ces deux lois dont on a dit qu'elles sont la pierre de touche qui permet de distinguer les républicains de ceux qui ne le sont pas (1). »

« La vraie, la nouvelle séparation qui s'impose, c'est la séparation définitive de la religion et de la politique : d'un côté, la religion, expression vénérable et respectée de la conscience individuelle, et de l'autre côté la politique, expression livrée à la dispute publique des hommes, des droits et des intérêts moraux des sociétés. — La lutte ne commence donc pas. Elle s'annonce sous une forme nouvelle, voilà tout (2). »

« Il va être nécessaire de travailler, de lutter et de combattre comme la démocratie républicaine l'a fait dans tous les temps. Tant mieux. La lutte, c'est la vie. Un parti qui ne combat plus est un parti en train de se corrompre et de se dissoudre. La démocratie républicaine a de trop graves intérêts à faire prévaloir dans l'ordre matériel comme dans l'ordre moral, pour ne pas tenir à garder le pouvoir, après l'avoir conquis au prix de tant de sacrifices et de tant de souffrances. Elle ne doit, elle ne peut se dissimuler que, si l'on désarme devant la République, on est loin de désarmer devant les républicains, et que *c'est surtout pour en exclure les républicains que l'on va entrer dans la République* (3). »

« A l'heure qu'il est, *personne de bonne foi ne croit*, ni en France, ni en Europe, *à la prétendue persécution dont on représente l'Église comme la victime*. La vérité est que les cléricaux de France sont actuellement les plus audacieux, les plus vio-

1. Page 70.
2. Page 112.
3. Page 128.

lents, les plus agités de toute l'Europe ; n'est-ce pas
la preuve la plus éclatante de la liberté dont ils jouissent ? Nul autre parti ne s'entend aussi bien que
le parti clérical pour organiser des manifestations... (1).

« Pourquoi font-ils tout ce qu'ils font? Uniquement parce que les chefs du parti royaliste, à com-
mencer par M. le comte de Paris, ont résolu de tarir
la source à laquelle puise le clergé pour alimenter et
soutenir ce qu'il appelle ses œuvres. La mense épiscopale a baissé dans la plupart des diocèses : donc,
guerre à la République ! On reconnaît bien là l'ava-
rice traditionnelle de l'Eglise, tant de fois dénoncée
au moyen âge par les réformateurs (2). »

Nous allons maintenant écouter le son de la cloche
pontificale :

« Le pontife romain n'exerce dans le monde qu'une
autorité purement spirituelle ; mais cette autorité
est des plus considérables, quelques efforts que l'on
fasse pour la méconnaître et la nier. Le seul fait que
l'Eglise catholique, pour tels ou tels motifs qui ne
sont pas actuellement en discussion, se rapproche de
la démocratie universelle, suffît à lui seul pour donner à la fin du xixe siècle un caractère, un intérêt,
une allure, un tour historique qui dès à présent
frappent tous les regards attentifs (3).

« On a demandé au Gouvernement s'il était décidé
à continuer la politique de défense de la République; il a répondu qu'il ne croyait pas que ce fût la
meilleure manière de la défendre que de perpétuer

1. Page 198.
2. Page 292.
3. Page 177.

dans son sein les querelles religieuses, et tout aussitôt il a été frappé et il est tombé. Frappé par qui? —
Par la coalition des partis extrêmes, par ceux qui
ne veulent pas de la politique d'apaisement : d'une
part les radicaux, parce qu'ils croient avoir besoin
des querelles religieuses pour entretenir et conserver leur clientèle politique ; de l'autre, les monarchistes coalisés, parce qu'ils se sentent perdus, si la
politique cléricale est décidément rejetée par l'Eglise
et si la religion cesse de servir de lien aux rancunes
et aux ambitions des partisans des dynasties tombées (1).

« Le Pape a parlé: il faut obéir. — Suivant une
parole fameuse, il n'y a qu'à se soumettre ou se
démettre. — Ira-t-on jusqu'au schisme ? S'il n'y
avait dans l'Eglise catholique que les publicistes
laïques, on n'hésiterait guère ; mais les évêques, les
prêtres, n'ont garde de se laisser guider dans leur
conduite par les passions du rédacteur en chef de
l'*Autorité* et de ses lecteurs. — Il n'y aura point de
schisme. On se soumettra au Pape afin de rester
catholique ; ainsi le veulent les Constitutions de
l'Eglise (2). »

M. Spuller en vient à trouver une formule bien
singulière et que nous devons signaler :

« C'est le Pape et l'Eglise qui ont vu le plus nettement les périls et qui les ont dénoncés. — Car ils
ont vu, en même temps que la fin de l'ancien, la formation *d'un nouveau parti conservateur, celui-ci
formé en dehors de l'Eglise et de son influence, et
constitué pour la République et pour son service,*

1. Page 269.
2. Page 295.

et c'est là qu'était à leurs yeux le gros danger. »

Dans tout ce qu'a écrit M. Spuller, dans tout ce qu'il a dit pour faire entendre ce qu'il concevait lui-même comme *un esprit nouveau*, on remarque cette sorte d'antinomie intellectuelle. Il s'est épuisé à concilier l'inconciliable !

M. Ranc, qui lui a conservé jusqu'à la fin une fidèle amitié et qui a prononcé sur la tombe de M. Spuller des adieux touchants et des paroles remplies d'émotion, n'a pas manqué de signaler dans un article que M. Spuller a publié dans la *Revue de Paris* ces contradictions persistantes. Les réflexions de M. Ranc sont à citer dans leur entier :

« M. Eugène Spuller vient de publier dans la *Revue de Paris*, sur la dernière Encyclique papale, l'Encyclique *Præclara*, un article qui montre jusqu'où peut s'égarer un noble esprit dévoyé par une fausse conception. On y peut relever aussi les plus singulières contradictions : il serait déplorable qu'une fraction du parti républicain s'engageât dans la voie où veut la conduire M. Spuller. La politique qu'il a la prétention d'inaugurer doit être répudiée, aussi bien par les républicains de gouvernement les plus modérés (c'est à ceux-ci que je m'adresse aujourd'hui) que par les radicaux et les socialistes.

« Le croirait-on ? M. Spuller a des paroles de blâme pour les catholiques qui protestent contre le droit que s'arroge le Pape de leur imposer une direction politique. Pour lui, comme pour l'*Univers*, comme pour le *Monde*, comme pour tous les journaux asservis à la curie romaine, ce sont des réfractaires. Écoutez-le plutôt :

« Certains catholiques, écrit-il, plus papistes que
« le Pape, vont jusqu'à lui contester le droit de
« donner tels ou tels conseils. N'en déplaise à ces
« catholiques, il n'est guère de limites aux avis et
« aux enseignements du Pape depuis que son infail-
« libilité doctrinale a été proclamée. » On peut dis-
serter doctement sur ce sujet, c'est peine perdue. Le
Pape est-il infaillible dans la question de foi et de
morale? Oui, incontestablement, aux yeux de quiconque se dit et se croit catholique. Or, où s'arrête
la morale? N'embrasse-t-elle pas toute la vie, la vie
politique et publique comme la vie privée? Dès que
le Pape s'est prononcé, pour un catholique tout est
dit. »

« Par quel sophisme monstrueux M. Spuller en
est-il arrivé à confondre le domaine de la morale et
celui des opinions politiques, à soutenir que dans
l'un et l'autre le Pape est également souverain, également maître, que dans l'un et l'autre les catholiques lui doivent une obéissance aveugle?

« Je ne veux point discuter cette étrange doctrine.
Il me suffit de constater que M. Spuller admet l'in-
faillibilité du Pape, qu'il s'appelle Pie IX ou
Léon XIII, en matière politique. Dès que le Pape a
parlé, tout est dit, et les catholiques du monde entier, les catholiques français en particulier, doivent
obéir. En sorte que, s'il convenait demain au Pape
d'ordonner aux catholiques de combattre le Gouvernement républicain et de revenir à la Monarchie, de
donner leurs voix dans les élections à des royalistes,
M. Spuller, pour être conséquent, pour être logique,
devrait leur conseiller d'obéir. Il n'admettrait pas
que le Gouvernement de la République eût le droit
et le devoir de repousser une aussi scandaleuse ingérence. Je sais bien qu'il ne pourrait pas aller jusqu'au bout de son idée. Mais alors? Je le vois, le cas

échéant, ministre des Affaires étrangères ou ministre des Cultes, faisant au nonce de douces représentations. Celui-ci le renverrait à son article de la *Revue de Paris*. Qu'aurait-il à répondre?

« M. Spuller est beaucoup plus papiste, beaucoup plus ultramontain que ne le furent jamais M. de Montalembert, M. de Falloux et le père Lacordaire. S'ils vivaient encore, ils lui donneraient des leçons d'indignation à l'égard du pouvoir catholique.

« Mais, pour le moment, le Vatican soutient et recommande la politique des ralliés dont le Pape est et sera de plus en plus le grand électeur. Alors tout va bien.

« Seulement, ce qu'il y a de curieux, c'est que par une première contradiction que je signale, M. Spuller reconnaît que sur cette délicate matière de la direction politique, Léon XIII n'engage que lui et se garde bien d'engager ses successeurs. En homme ferré sur la théologie et sur les traditions romaines, M. Spuller en donne cette raison toute catholique :

« Le Pape, dit-il, vicaire de Jésus-Christ sur la « terre, se tient pour assisté constamment du Saint-« Esprit dans le gouvernement de l'Eglise. Or, « l'esprit souffle où il veut. Il appartient aux suc-« cesseurs de Léon XIII de faire ce qui leur paraîtra « bon, c'est-à-dire inspiré de Dieu. »

« Parfaitement, le Saint-Esprit souffle où il veut : aujourd'hui contre la Monarchie, demain pour elle. A l'heure présente, il paraît que le Saint-Esprit est un Saint-Esprit tout à fait nouveau. M. Spuller nous assure — on voit qu'il tient à sa formule — qu'il y a un esprit nouveau même dans l'Eglise. A l'en croire, l'Encyclique *Præclara* en est tout imprégnée. La preuve, c'est d'abord que, dans l'Encyclique, Léon XIII ne dit pas un mot du pouvoir temporel, ensuite qu'il ne parle plus du *Syllabus* et de l'anathème lancée par Pie IX contre la civilisation moderne que sous une forme indirecte, sous forme de condamnations et d'objurgations lancées contre la franc-maçonnerie : il y a progrès, dit M. Spuller ! »

« Il est joli, ce progrès; il est joli, l'esprit nouveau de l'Eglise ! Qu'y a-t il de changé ? Rien, exactement rien. M. Spuller est bien obligé de le reconnaître, car il écrit :

« L'Eglise a toujours pour adversaire la Révolu-
« tion. Léon XIII ne la nomme pas, il concentre
« toutes ses défiances et ses colères sur la secte
« maçonnique. Mais il n'y a pas à s'y tromper, pour
« Léon XIII comme pour Pie IX, la franc-maçonnerie
« c'est l'ensemble des intelligences et des volontés
« qui n'acceptent pas les enseignements de l'Eglise
« et secouent le joug de son autorité. La franc-
« maçonnerie n'est, sous la plume pontificale,
« qu'une désignation, qu'une dénomination. Sont
« franc-maçons ou désignés comme tels tous ceux
« qui combattent la domination de l'Eglise. »

« Je le demande, est-il possible de se contredire plus complètement ?

« M. Spuller va plus loin. Comme il sait les choses dont il parle et que nul ne connaît mieux que lui ce qu'est l'Eglise catholique, il écrit :

« La papauté, par tous les actes, ne poursuit que
« le triomphe de l'Eglise. Rome n'a jamais cessé et
« ne cessera jamais de vouloir vaincre pour domi-
« ner. Son royaume n'est pas de ce monde, dit-elle
« avec le fondateur du christianisme, mais dès ce
« monde, elle s'occupe de l'établir. Elle milite avant
« de triompher, et c'est en vue de ce triomphe qu'elle
« demande la liberté d'imposer son autorité au genre

« humain tout entier, sans quoi elle ne serait plus
« l'Eglise catholique. »

« Comment, après avoir dit cela, après avoir
établi que la domination de l'Eglise « est le but
« incessamment présent à la pensée du pontificat
« romain et qu'il est mis une fois de plus en évidence
« par l'Encyclique *Præclara* », comment, après
avoir établi que « si l'attitude de l'Eglise change,
« ses prétentions sont immuables », M. Spuller
peut-il soutenir que cette Encyclique révèle dans
l'Eglise un esprit nouveau, comment peut-il écrire
ces lignes incroyables, qui sont la conclusion et
la pensée maîtresse de son article :

« Appartient-il à la démocratie républicaine, qui
« est le parti de l'avenir, de nier cet esprit nouveau
« et de le combattre, au lieu de lui ouvrir les voiles
« toutes grandes déployées et de se laisser emporter
« par lui vers les rivages où les sociétés modernes
« sont appelées à trouver la liberté dans la paix et
« dans l'honneur. »

« Vous l'entendez, républicains, mes camarades,
libres-penseurs, fils de la Révolution, il faut ouvrir
vos voiles toutes grandes au souffle de l'esprit nouveau qui inspire la papauté et nous laisser emporter
par lui jusqu'aux rivages où triomphera l'Eglise
militante et dominatrice !

Les journaux catholiques ont fait le meilleur
accueil à l'article de la *Revue de Paris.* Le journal
de Louis Veuillot, après les réserves nécessaires,
écrit : « Avec M. Spuller, nous sommes loin des
Michelet et des Quinet. »

« En effet, loin, très loin ! »

Le 26 août 1894, lors de l'inauguration du monu-
ment élevé à la mémoire de M. Testelin, sénateur

inamovible, ancien commissaire de la Défense nationale dans le Nord, inauguration présidée par
M. Spuller, j'ai été désigné par mes collègues de la
représentation républicaine du département pour
prendre la parole au banquet, et j'ai cru utile de
faire ressortir quel avait été le programme de
l'homme dont on célébrait la mémoire, programme
auquel nous restions fidèles :

« Non, Testelin n'était pas un sectaire et quand il
se présentait, en 1871, devant l'Assemblée Nationale,
il le faisait en conservateur républicain; car il savait
mieux que personne que les principes républicains
sont les seuls et véritables principes de conservation
sociale. A cette époque, un de ses amis et collègues,
M. Edouard Millaud, disait à la tribune : « Les électeurs du Nord, comme tous ceux qui ont voté, au
2 juillet 1871, pour les candidats républicains,
veulent par la République, l'ordre, la paix et la
liberté. »

« Ce qui déplaisait à quelques-uns en Testelin,
c'est qu'il voulait l'union de tous les républicains et,
en même temps l'action, pour le maintien des droits
de la société laïque, pour la continuation et le développement du progrès social; or, c'est précisément
cela qui nous plaisait en lui, c'est cela que nous
admirions en lui, et c'est cela qui nous distingue de
certains néo-républicains qui, non contents d'être les
ouvriers de la dernière heure, et de prétendre réclamer leur salaire, voudraient encore chasser et répudier les ouvriers de la première heure... »

Dans un magnifique discours prononcé d'une
parole émue et émouvante, M. Spuller a donné

ensuite les conseils qu'il jugeait nécessaires pour la grandeur et la prospérité de notre démocratie française :

« Le devoir, a-t-il dit, est de s'inspirer de cet *esprit nouveau* dont j'ai parlé un jour et que je n'ai jamais renié... Oui, de cet esprit nouveau qui ne consiste pas, comme on l'a méchamment, calomnieusement, inintelligemment prétendu, à se retourner du côté de la réaction pour s'y abandonner, mais au contraire, à prendre toutes les questions une à une, à les examiner, à les étudier avec toute la passion que l'on doit mettre au service de la vérité, de la justice, de la fraternité sociale, à présenter les choses, non plus sous leur ancien jour, mais à la lumière de la science moderne, à renoncer à toutes les vieilles et absurdes querelles, à toutes les vaines discordes, à toutes les rancunes imbéciles, à écarter du pied tous les antiques errements de façon à élever la conscience et l'intelligence de ce grand et noble pays à la hauteur de ses nouvelles destinées. »

Beau langage ! mais illusion décevante d'un esprit large, élevé, jugeant les autres bons, généreux et sincères comme lui, mais très médiocre observateur.

M. Ranc avait raison contre son ami. La République n'a pas besoin d'être reconnue par le Pape, et les républicains ne conserveront d'action sur les masses qu'en exécutant leur ancien programme ; ils ont pour eux le droit comme la légalité et ils doivent exercer le pouvoir en s'opposant à toute réaction et à toute tentative de domination cléricale.

Quant aux perfides attaqués, aux rancunes, aux vaines querelles, elles ne sont pas venues du côté des républicains. Quand on leur adressera un appel à la concorde, ils peuvent toujours répondre : « Que MM. les cléricaux commencent ! »

CHAPITRE IX

Les Interpellations.

M. Brisson.— Interpellation.— Intervention de M. Delcassé.
— Lutte entre l'Université et les congrégations enseignantes.
— Discours de M. Denys Cochin. — Réponse de M. Léon
Bourgeois.

Nous allons suivre, sous les quatre Ministères
qui ont succédé au premier Cabinet présidé par
M. Charles Dupuy, les principaux événements qui
se rattachent à l'histoire que nous faisons du parti
des ralliés. Cette histoire ne forme qu'un chapitre
de l'histoire de la Troisième République et, par suite,
il est indispensable de relater brièvement les faits
les plus importants de cette histoire générale.

La question des rapports de l'Eglise et de
l'Etat se lie intimement à celle du ralliement à
la République, puisqu'il s'est fait sur les instructions et directions du chef de l'Eglise et qu'il
comporte comme condition principale ce que les
ralliés appellent la liberté religieuse. C'est donc
avant tout les questions cléricales que nous devons
examiner. Elles ont fait l'objet d'un grand nombre
d'interpellations.

Quoique sur les vingt-quatre cabinets qui ont successivement exercé le pouvoir, depuis la première
nomination de M. Jules Grévy comme président de
la République jusqu'à la constitution du cabinet de
M. Jules Méline, un seul, celui du 17 mars 1890
(M. de Freycinet), soit tombé à la suite d'une discussion sur sa politique religieuse, il n'est pas con-
testable que le sort de plusieurs Ministères a
dépendu de l'attitude qu'ils avaient prise vis-à-vis

du clergé (1). Les déclarations des Chambres n'ont guère varié : elles ont tendu au maintien des droits de la société laïque et à la répression des menées cléricales, mais, sous des formules sensiblement pareilles qui affirment le droit, il faut voir, en fait, s'il n'a pas existé de compromissions qui ont favorisé l'évolution de l'Église. Le but manifeste de cette évolution est de conquérir la direction des

1. Voici la statistique des causes qui ont amené la chute de ces différents Ministères :

Retraite spontanée, sans un vote formel du Parlement, 3 : Waddington ; premier ministère De Freycinet ; Brisson.

Démission de plusieurs membres, 2 : premier ministère Ribot ; premier ministère Charles Dupuy.

Question tunisienne, 1 : premier ministère Ferry.

Scrutin de liste, 1 : Gambetta.

Question égyptienne, 1 : deuxième ministère de Freycinet.

Question des princes, 2 : Duclerc ; Fallières.

Question tonkinoise, 1 : deuxième ministère Ferry.

Question des sous-préfectures, 1 : troisième ministère De Freycinet.

Question de la révision, 2 : premier ministère Tirard ; Floquet.

Question relative à un traité de commerce (au Sénat), 1 : deuxième ministère Tirard.

Question de la loi sur les associations, 1 : quatrième ministère De Freycinet.

Affaire du Panama, 1 : Loubet.

Question du budget, 2 : Goblet ; deuxième ministère Ribot.

Question sur le droit de se syndiquer au profit des ouvriers des chemins de fer de l'État, 1 : Casimir Perier.

Question de la séparation des pouvoirs (affaire Raynal), 1 : deuxième ministère Charles Dupuy.

Affaire des chemins de fer du Sud, 1 : troisième ministère Ribot.

Refus de crédits par le Sénat, 1 : Léon Bourgeois,

consciences, non seulement en matière religieuse,
mais dans les différents ordre d'activité humaine, de
façon à dominer même dans les matières purement politiques.

M. Carnot, président de la République, a quitté
Paris, le 23 juin 1894, accompagné de M. Charles
Dupuy, président du Conseil, pour aller visiter
l'exposition internationale de Lyon. Reçu par
M. Rivaud, préfet du Rhône, et par M. le docteur
Gailleton, maire de Lyon, il est descendu à l'hôtel
de la Préfecture. Le lendemain, dimanche 24 juin,
il a reçu les diverses autorités, puis s'est rendu à
l'Exposition, de là à la Bourse, où eut lieu un banquet de mille couverts offert par la municipalité et
le Conseil général. Partout le président a reçu des
ovations et l'enthousiasme était universel. Au banquet, le maire a porté un toast à M. Carnot, qui a
répondu par un discours se terminant ainsi :

« Dans notre chère France, il n'est plus de partis:
un seul cœur bat dans toutes les poitrines quand
l'honneur, quand la sécurité, quand les droits de la
patrie sont en cause. L'union de tous ses enfants ne
saurait davantage lui faire défaut pour assurer la
marche incessante vers le progrès et la justice dont
il lui appartient de donner l'exemple au monde. Je
bois à la prospérité de la vaillante ville de Lyon et
du département du Rhône. »

« Le président de la République sort du palais de
la Bourse du côté de la place des Cordeliers ; il
monte en voiture avec M. le docteur Gailleton, le
général Borius et le général Voisin, gouverneur mi-

litaire de Lyon, pour se rendre à la représentation de gala donnée en son honneur au Grand-Théâtre de Lyon. La voiture tourne à droite sur la rue de la République à l'extrémité de laquelle se trouve le Grand-Théâtre. A ce moment, la place et la rue pavoisées et éclairées à profusion par la lumière électrique sont couvertes d'une foule immense qui acclame M. Carnot par des vivats frénétiques. M. Carnot se montrait très joyeux et répondait en souriant à ces acclamations. Il avait prié les deux cavaliers qui se tenaient aux portières de se reculer pour permettre à la foule de l'approcher. Il saluait de la main droite et agitait son chapeau de la main gauche, lorsque tout à coup un homme, coiffé d'une casquette, se précipite, escalade le marchepied et frappe violemment M. Carnot dans le flanc à l'aide d'un poignard qu'il tenait dissimulé dans un papier que M. Carnot, le prenant pour un placet, s'apprêtait à saisir de la main droite. L'assassin se sauve presque inaperçu en criant : Vive l'anarchie ! Vive la révolution sociale ! En même temps, M. Carnot s'affaise livide sur les coussins du landau. La foule qui l'entoure, pressent qu'un crime vient d'être commis. Elle arrête aussitôt l'assassin ; les cris : A mort ! à mort ! retentissent autour de lui. Les gardiens de la paix l'arrachent avec peine à l'exaspération de la foule, et l'emmènent au poste de la rue Molière où, interrogé par M. Lépine, préfet de police, il déclare qu'il est Italien d'origine, qu'il se nomme Caserio Santa Ieronymo, et qu'il est né à Motta-Visconti (Lombardie) le 8 septembre 1873. Il habitait Cette depuis six mois ; il est arrivé le matin même à Lyon. Il avoue son crime et se dit anarchiste.

« Pendant ce temps, M. Carnot est transporté dans son landau à la Préfecture, au milieu des cris de : Vive Carnot ! poussés par la foule en délire et ignorante de ce qui vient de se passer (1). »

A minuit 35 minutes, M. Carnot expirait. A la nouvelle de l'attentat, la ville de Lyon passa d'une grande joie à une véritable stupeur, et lorsqu'elle apprit que l'assassin était Italien, la foule s'emporta à diverses représailles qu'heureusement la force armée put limiter. Le *Journal Officiel* du 25 juin contenait les télégrammes du président du Conseil annonçant l'attentat qui venait d'être commis, puis la mort du président de la République. En même temps, l'Assemblée Nationale était convoquée pour le 27 juin à l'effet d'élire le successeur de M. Carnot. Les Chambres entendirent la lecture d'une lettre de M. Charles Dupuy ; MM. Casimir Perier et Challemel-Lacour prononcèrent d'émouvants discours et dans chaque Assemblée la séance fut aussitôt levée. Le *Journal Officiel* du 26 juin, encadré de noir, publia la note suivante :

« La nouvelle de la mort de M. le président de la République a causé, sur tous les points du territoire, la plus vive et la plus douloureuse émotion. Depuis hier matin les télégrammes se succèdent sans interruption au ministère de l'Intérieur, apportant à M. le président du Conseil les sentiments de réprobation unanime pour l'attentat et de respectueuse affliction pour Mme Carnot et sa famille.

« Les gouvernements étrangers ont témoigné, soit

1. M. Léon Muel, *Gouvernements, Ministères et Constitutions de la France*, 5e édit. Supp. p. 57.

par des télégrammes adressés à Mme Carnot, à M. le président du Conseil ou à M. le ministre des Affaires étrangères, soit par des démarches personnelles ou officielles de leurs représentants à Paris, les sentiments de profonde condoléance qu'ils ont éprouvés à la nouvelle de la mort de M. le président de la République. »

Les funérailles nationales de M. Carnot ont eu lieu le 1er juillet et son corps fut déposé au Panthéon. Cette cérémonie eut un caractère réellement grandiose.

L'Assemblée Nationale du 27 juin, malgré quelques protestations de droite et d'extrême gauche, fut uniquement une séance de scrutin. Les résultats furent les suivants :

MM. Casimir Perier. . . . . 451 suffrages
    Brisson. . . . . 195 —
    Dupuy. . . . .   97 —
    Le général Février. . . . . .   53 —
    Arago. . . . .   27 —
    Voix diverses . . . .   22 —

M. Casimir-Périer était, au premier tour, élu président de la République.

Tous les ministres avaient remis leur démission au nouveau président de la République, mais celui-ci chargea M. Charles Dupuy de la mission de former un Cabinet et chacun des ministres reprit son portefeuille, de sorte qu'en fait le deuxième et le troisième ministère Dupuy ne constituent qu'un seul et même Ministère, qu'il est permis aux statisticiens de ne pas scinder.

A la Chambre des Députés, après la lecture du message du président de la République, le 3 juillet, M. Vaillant proposa la nomination d'une commission de trente-trois membres pour élaborer une réponse. Cette motion fut appuyée par M. Millerand en ces termes :

« Il doit être permis à la Chambre, au moment où l'on restaure la politique personnelle, de lui opposer la politique du suffrage universel. »

La question préalable sur cette proposition fut votée par 450 voix contre 77.

Le 25 juillet, lors de la discussion des projets de loi tendant à réprimer les menées anarchistes, M. Jaurès prononça un long et mémorable discours, véritable réquisitoire contre les scandales financiers. Comme conclusion, l'orateur proposa la disposition additionnelle suivante :

« Seront considérés comme ayant provoqué aux actes de propagande anarchiste tous les hommes publics, ministres, sénateurs, députés, qui auront trafiqué de leur mandat, touché des pots-de-vin et participé à des affaires financières véreuses, soit en figurant dans les conseils d'administration de sociétés condamnées en justice, soit en prônant lesdites affaires, par la presse ou par la parole, devant une ou plusieurs personnes. »

M. Rouvier, se trouvant visé, prononça à son tour un discours éloquent et plein d'émotion qui lui valut les applaudissements d'une grande partie de

l'assemblée. Malgré cela, la disposition additionnelle de M. Jaurès obtint 223 voix contre 229.

Le 8 octobre, on apprit un évènement qui, en
d'autre temps et dans d'autres circonstances, aurait
pu avoir une notable influence sur le régime intérieur
de la France : le comte de Paris, très malade depuis
la fin d'août, venait de décéder. Le rôle de prétendant passait à son fils, le duc d'Orléans, qui, on s'en
souvient, était venu à Paris réclamer son inscription parmi les jeunes soldats de sa classe et avait
été, pour cette infraction à la loi d'expulsion, condamné à l'emprisonnement, puis grâcié quelque
temps après. La cause de la Monarchie ne semblait
ni perdre ni gagner au décès du comte de Paris.

Le souverain d'une nation amie de la France,
l'empereur de Russie, Alexandre III, est décédé le
1er novembre. Son fils, l'empereur Nicolas II, a fait
part de cette mort à M. le président de la République par le télégramme suivant :

Livadia, le 1er novembre 1894, 10 h. soir.

Paris. — Président de la République.

« J'ai la douleur de vous faire part de la perte
cruelle que moi et la Russie venons de faire dans la
personne de mon père bien-aimé l'empereur Alexandre, décédé aujourd'hui.

« Je suis certain de la vive part que toute la
nation française prend à notre deuil national.

NICOLAS. »

La France témoigna officiellement, de la façon la
plus complète et aussi par des manifestations spon-

tanées et très nombreuses, qu'elle s'associait au deuil de la famille impériale de Russie et de la nation russe.

« A l'issue de la cérémonie religieuse, M. le président de la République, M. le président de la Chambre des Députés et MM. les ministres se sont rendus au Panthéon, où ils ont salué la dépouille mortelle du président Carnot.

« Ils ont voulu, en ce jour consacré au culte des morts, associer dans un commun hommage la mémoire du président Carnot et celle de l'empereur Alexandre III qui, il y a un an, à pareille date, adressait à la France, pour la remercier de l'accueil fait aux marins de l'escadre russe, un télégramme dont on n'a pas perdu le souvenir (1). »

Le 20 novembre, à la Chambre, a eu lieu la discussion de l'interpellation de M. Jules Guesde sur l'annulation de délibérations du Conseil municipal de Roubaix. Ce fut l'occasion d'un grand débat politique. M. Guesde défendit le collectivisme, qui fut combattu par MM. Bouge et Deschanel. Nous devons retenir de ce dernier discours la thèse qui consiste à soutenir que le parti républicain modéré est le plus apte à faire aboutir les réformes, qu'il l'a fait dans le passé et est prêt à poursuivre son œuvre :

« Est-ce l'esprit de réaction ou de routine qui a inspiré notre éminent collègue, M. Léveillé, quand il s'est attaqué à la racine même de la question sociale en protégeant la petite propriété contre

1. *Journal Officiel* des 2 et 3 novembre 1894.

l'usure et en cherchant à importer chez nous le homestead ? Est-ce l'esprit de réaction ou de routine qui a inspiré à mon ami Papelier sa proposition sur la prévoyance et la mutualité, et à notre collègue M. Million sa proposition sur l'assistance judiciaire ? Est-ce que vous croyez que les habitants des campagnes considèrent comme antiprogressistes : l'organisation de la représentation légale de l'agriculture proposée par M. Méline; la réforme des droits de succession et la révision du cadastre par M. Boudenoot; la création de caisses d'assurances agricoles par M. Philipon; l'attribution en faveur du fermier sortant d'une indemnité pour la plus-value donnée au fonds loué, proposée par MM. Lechevallier et Gervais; la suppression obligatoire des droits d'octroi pour les boissons hygiéniques demandée par MM. Cot et Turrel. J'en passe et je m'en excuse. Je demande où on voit dans tout cela l'esprit de réaction ou d'inertie ? »

Dès ce moment, il était facile de répondre à M. Deschanel que c'est par l'union des deux fractions du parti républicain que les réformes déjà opérées s'étaient accomplies, et que pour l'avenir ses exemples ne venaient pas complétement à l'appui de sa thèse, puisque MM. Léveillé et Philipon appartiennent à la fraction avancée du parti républicain. Mais aujourd'hui, la réponse serait plus victorieuse encore, puisqu'aucune des réformes de cette énumération n'a pu être réalisée et que les républicains modérés n'ont même pas adopté les projets financiers de M. Boudenoot.

Le discours de M. Deschanel était, d'ailleurs,

rempli des meilleures intentions et animé d'un véritable souffle. L'orateur était absolument dans le vrai, lorsqu'il disait :

« Si d'effroyables attentats, si le meurtre du regretté président Carnot ont jeté un trouble profond dans la politique française, *le premier devoir de notre démocratie est de reprendre immédiatement sa marche dans la voie du progrès. La pire des politiques serait une politique d'immobilité, d'inertie; chaque réforme accomplie sera une arme enlevée aux révolutionnaires. (Applaudissements.) Chaque jour sans réforme sera une chance de plus pour eux: reculer, c'est leur céder la place; avancer, c'est les réduire.* » (*Nouveaux applaudissements.*)

La Chambre attendait une politique active d'un Cabinet homogène. Elle ne pouvait, sans une expérience d'une certaine durée, se retourner vers l'ancienne tactique de concentration, et il pouvait même se faire que l'expérience ne produisit pas ses fruits à temps. En tous cas, dans un langage éloquent et très applaudi, M. Léon Bourgeois vint soutenir la politique d'union entre les républicains, en dehors de la droite et des socialistes :

« J'ai lu avec beaucoup d'intérêt tout ce qui a été écrit, toutes les plaisanteries qui ont été dirigées contre la concentration, c'est-à-dire contre l'union des républicains ; tout cela peut se résumer ainsi: il faut qu'un Gouvernement soit homogène, c'est-à-dire qu'il soit étroitement uni. Cela revient tout simplement à dire qu'il faut que ses membres soient *d'accord sur un certain nombre de questions nette-*

ment délibérées avant sa constitution et résolu-
ment poursuivies pendant son existence. — Mais
que penser de cette règle, écrite je ne sais où, impro-
visée je ne sais par qui, d'après laquelle il serait
interdit de grouper, de réunir dans un même gouvernement des hommes pris dans des groupes politiques voisins les uns des autres pour faire une
politique déterminée ? En quel pays a-t-on jamais
vu qu'un pareil sytème était impossible ?.....

Vous me direz qu'il est possible de rechercher
entre les groupes de cette Chambre, par exemple,
entre la droite et l'extrême gauche, les points sur
lesquels on est d'accord. — Certes, nous avons vu
tout à l'heure notre honorable collègue M. Lemire
indiquer sur quels points il pouvait s'entendre avec
nos honorables collègues de l'extrême gauche ; nous
avons vu M. de Ramel indiquer pour quels raisons
il pourrait s'entendre avec eux. Mais qu'est-ce à
dire ? Ne font-ils pas aussi une concentration ? De
quel droit nous reprochent-ils d'en faire autant de
notre côté ! — Mais notre concentration est préférable à la leur, parce qu'il y a entre nous plus de points
communs qu'entre eux ; parce que ce qui nous divise
est peu de chose et que ce qui les sépare est tout.
(*Très bien ! très bien ! à gauche*) — En d'autres termes, il y a pour faire une majorité dans cette Chambre deux concentrations possibles : une concentration
d'hostilité contre les institutions établies, dirigée
contre les lois en vigueur, coalition de résistance
aux réformes et aux progrès faite de pensées et de
rêves, comme le disait M. Goblet, irréalisables, les
unes aujourd'hui, les autres toujours ; et une concentration en faveur des réformes réalisables. —
Entre ces deux partis extrêmes, entre ceux qui voudraient, par je ne sais quelle crainte et quelle défiance de la démocratie, s'appuyer sur ceux-ci et

quelquefois rencontrer leurs votes avec ceux-là, il y a cette différence que leur coalition ne peut rien produire, si ce n'est la ruine de la République et de ses institutions; tandis que la nôtre peut aboutir à l'union véritable et féconde. Il s'agit de choisir entre la concentration pour la vie et la concentration pour la mort (*Applaudissements à gauche*).

La priorité fut refusée à l'ordre du jour de M. Jules Guesde, par 450 voix contre 57, puis, par 400 voix contre 93, à un ordre du jour de M. Goblet, qui avait, au nom des radicaux et des radicaux-socialistes, condamné les doctrines collectivistes; elle fut accordée à l'ordre du jour de M. Bouge, lequel fut voté par 335 voix contre 177 et qui était ainsi conçu :

« La Chambre, réprouvant les doctrines collectivistes et confiante dans le Gouvernement pour leur opposer une politique de réformes sociales résolument progressives, passe à l'ordre du jour. »

Hélas! on devait craindre qu'en se tournant vers la droite et les ralliés on ne pourrait réaliser de réformes sociales, et que malgré les beaux discours et les promesses répétées, on ne ferait pas une politique résolument progressive.

A la suite du décès de M. Burdeau, président de la Chambre, il dut être pourvu à son remplacement et ce fut M. Henri Brisson qui fut élu par 249 voix contre 213 à M. Méline.

La concentration républicaine semblait vraiment reprendre faveur. La *République Française*, journal de M. Méline, avait dit que celui-ci serait « un candidat de concentration républicaine », et quand il prit possession du fauteuil présidentiel, J. Brisson fit un magnifique éloge de cette politique :

« Les progrès de la République, depuis vingt ans, sont dus précisément à la liberté de discussion et aussi *à l'union sur les questions maîtresses de tous les républicains (Applaudissements à gauche), l'union non pas pour conserver seulement les positions acquises, mais l'union pour la marche en avant. (Vifs applaudissements à gauche).* Le groupement de toutes les forces républicaines, dans un effort commun, a donné dans les moments difficiles, et donnera toujours confiance à la France démocratique. Cet accord a été fécond ; il le sera plus encore, si nous le voulons. (*Vifs applaudissements à gauche*). »

M. Barthou, ministre des Travaux publics, soutenait que, d'après les conventions de 1883, les garanties d'intérêt n'étaient dues par l'Etat aux compagnies de chemins de fer de l'Orléans et du Midi que jusqu'en 1914. Celles-ci prétendaient qu'elles devaient leur être payées jusqu'en 1956. M. Barthou soumet le différend au conseil d'Etat. Celui-ci rend, le 12 janvier 1895, un arrêt qui donne tort au ministre des Travaux publics et condamne l'Etat aux dépens.

A la suite de cet arrêt M. Barthou donne sa démission le 13 janvier. Le lendemain, M. Millerand interpelle le Gouvernement sur cette démission. Il fait adopter, par 253 voix contre 225, un projet de résolution tendant à la nomination d'une commission « chargée d'examiner s'il y a lieu de mettre en accusation, pour crime commis dans l'exercice de ses fonctions, M. Raynal, ancien ministre des Travaux publics », auteur des conventions de 1883. Plusieurs ordres du jour sont ensuite présentés. M. Ch. Dupuy, président du Conseil, déclare que le Gouvernement n'accepte que l'ordre du jour de M. Trélat, ainsi conçu :

« La Chambre, respectueuse du principe de la séparation des pouvoirs, passe à l'ordre du jour. »

La Chambre des Députés refuse la priorité à cet ordre du jour par 263 voix contre 241. M. Ch. Dupuy fait alors la déclaration suivante :

« Après la proclamation de ce scrutin, la Chambre comprendra que le Gouvernement ne puisse pas continuer à prendre part à ses délibérations. »

Les ministres quittent la salle des séances et vont remettre leur démission à M. Casimir Perier, qui l'accepte.

Le lendemain, 15 janvier, on apprend avec stupéfaction qu'à son tour M. Casimir Perier donne sa démission de président de la République (1).

Cette démission indigna plus particulièrement les républicains modérés. Ils prononcèrent les mots de fuite et de trahison.

1. M. Léon Muel, *Gouvernements et Ministères*, 5ᵉ édit., 2ᵉ sup. p. 2.

La lettre de démission, qui fut lue aux Chambres le 16 janvier, était conçue d'une façon aussi étrange que le fait apparaissait lui-même. En voici les principaux passages :

« Je ne me suis jamais dissimulé les difficultés de la tâche que l'Assemblée Nationale m'a imposée. Je les avais prévues.

« Si on ne refuse pas un poste au moment du danger, on ne conserve une dignité qu'avec la conviction de servir son pays.

« La présidence de la République, dépourvue de moyens d'action et de contrôle (*Murmures à gauche*), ne peut puiser que dans la confiance de la nation la force morale sans laquelle elle n'est rien. (*Exclamations sur les mêmes bancs. — Écoutez ! écoutez !*) Ce n'est ni du bon sens ni de la justice de la France que je doute ; mais on a réussi à égarer l'opinion publique : plus de vingt années de luttes pour la même cause, plus de vingt années d'attachement à la République, de dévouement à la démocratie, n'ont suffi ni à convaincre tous les républicains de la sincérité et de l'ardeur de ma foi politique (*Rumeurs à gauche*)... ni à désabuser des adversaires qui croient ou affectent de croire que je me ferai l'instrument de leurs passions et de leurs espérances. (*Mouvement.*)

« Depuis six mois se poursuit une campagne de diffamation et d'injures contre l'armée, la magistrature, le Parlement, le chef irresponsable de l'État, et cette liberté de souffler les haines sociales continue à être appelée la liberté de penser.

« Le respect et l'ambition que j'ai pour mon pays ne me permettent pas d'admettre qu'on puisse insulter chaque jour les meilleurs serviteurs de la patrie et celui qui la représente aux yeux de l'étranger. (*Exclamations*).

« Je ne me résigne pas à comparer le poids des responsabilités morales qui pèsent sur moi et l'impuissance à laquelle je suis condamné. »

Le 17 janvier, le Sénat et la Chambre des Députés, réunis en Assemblée nationale sous la présidence de M. Challemel-Lacour, procèdent à l'élection du successeur de M. Casimir Perier. Au premier tour de scrutin, M. Henri Brisson obtient 338 voix, M. Félix Faure, ministre de la Marine, 244, et M. Waldeck-Rousseau 184. Au deuxième tour de scrutin, M. Waldeck-Rousseau s'étant désisté en faveur de M. Félix Faure, le résultat est celui-ci : sur 800 suffrages exprimés, M. Félix Faure obtient 430 voix, et M. Henri Brisson 361. M. Félix Faure est proclamé président de la République.

Le premier acte du nouveau président fut d'appeler M. Bourgeois à former un cabinet. C'est un ministère de concentration républicaine que M. Bourgeois voulait constituer et il échoua dans cette entreprise, n'ayant pu tomber d'accord, notamment sur les questions financières, avec ses futurs collaborateurs. M. Ribot, appelé après lui, fut plus heureux ; il obtint le concours de chefs du parti modéré et aussi celui de radicaux et de progressistes : MM. Gadaud, Dupuy-Dutemps, Chautemps. Le 26 janvier, la composition de ce Ministère paraissait au *Journal Officiel* (1).

1. *Président du Conseil et Finances..* RIBOT
Justice............................ TRARIEUX

Le cabinet Ribot eut à s'occuper d'une question cléricale qui est toujours à l'état plus ou moins aigu, nous voulons parler des droits fiscaux à exiger des congrégations. Celles-ci veulent payer le moins possible ou ne pas payer du tout et, se refusant à acquitter le droit d'accroissement, elles cherchent à faire épouser cette querelle non seulement par le clergé séculier, mais encore par les fidèles. Cette fiscalité étant de sa nature assez obscure et difficile à faire apprécier par les masses, il est aisé pour les congréganistes d'exciter les passions et de chercher à faire croire qu'il s'agit de les spolier et de les ruiner.

Le droit d'accroissement avait été établi, en 1880, sur l'initiative de M. Brisson ; la difficulté était de rendre les dispositions nouvelles, introduites dans la loi de finances, applicables aux congrégations non reconnues, sans compromettre les principes de notre droit public en la matière. M. Ribot proposa une rédaction qui laissait intacts les droits de l'État, en .streignant à l'impôt, établi en 1872 sur les profits

Affaires étrangères	HANOTAUX
Intérieur	LEYGUES
Instruction publique, Beaux-Arts et Cultes	POINCARÉ
Travaux publics	DUPUY-DUTEMPS
Commerce, Industrie, Postes et Télégraphes	André LEBON
Agriculture	GADAUD
Colonies	CHAUTEMPS
Guerre	Général ZURLINDEN
Marine	V.-amiral BESSARD

et bénéfices annuels des sociétés, les communautés religieuses reconnues et *les sociétés ou associations, même de fait, existant entre les membres des congrégations reconnues ou non reconnues ou quelques-uns d'entre eux*. On frappa d'un droit les valeurs appartenant à des congréganistes et qui auraient échappé grâce à une clause de réversion introduite dans les titres de propriétés collectives. En 1884, on remania une première fois, mais sans succès, cette législation, et, en 1895, la Chambre, malgré l'opposition de la droite et de certains modérés comme M. Clausel de Coussergues, transforma, pour mettre fin aux difficultés qui s'étaient produites, la taxe en un abonnement. L'article 4 de la loi de finances portait :

« Le droit d'accroissement établi par les articles 4 de la loi du 28 décembre 1880 et 9 de la loi du 29 décembre 1884, est converti en une taxe annuelle et obligatoire sur la valeur brute des biens meubles et immeubles possédés par les congrégations, communautés et associations religieuses autorisées ou non, et par les autres sociétés et associations désignées dans les lois précitées.

« Ne sont pas soumis à la taxe les biens acquis avec l'autorisation du gouvernement, en tant qu'ils ont été affectés et qu'ils continuent d'être réellement employés soit à des œuvres d'assistance gratuite en faveur des infirmes, des malades, des indigents, des orphelins ou des enfants abandonnés, soit aux œuvres des missions françaises à l'étranger.

« L'exemption sera accordée ou retirée, s'il y a lieu, par un décret rendu en Conseil d'État. »

L'article 5 commençait ainsi :

« La taxe est fixée à 30 centimes pour cent de la valeur spécifiée à l'article précédent pour les congrégations autorisées et les autres établissements et sociétés désignées dans les lois précitées et à 50 centimes pour cent pour les congrégations non autorisées... (1). »

Le droit d'accroissement ou d'abonnement donna lieu, en mai, à un échange de lettres entre le ministre des Cultes, M. Poincaré et l'archevêque de Cambrai. Le 16 mai, le ministre avait écrit au prélat :

« Les journaux publient le texte de déclarations ou de lettres émanant de prêtres de votre diocèse qui, groupés généralement par cantons à l'occasion de cérémonies diverses, font ainsi connaître publiquement les appréciations et protestations collectives que leur inspire la loi de finances du 16 avril dernier. — Quelle que puisse être l'opinion personnelle de ces prêtres, ils ne devraient pas oublier que tous les citoyens doivent obéir aux lois régulièrement votées par les représentants du pays, et ce n'est pas à des ministres de la religion, alors surtout qu'ils sont rétribués par l'État, de donner le conseil et l'exemple de manifestations de ce genre. J'ajoute qu'en signant des lettres ou déclarations collectives, ces prêtres ont violé l'article 4 de la loi du 18 germinal an X. — Le Gouvernement, monsieur l'archevêque, ne peut laisser passer de telles démonstrations sans les blâmer très sévèrement. J'ai l'honneur de vous prier de vouloir bien me faire connaître les mesures que vous ne manquerez pas

1. *Année politique*, 1895, p. 50.

de prendre pour les réprimer et en éviter le retour... »

L'archevêque reçut très mal l'invitation du ministre, lui répondant qu'en fait de mesures contre ses prêtres à cette occasion, il comptait n'en prendre aucune; il soutenait qu'ils n'avaient fait qu'user de leurs droits de Français et d'électeurs, droits « que leur garantit la Constitution républicaine contemporaine. » Quant au manquement à la loi de germinal, il renvoyait le ministre à se pourvoir comme d'abus devant le Conseil d'État, disant qu'il se ferait scrupule d'empiéter sur les fonctions du tribunal compétent. Il terminait ainsi :

« En ce qui me concerne vis-à-vis de mes prêtres, je fais réserve de leur exprimer, en famille, pendant les prochaines retraites sacerdotales, mes dispositions personnelles à l'égard et au sujet de la déplorable mesure financière qui frappe nos communautés, c'est-à-dire l'un des organes les plus actifs et les plus utiles à la vitalité chrétienne de notre chère patrie française à l'heure actuelle... »

Pour la presse et spécialement pour la presse cléricale, ce n'était pas le ministre qui avait le beau rôle. M. Goblet interpella, à ce sujet, à la Chambre des Députés. La réponse de M. Poincaré fut correcte, mais il se montra singulièrement optimiste en déclarant qu'il était évident que la loi d'abonnement aurait son application à la fois sincère et équitable, et que les protestations seraient sans lendemain.

Le ministre ne prit aucune mesure contre l'archevêque de Cambrai, parce que celui-ci, reçu en audience particulière au ministère, lui avait témoigné des regrets, mais il frappa par le retrait d'une indemnité facultative l'évêque *in partibus* de Lydda, M. Monnier, qui depuis de longues années était l'inspirateur des archevêques de Cambrai, dans un sens qui était loin d'être celui de la soumission aux lois de l'Etat et de la pacification des esprits. Du reste, M. Monnier ne souffrit en aucune façon dans ses ressources personnelles, de bonnes âmes ayant pris soin de combler immédiatement et au-delà le vide qui s'y produisait.

Le ministre, à l'occasion des manifestations collectives des prêtres du diocèse de Cambrai, soumit au Conseil d'Etat la question qui, à ses yeux, n'était cependant pas douteuse, de savoir si ces manifestations tombaient sous l'application de la loi de germinal, comme les délibérations et les résolutions communes prises par les évêques sans la permission expresse du Gouvernement.

Le 12 juin, la Chambre des Députés adopta l'ordre du jour suivant, proposé par M. Modeste Leroy :

« Comptant sur la fermeté du Gouvernement pour faire observer les lois, maintenir les droits de l'Etat laïque et assurer le respect de l'autorité civile, passe à l'ordre du jour. »

Ce n'est pas une question de politique religieuse, mais l'affaire des chemins de fer du Sud qui détermina la chute du cabinet Ribot. M. Léon Bour-

geois accepta la mission de former un nouveau
ministère. On s'attendait donc à un ministère de
concentration. Du côté des modérés, M. Bourgeois
rencontra de graves difficultés. Déjà, une première
fois, dans de semblables conditions, il avait résigné
le mandat de constituer un Cabinet. Cette fois, il se
décida à suivre une politique qui s'éloignait sensiblement de celle qu'il avait si éloquemment préconisée: il devint le chef d'un Cabinet exclusivement
composé d'éléments radicaux (1). Il est vrai que le
programme de ces radicaux n'était radical que pour
les questions fiscales, comprenant l'impôt progressif
sur les successions et l'impôt général sur le revenu;
il ne demandait ni la révision ni la séparation de
l'Eglise et de l'Etat, et promettait seulement un
projet de loi sur les associations. En somme, on
pouvait soutenir que le président du Conseil du
1er décembre 1895 restait d'accord avec l'orateur du
20 novembre 1894, M. Bourgeois ayant alors indiqué

---

1. *Présidence du Conseil et Intérieur.* Léon BOURGEOIS
Justice...................................... Louis RICARD
Affaires étrangères... .... BERTHELOT
Finances............................... DOUMER
*Instruction publique, Beaux-Arts et
    Cultes*............................ COMBES
*Commerce, Industrie, Postes et Télé-
    graphes*.......................... MESUREUR
Travaux publics............ ...... GUYOT DESSAIGNE
Agriculture.......................... VIGER
Guerre............ .... CAVAIGNAC
Marine..................... .... LOCKROY
Colonies........ .... GUYESSE

comme condition essentielle d'un Gouvernement que ses membres soient « d'accord sur un certain nombre de questions nettement délibérées avant sa constitution et résolument poursuivies pendant son existence. » Ne pouvant faire la concentration avec les personnes, le nouveau Ministère désirait cependant réaliser la concentration sur les idées et ne gouverner ni avec l'appui de la droite ni avec l'appui des socialistes.

En tout cas, il se déclarait décidé à ne vouloir *vivre que pour agir*. Si ces dispositions furent bien accueillies par la majorité de la Chambre, l'effet sur la majorité sénatoriale fut tout contraire. Pensant que les projets fiscaux du cabinet Bourgeois étaient une satisfaction donnée aux tendances socialistes et un premier pas sur une pente des plus redoutables, les chefs de cette majorité furent résolus, dès le premier jour, à créer des obstacles au nouveau Cabinet. Les groupes ne tardèrent pas à adopter pleinement cette attitude de défiance et d'hostilité.

Le Sénat a fait du remplacement d'un juge d'instruction, de ce qui, en temps ordinaire, aurait fait l'objet d'une simple question, une affaire d'Etat. Puis il a considéré, contrairement à la Constitution, que le Cabinet, blâmé par la majorité du Sénat, détenait inconstitutionnellement le pouvoir. Il était dans les attributions de l'assemblée de donner ou de refuser les crédits demandés par le gouvernement pour les soldats de l'expédition de Madagascar; mais c'était là un terrain bien étrangement choisi pour porter le dernier coup à un Cabinet qui déplaisait. Au lendemain de la démission du ministère Bourgeois, les crédits étaient votés.

Allait-on revenir à la politique de concentration ? On pouvait le croire. M. Sarrien avait été appelé à former un Cabinet ; il échoua dans cette entreprise, et M. Méline lui succéda. La situation qu'avait eue M. Bourgeois se présenta pour M. Méline en sens inverse : il voulut d'abord constituer un ministère de conciliation en y faisant une part aux républicains avancés ; leur concours lui fit défaut, et il se décida alors pour un ministère homogène modéré. Le 30 avril, ce Cabinet était formé (1).

Quel accueil lui ferait la Chambre, qui jusqu'au bout avait conservé sa confiance au ministère Bourgeois ? Le conflit politique entre la Chambre et le Sénat allait-il devenir tout à fait aigu et amener une crise constitutionnelle ? Un certain nombre de ré-

1. Présidence du Conseil et Agriculture...................... MÉLINE
Justice...... .... DARLAN
Affaires étrangères.................... HANOTAUX
Intérieur........................... BARTHOU
Finances........................... COCHERY
Guerre........................... Général BILLOT
Marine........................... Amiral BESNARD
Colonies........................... André LEBON
Instruction publique, Beaux-Arts et Cultes...................... RAMBAUD
Commerce, Industrie, Postes et Télégraphes...................... Henry BOUCHER
Travaux publics...................... TURREL

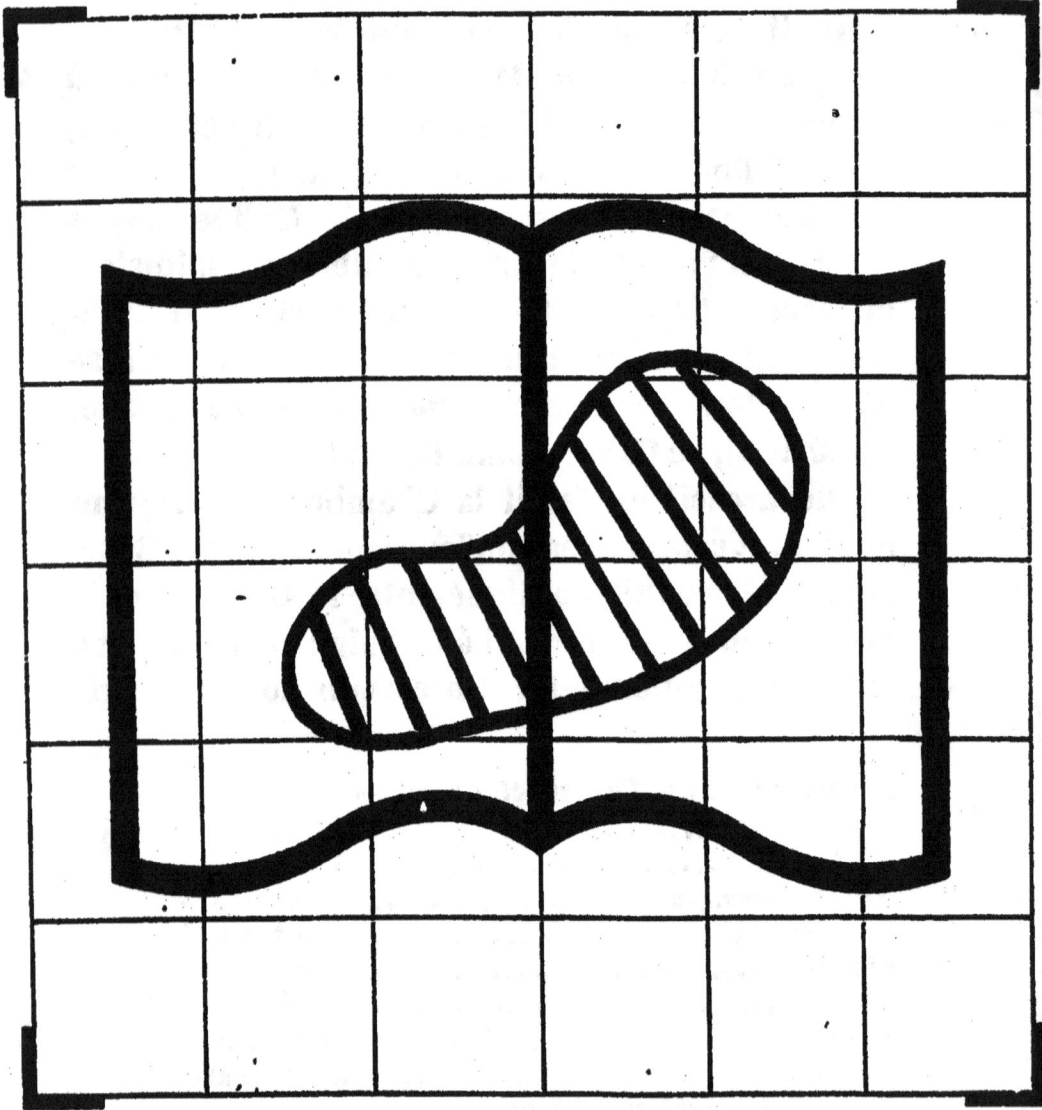

publicains qui avaient soutenu le ministère Bourgeois étaient cependant d'avis qu'il fallait chercher
à éviter autant que possible de si dangereuses ex-
trémités. Ils ne voulaient pas se rendre à leur tour
coupables de parti pris et condamner le ministère
Méline sans avoir pu le juger d'après ses œuvres.

Nous écrivions à cette époque (1) :

« Il y avait de bonnes raisons pour ne pas perpétuer le conflit, pour accepter une trêve et ne pas renverser, avant qu'il eût rien fait, un ministère, de
minorité sans doute, mais composé d'hommes conciliants et dont les déclarations étaient franchement
progressistes... La concentration n'est pas une question de personnes ; c'est une question de conduite
politique. Un ministère radical, en prenant l'engagement de faire aboutir un programe minimum de
réformes, peut faire une politique de concentration.
Un ministère modéré, en ne consentant aucune concession aux droites et en poursuivant résolument
un programme réformateur, tel que celui du cabinet Méline, fera la même politique, la vraie politique républicaine. Pourquoi ne la suivrait-on pas en
faisant le sacrifice de ses préférences personnelles ?
Il me semble que c'est ce que le pays désire. »

Le nouveau Ministère put supporter le premier
choc. Interpellé le jour même, sur sa formation « en
dehors de la majorité du 23 avril qui s'était affirmée pour la défense des droits du suffrage universel », il accepta la discussion immédiate et une ma-

_____

1. Article paru dans plusieurs journaux du Nord, et que le
Temps du 17 mai reproduisit en partie en le commentant,
sous le titre : *Paroles significatives.*

jorité de 84 voix approuva ses déclarations. Il devait évidemment passer par ce vice originel de se maintenir grâce à l'appoint d'un certain nombre de voix de droite, et cette condition d'existence devait être particulièrement pénible pour M. Barthou, ministre de l'Intérieur, qui quelques jours auparavant, comme rédacteur du *Matin*, avait déclaré avec une grande clarté et une grande énergie qu'un Cabinet républicain ne pouvait se résigner à gouverner avec le concours de M. le baron de Mackau et de ses amis. Mais ce *postulatum* concédé, que dans les premiers temps et dans le but d'éviter soit une dissolution, soit une action plus ou moins violente contre le Sénat, il ne fallait pas scruter avec une trop grande rigueur les éléments de la majorité qui faisait confiance au nouveau Cabinet, le ministère Méline saurait-il se dégager des conséquences probables d'une telle compromission ou se laisserait-il engrener dans une politique de résistance et de réaction? Tel était le problème qui s'imposait à lui: conquérir une majorité de républicains par des actes conformes à ses déclarations, ou bien se maintenir, vivre sans agir, en ayant comme support une majorité hétérogène de républicains, de ralliés et de droitiers.

A droite, on n'était pas exigeant. Il était clair que les réactionnaires et les cléricaux ne demanderaient pas au Gouvernement d'exécuter leur programme à eux; ils se contenteraient de l'empêcher d'exécuter le sien. Ils visaient uniquement les prochaines élections générales. C'était tout profit pour eux de constater devant le suffrage universel la division et l'impuissance du parti républicain et d'apparaître eux-mêmes comme des sages et des patriotes qui, au lieu de créer des embarras au Gouvernement, étaient venus à son aide et méritaient ainsi d'être considérés comme ses plus solides appuis et ses meilleurs amis. C'est seulement après un succès électoral facilité par la neutralité bienveillante ou même le concours de l'administration, qu'ils réaliseraient les bénéfices de la situation, produiraient leurs revendications, montreraient leurs exigences.

M. Mathieu, nommé archevêque de Toulouse par le gouvernement de M. Méline, malgré une manifestation oratoire du mois de janvier, laquelle ne témoignait pas d'un grand respect pour les institutions républicaines, se livra à un second écart, avant de quitter le diocèse d'Angers, en prononçant une allocution, comme un évêque aurait pu le faire sous un roi ou sous un empereur, à l'occasion de la première communion du duc de Montpensier, le plus jeune fils du comte de Paris. Ce discours fit du bruit et M. Mathieu, maniant finement l'ironie dans une lettre que publia le *Journal des Débats*, affirma qu'il avait cru rendre service à la République en montrant, dans une région où elle est encore contestée, qu'elle n'interdisait pas la courtoisie même envers les princes et les princesses. M. Gustave Rivet questionna à ce sujet M. Rambaud, qui fit un grand éloge de M. Mathieu. La question ayant été transformée en interpellation,

M. le président du Conseil déclara qu'il n'y avait eu à Angers aucune manifestation politique, sans quoi le Gouvernement aurait sévi comme il sévirait toutes les fois qu'il le faudrait. L'ordre du jour pur et simple, accepté par le Gouvernement, fut voté avec 54 voix de majorité.

L'opposition ne fut pas plus heureuse dans les interpellations qui suivirent, et cependant celle dont M. Mirman prit la responsabilité et qui visait la dissolution de l'Association des maîtres répétiteurs pouvait paraître dangereuse pour le nouveau Cabinet, en montrant en face de la rigueur déployée contre une Association plutôt protégée et encouragée que tolérée par les gouvernements précédents, l'entière liberté laissée au clergé à l'occasion des fêtes du centenaire de Clovis et des congrès ecclésiastiques de Reims. Les membres du Cabinet répondirent, comme cela arrive trop souvent, plutôt par des exagérations ou des atténuations des faits et par des arguments personnels que par des raisons de fond. M. Darlan lut un article de M. Mirman, dans lequel ce député soutenait qu'il fallait laisser toute latitude aux congressistes de Reims. Cela prouvait que M. Mirman était partisan de la liberté en tout et pour tous et qu'il avait, à ce point de vue, raison de blâmer les mesures prises contre les maîtres répétiteurs. Mais cela prouvait-il que ne montrant aucune tolérance pour certains fonctionnaires, il était permis d'avoir à l'égard des membres du clergé une attitude toute opposée.

Cette discussion eut lieu le 12 novembre 1896. M. Léon Bourgeois y intervint et termina ainsi son discours :

Je ne puis croire, pour ma part, que ce que vous appelez la réponse faite par avance à mes questions suffise pour rassurer ceux qui, de ce côté (*l'orateur désigne la gauche*) de la Chambre tout au moins, ont la volonté très certaine de s'opposer nettement, par tous les moyens légaux, aux empiétements incessants et progressifs du cléricalisme. (*Applaudissements à l'extrême gauche et sur divers bancs à gauche.*)

Je sais que votre situation est délicate, monsieur le garde des Sceaux ; je sais qu'il vous est très difficile peut-être de prononcer certaines paroles ou de faire certains actes décisifs ; je sais que votre situation parlementaire vous rend la tâche mal agréable. Eh bien, faites un effort de vieux républicain et peut-être trouverez-vous alors que la tâche est plus facile que vous ne le pensez.(*Applaudissements répétés à l'extrême gauche et sur divers bancs à gauche.*)

M. Méline répondit et s'attacha à une distinction entre les associations que l'on ne pouvait maintenir et les réunions qu'on était obligé de supporter ; il s'attacha à faire voir que le langage tenu dans les réunions qui avaient eu lieu quand ses prédécesseurs exerçaient le pouvoir, avait été plus répréhensible encore et que le Gouvernement n'avait pu agir.

« Tout ce qu'on peut demander au Gouvernement, dit-il, c'est de faire observer la loi ; quand un prêtre attaque le Gouvernement ou les lois du pays, qu'on le frappe, soit. Cela, nous l'avons fait ; parce que nous n'hésiterons jamais à imposer à tous le respect des lois de l'État.

« Sur ce point, notre doctrine est la même que celle de tous les Gouvernements, et vous n'avez aucune faiblesse à nous reprocher. Nous ne sommes pas plus cléricaux que vous; pas plus que vous nous ne favoriserons le clergé. Nous n'avons pas besoin de défendre ici la suprématie de l'État contre celle de l'Église. Qui oserait hésiter sur une pareille question aujourd'hui! La seule chose que nous ne voulions pas, — et c'est cela au fond que vous nous reprochez, — c'est de déclarer la guerre à l'idée religieuse. (*Applaudissements au centre, à droite et sur plusieurs bancs à gauche.*)

« J'en ai dit assez pour que vous puissiez maintenant vous prononcer en connaissance de cause et juger notre politique. Nous vous l'avons dit bien souvent : Nous sommes des républicains; nous pratiquons une politique républicaine, et nous défions qui que ce soit de prouver que nous avons manqué à nos engagements. Nous avons accepté le pouvoir comme un devoir, nous remplissons ce devoir en conscience; nous avons la conviction que notre politique est conforme aux intérêts du pays, qu'elle répond à ses vœux, et c'est pour cela que nous ne voulons pas, que nous ne pouvons pas en faire d'autre. (*Vifs applaudissements au centre, à droite et sur plusieurs bancs à gauche.*)

M. Isambert proposa un ordre du jour ainsi conçu :

« La Chambre, résolue à reprendre, par une politique exclusivement républicaine, la défense des droits de l'État actuellement méconnus, passe à l'ordre du jour. »

La priorité en faveur de l'ordre du jour Isambert

a été rejetée par 307 voix contre 229 (1), et l'ordre du jour suivant de MM. Jules Legrand, Poincaré, Lavertujon et Develle : « La Chambre, approuvant les déclarations du Gouvernement et comptant sur sa fermeté pour faire respecter les droits de l'État, passe à l'ordre du jour, » fut voté par 306 voix contre 214.

1. Voici les noms des 307 députés qui ont voté contre la priorité de l'ordre du jour Isambert :

MM. Adam (Achille). Allières (d'). Alicot. Alsace (comte d'), prince d'Hénin, Amodru, Arenberg (prince d'), Arène (Emmanuel), Armez. Audiffred. Aynard (Édouard).

Babaud-Lacroze. Balsan. Bansard des Bois. Baron. Barthou. Bastid (Adrien). Batiot (Georges). Baudry d'Asson (de). | Berdóly. Berger (Georges). Berne-Lagarde (de). Bernis (comte de). Berry (Georges). Berthet. Bertrand. Bischoffsheim. Blanc (Edmond) (Hautes-Pyrénées). Blanc (Henri) (Haute-Loire). Bory. Boucher (Henry). Boudenoot. Bouge. Bougère. Bourcy. Bourgeois (Paul) (Vendée). Bourgoin. Bourlier. Bourrillon. Bozérian. Brice (Jules) (Meurthe-et-Moselle). Brice (René) (Ille-et-Vilaine). Brincard. Brindeau. Broglie (prince de). Brune.

Carnot (Ernest). Carquet. Cassou. Castillard. Charles Dupuy. Charles Roux. Charmes (Francis). Charruyer. Chaudey. Chaulin-Servinière. Chavoix. Chevallier (Émile). Christople (Albert). Cibiel. Claiment (Clément). Clédou. Coache. Cochery (Georges). Cochin (Denys) (Seine). Cochin (Henry) (Nord). Coget. Constant. Cosmao-Dumenez, Cot. Couchard. Coudreuse. Cousin (Élie).

Dansette (Jules). Darlan. Dejean. Delafosse (Jules). Delaunay. Delombre (Paul). Deloncle (François). Delpeuch. Deluns-Montaud. Demalvilain. Demarçay (baron). Denis. Deschanel (Paul). Descubes. Deshayes. Desjardins (Jules). Develle (Jules). Disleau. Dorian. Drake (Jacques). Du Bodan. Dubois (Victor) (de Dreux). Dubost (Antonin). Ducos, Dufaure (Gabriel). Dulau (Constant). Dunaime. Dupuy-Dutemps. Dussaussoy. Duval. Duvau (Jules).

Elva (comte d'). Escanyé. Etienne.

Au début de l'année 1897 devait avoir lieu le renouvellement triennal d'un tiers du Sénat. Cet enjeu important justifiait l'activité des partis. Les radicaux menaient campagne avec MM. Bourgeois et Doumer comme chefs et pour plate-forme la réforme constitutionnelle, la lutte contre la réaction cléricale

Fanien (Achille). Farjon (Adrien). Ferry (Charles). Firino. Flandin. Fleury-Ravarin. Folleville (de) (de Bimorel). Fould (Achille). Fouquet (Camille). François.

Gaillard (Jules). Galpin (Gaston). Gamard. Gasnier. Gautier (René). Gavini (Antoine). Gellé. Gérard (baron). Gervais (Jules). Gévelot. Girard. Goirand. Gonidec de Traissan (comte le). Gotteron. Goujon (Julien) (Seine-Inférieure). Goujon (Théophile) (Gironde). Grandmaison (le). Graux (Georges). Gruet (Charles). Guérin (lieutenant-colonel). Guignard. Guillemin.

Hainsselin. Halgouet (lieutenant-colonel du). Harriague Saint-Martin. Hémon. Henrion. Hugues (comte d') (Basses-Alpes. Hugues (François) (Aisne).

Jacquemin. Jonnart. Jouart. Juigné (de). Jules Jaluzot. Jumel.

Kergariou (de). Kerjégu (J. de). Krantz (Camille).

Labarthe. La Batut (de). La Bourdonnaye (vicomte de). La Ferronnays (marquis de). Laniel (Henri). Lanjuinais (comte de). Lannes de Montebello. La Noue (vicomte de). Largentrye (Rioust de). La Rochefoucauld, duc de Doudeauville. La Rochejaquelin (marquis de). Laroche-Joubert. Laroze. Lascombes. Lasserre (Maurice). Lasteyrie (de). Laurençon. Lavertujon (Henri). Laville. Lebaudy (Paul). Lebon (André) (Deux-Sèvres). Lebon (Maurice) (Seine-Inférieure). Le Borgne. Lebret. Le Cerf. Lechevallier. Le Coupanec. Le Gavrian. Léglise. Legrand (Arthur) (Manche). Legrand (Jules) (Basses-Pyrénées). Le Maré. Lemercier (comte). Lemire (Nord). Le Moigne (Côtes-d'Or). Le Moigne (Manche). Le Myre de Vilers. Leroy (Arthur) (Côtes-d'Or). Leleurtre. Le Troadec. Leret (Georges). Lévis-Mirepoix (comte de). Leygues (Georges) (Lot-et-Garonne). Loriot. Lorois (Emile). Loyer.

Mackau (baron de). Mahy (de). Malaussena. Marchegay

et l'impôt sur le revenu. Ils furent tout à coup, à la veille des élections sénatoriales, privés de l'énergique action de M. Doumer, qui se multipliait et, devant des assemblées populaires, au quatre coins de la France, soutenait son projet, le plus souvent avec succès. Ce n'est pas sans surprise qu'on apprit

Marcillat. Marfan. Marmottan. Martinon. Marty. Maurice-Binder. Méline. Mercier (Jules) (Haute-Savoie). Mézières. Michou (Nord). Michou (Aube). Millliou (Louis). Milochau. Montalembert (comte de). Montfort (vicomte de). Morel. Morillot (Léon). Moroux. Mougin. Moustier (marquis de). Mun (comte Albert de).

Noël.

Obissier Saint-Martin. Oriol. Ornano (Cunéo d'). Orsat (Léon). Ouvré.

Papelier. Passy (Louis). Paulmier. Périer de Lorsan (comte du) (Gironde). Perrier (Antoine) (Savoie). Perrin Plichon Poincaré (Raymond). Pontbriard (du Breil, comté de). Porteu (Armand). Pourteyron. Prax-Paris. Prud'homme-Havette.

Quintaa.

Ramel (de). Rauline. Raynal. Réal. Regnault. Reille (baron). Reille (baron André). Reinach (Joseph). Rémusat (Pierre de). Renault-Morlière. Ribot. Riotteau. Roch. Roche (Jules) (Savoie). Rohan (duc de). Rose. Rouvier. Rouvre (Bourlon de). Ronzaud. Royer. Rozet (Albin).

Saint-Martin (de). Saint-Quentin (comte de). Sarrazin. Saumande. Sauzet (Marc). Schneider (Henri). Sentenac. Serph (Gusman). Sibille. Sicard. Siegfried. Simon (Amaury). Sirot-Mallez. Soland (de). Sonnery-Martin. Surchamp.

Tailliandier. Tardif. Theuller. Thierry-Delanoue. Thomson. Thonion. Thonnard-du-Temple. Thoulouze. Trannoy. Trélat. Treveneuc (comte de). Trouillot (Georges). Turrel (Adolphe).

Vacher. Vichot. Vidal de Saint-Urbain. Viellard (Armand). Villain. Villiers. Viox (Camille). Vozell. Vogüé (vicomte E. Melchior de).

Well-Mallez. Wignacourt (comte de). Will (Conrad de).

sa nomination de gouverneur général de l'Indo-Chine. Le député de l'Yonne abandonnait son siège et, aux yeux de son parti, semblait déserter son poste de combat, au premier rang, et cela en pleine campagne, lorsque la bataille allait se livrer. On n'osa guère blâmer, les uns par amitié personnelle pour le nouveau gouverneur général, les autres, parce qu'ils voulaient suivre en tout le Cabinet et qu'il était difficile de condamner le fonctionnaire sans envelopper dans la même condamnation le Gouvernement qui le nommait. On expliqua tout par un acte de dévouement, d'une part, et de l'autre, par la conviction que l'intelligence et l'activité de M. Doumer rendraient d'importants services au pays dans son empire indo-chinois.

Malgré ce départ, ou cette défection, comme on voudra l'appeler, les élections sénatoriales fournirent une indication qui se trouva favorable au parti républicain avancé. Il triompha, en effet, dans les élections complémentaires, avec M. Leydet, dans les Bouches-du-Rhône, M. Piot, dans la Côte-d'Or, M. Signard, dans la Haute-Saône, M. Laubry, dans l'Yonne.

Pour la série renouvelable, la note fut généralement progressiste, et les sénateurs sortants ont si bien compris que leurs électeurs voulaient l'union entre les républicains que spontanément ils ont fait cette union. Dans beaucoup de départements, c'est l'ancienne doctrine de la concentration qui a été consacrée par le scrutin; c'est ce qui a eu lieu

dans la Gironde, l'Indre-et-Loire, le Loir-et-Cher, la
Haute-Loire, la Lozère, la Haute-Marne, le Nord.

M. Constans ne fut pas proclamé élu à Toulouse ;
M. de Rémusat, qui vint à décéder quelque temps
après, le fut à sa place. Le Sénat décida qu'il y avait
des erreurs matérielles à rectifier et déclara M. Constans valablement élu. Qu'on l'aime ou le haïsse,
qu'on le méprise ou l'honore, on ne peut méconnaître qu'il soit une personnalité éminente. Le Sénat a
failli le nommer son président, et il peut jouer dans
cette assemblée un rôle des plus utiles par son as-
cendant sur certains esprits timorés. Il est sur bien
des questions résolument progressiste et radical ;
on l'a bien vu lors de la discussion sur sa proposition relative à l'instruction criminelle, qu'il a
réussi à faire aboutir.

Le débat entre le Cabinet et l'opposition était toujours confiné sur ce point : pourquoi le Gouvernement obtient-il les suffrages de la droite ? Celle-ci
disait : Je suis bien libre de voter avec le Gouvernement, et, de son côté, celui-ci de prétendre qu'il
ne fait rien pour garder les voix de droite et de
mettre au défi les radicaux d'indiquer avec quelque
précision les gages qu'il donnait à la réaction.

Le déplacement de M. Vel-Durand, préfet du Nord,
quelques jours après le succès électoral des sénateurs républicains, apparut bien comme un de ces
rares gages qui font patienter la réaction cléricale,
en attendant le grand avantage qu'elle compte retirer
de l'appui ou de la neutralité bienveillante du Cabi-

net aux prochaines élections générales législatives.

Le 19 janvier, M. Maxime Lecomte posa à ce sujet une question au ministre de l'Intérieur. Il montra que le *Figaro* du 1er janvier sommait M. Barthou de sacrifier le préfet du Nord et que, le 8, il était satisfait à cette sommation.

Il précisa son argumentation de la manière suivante :

« A cet instant même, ce jour-là, enlever cet administrateur à ce département, c'était faire une fausse manœuvre, et, quand il s'agit d'un département de cette importance, toute fausse manœuvre a sa gravité.

« Je dis à M. le ministre de l'Intérieur : Vous deviez prévoir l'effet qui devait suivre la mesure que vous avez prise, vous deviez en calculer les conséquences; vous avez manqué de prévoyance.

« Je ne puis penser un seul instant qu'ayant prévu, vous ayez passé outre, car alors vous auriez apporté un démenti formel à votre programme, à vos déclarations.

« Votre programme, en effet, c'est celui de la concentration républicaine, non pas la concentration des personnes qui peut, aux yeux de beaucoup, avoir une très minime importance, mais la concentration sur les doctrines, sur les idées, sur les choses elles-mêmes.

« Dans le Nord, nous avons fait les deux. Nous avons fait la concentration sur les doctrines, comme nous avons fait la concentration des personnes, et, je le répète, nous sommes arrivés à ce résultat magnifique : l'écrasement des partis extrêmes et l'union complète des républicains de toute nuance; de sorte que, lorsque j'ai dit tout à l'heure que les partis hos-

tiles étaient dans le plus complet désarroi, j'étais
absolument dans le vrai. Au lendemain de notre
victoire, il y a eu des récriminations. Les uns
disaient : c'est votre faute; les autres : mais non,
c'est la vôtre. Et on arrivait dans ce parti à l'heure du
désespoir où on passe des aveux. Tenez, voilà ce que
dit l'organe du parti réactionnaire, la *Dépêche-Nou-
velliste* :

« Nous avons su ce que nous faisions lorsque nous
« sommes allés loyalement aux modérés de gauche
« en leur offrant notre concours pour la défense
« des libertés publiques. Ces alliances, nous sommes
« tout disposés à les recommencer, quand on voudra,
« et avec tout le désintéressement qu'on exigera des
« nôtres. »

« Mais, en même temps, nous continuerons notre
« route, poursuivant notre but avec des alliés, si
« possible, tout seuls, si nous y sommes obligés.
« Nous n'abdiquerons rien de nos espérances et rien
« de nos convictions. »

« Tout cela est très bien, mais dans le même
article, il y a un aveu sur lequel je suis obligé d'appeler votre attention, c'est que si les collectivistes
ont eu un pied dans le département du Nord et un
pied dans Lille, c'est précisément grâce aux réactionnaires et grâce à ces gens qui s'appellent aujour-
d'hui hommes de Gouvernement et qui veulent
marcher la main dans la main avec ceux qu'on appellent des républicains libéraux. (*Mouvement.*)
Au lendemain de la défaite qu'ils ont éprouvée et
lorsqu'ils croyaient que tout était perdu, je le répète,
à ce moment de désespoir, ils reconnaissent la mauvaise action qu'ils ont commise :

« Nous avons su ce que nous faisions quand, pour
« protester contre les événements de Fourmies, nous
« condamnions le candidat de MM. Vel-Durand et

« Constans, et que nous facilitions la libération d'un
« homme aussi peu sympathique que possible, mais
« qui n'était point responsable du sang versé, grâce
« à la maladresse de l'administration opportuniste. »

« Savez-vous, messieurs, de qui il s'agit ? Il s'agit
d'un homme qui, momentanément, a été député du
Nord ; qu'on est allé chercher en prison ; qui avait
été condamné par un jury, précisément parce qu'il
avait été la cause de ce qui s'était passé à Fourmies,
M. Lafargue. Il a été élu, grâce à l'appui de ceux qui
nous reprochent d'avoir des tendances socialistes.

« Donc, vous changez le préfet et la déroute est
arrêtée. Ces gens qui étaient en complet désarroi,
qui récriminaient les uns contre les autres et faisaient les aveux que je viens de vous lire, repren-
nent courage.

« C'est au contraire aux républicains à se dire :
Mais c'est donc que nos électeurs sénatoriaux ont
eu tort, que nos élus sont des ennemis du Gouvernement ? C'est donc qu'il ne suffit pas d'être républicain sans épithète et partisan de la stabilité gouvernementale ? Il faut encore quelque chose de plus :
il faut être décidé à donner satisfaction à certains partis ? »

M. Ranc, dans le *Paris*, dévoile certains dessous
de l'affaire qui auraient pu être traités si la Chambre
avait été saisie d'une interpellation sur la politique
générale ou si la question posée au Sénat avait été
transformée en interpellation.

« M. Barthou, écrivait M. Ranc, accuse l'ex-pré-
fet du Nord d'avoir montré trop de tendresse pour
les radicaux. Mais vraiment comment devaient se
manifester ces sentiments de M. Vel-Durand ? Sans

doute par un succès électoral pour les radicaux alliés des socialistes, alliés eux-mêmes des collectivistes ? En aucune façon. La liste sénatoriale radicale-socialiste a à peine figuré dans le scrutin et c'est une liste d'union républicaine, la liste des sénateurs sortants, qui a été élue à une énorme majorité, battant de plus de trois cents voix les réactionnaires.

« Quel est donc le crime de M. Vel-Durand ? Ce n'est un mystère pour personne à Lille, et nous l'avons déjà indiqué à nos lecteurs.

« Le Gouvernement avait souhaité qu'on opposât à la liste d'union, de concentration à gauche, une liste de concentration à droite où aurait figuré, à côté de quelques républicains infiniment modérés, la fine fleur des conservateurs. M. Vel-Durand a rendu à M. Méline et à M. Barthou le grand service de ne pas favoriser cette combinaison, car cette liste perfide aurait été honteusement battue et le ministère compromis. Voilà de quoi l'on punit M. Vel-Durand. C'est de l'ingratitude.

« La combinaison, d'ailleurs, a échoué, et la liste n'a pas vu le jour parce qu'on a pas trouvé de républicains, même infiniment modérés, voulant couvrir de leur pavillon une vilaine marchandise.

« On avait songé à M. Cambon, gouverneur de l'Algérie. On aurait eu ce spectacle piquant de voir M. Cambon tête de liste conservatrice : le même M. Cambon qui, en Algérie, appuie de toute son influence les candidats radicaux-socialistes. M. Cambon est venu à Lille, mais sentant que le terrain n'était pas bon, il a rapidement filé. Comme chacun en ce moment cherche à tirer son épingle du jeu, M. Cambon raconte à qui veut l'entendre qu'il a été envoyé à Lille par M. Méline et M. Barthou. Ceux-ci affirment que M. Cambon, brûlant d'être sénateur, aurait fait spontanément le voyage. Où on est d'ac-

cord, c'est sur ce point : que le Gouvernement aurait
été enchanté que M. Cambon risquât l'aventure et
menât la bataille contre MM. Trystram, Maxime
Lecomte, Géry Legrand et leurs amis, candidats du
parti républicain tout entier.

« Quelques-unes des déclarations de M. Barthou
sur la politique générale du Cabinet sont excel-
lentes. Malheureusement elles sont en contradiction
avec les faits, avec ce qui s'est passé à Lille. »

A la Chambre des Députés, c'est de l'élection de
l'abbé Gayraud, à Brest, qu'on eut à s'occuper, le
4 mars et le 6 juillet.

M. l'abbé Gayraud avait pour adversaire un monarchiste, le comte de Blois, et fut le candidat des
directions pontificales. Le clergé de cette circonscription avait refusé toute autre désignation de candidat et mis en œuvre pour faire triompher sa cause
tous les moyens dont il a, paraît-il, l'habitude d'u-
ser en pareille occurence ; mais il le fit avec un tel
entrain et on peut dire une telle audace que la
Chambre des Députés n'hésita pas à ordonner une
enquête, puis à prononcer l'invalidation. M. l'abbé
Gayraud fut réélu, résultat qui n'avait, d'ailleurs,
rien d'inattendu. Au cours des discussions qui
eurent lieu, la Chambre apprit sur les agissements
du clergé en général, et spécialement du clergé
breton, bien des choses qui furent pour elle comme
une révélation et dont il lui sera sans doute permis
de tirer profit.

Le 4 mars, M. Louis Hémon, député du Finistère,
prononça un discours dont la Chambre ordonna

27

l'affichage. Cette mesure exceptionnelle était de
tous points justifiée. Mais elle fut loin d'être agréable à tous, parce qu'elle contrariait des tendances et
pouvait nuire à des combinaisons.

Dans sa chronique de la *Revue des Deux-Mondes*,
M. Francis Charmes écrivait :

« M. Hémon, qui appartient au parti modéré,
homme de mérite et de talent, mais qui, égaré sans
doute par des passions et des intérêts locaux, avait
pris la part principale dans la discussion de l'élection et dans la préparation du vote qui l'a terminée...
a prononcé un discours qui a produit un tel effet
sur la Chambre qu'elle en a voté l'affichage, détermination très rare de sa part et que, pour des motifs
d'ailleurs divers, quelques-uns de ceux qui l'ont
prise, cette fois, l'ont regretté le lendemain. »

Le 6 juillet, M. le président du Conseil, amené à
la tribune par le discours de M. Rabier, rapporteur,
fit des déclarations importantes et exprima le vœu
qu'il n'y ait *pas trop de candidats du clergé dans
nos élections*.

La doctrine du Gouvernement fut rappelée dans
une lettre que M. Darlan, garde des Sceaux, adressa,
le 31 juillet, à l'évêque de Quimper :

« Monsieur l'évêque,
« Les discussions auxquelles a donné lieu devant
la Chambre des Députés l'élection de l'abbé Gayraud
dans la 3e circonscription de Brest ont mis en lumière les agissements regrettables de certains
membres du clergé de cette circonscription.
« A l'heure où une nouvelle période électorale va

s'ouvrir dans la même circonscription, je crois devoir appeler d'une façon toute particulière votre attention sur la nécessité de prévenir le renouvellement des actes de pression qui ont été signalés par l'enquête parlementaire, et qui ont amené l'invalidation de l'élection de M. l'abbé Gayraud.

« Ainsi que l'a déclaré à la Chambre M. le président du Conseil dans la séance du 6 juillet dernier, le Gouvernement est loin de dénier au prêtres les droits qu'ils ont à l'égal de tous citoyens français :

« Ils peuvent voter librement, comme ils l'entendent et exercer autour d'eux l'action personnelle que tous les citoyens ont le droit d'exercer ; mais ce qui leur est absolument interdit, c'est de se servir de leurs fonctions et d'abuser de leur ministère pour peser sur le corps électoral ; ce qui leur est interdit surtout, c'est de cesser d'être des individualités pour se réclamer des droits de la collectivité. Ils n'ont pas le droit, en tant que clergé, en tant qu'Eglise, de faire invasion dans les choses de la politique.

« Ces paroles rappellent des principes et précisent une règle dont le Gouvernement entend assurer le respect et que je vous prie de rappeler au clergé de la troisième circonscription de Brest, en l'invitant à s'y conformer.

« Je me plais à espérer que votre voix sera entendue, votre autorité respectée, et que je ne serai point contraint de sévir contre des prêtres dont l'intervention abusive serait établie.

« Recevez, monsieur l'évêque, etc. »

Ce qu'on peut appeler la *question cléricale* fut traité à fond devant le Sénat, dans les séances des 2 et 3 avril. Il faut constater que le Gouvernement se déroba. Le président du Conseil se borna à de vagues déclarations et attesta à nouveau devant ses amis son passé de vieux républicain, sûr garant de la persistance de ses convictions et de la fermeté de sa politique. Quant à M. le garde des Sceaux, il répondit à l'interpellateur, M. Joseph Fabre, par des arguments *ad hominem*, qu'on a pu qualifier de « personnalités d'un goût douteux et de nulle portée ». Le discours si complet, si élevé et si véritablement éloquent de M. Fabre méritait véritablement une réponse plus approfondie et plus sérieuse. L'interpellateur voulait savoir quelles mesures le Gouvernement avait prises ou comptait prendre en présence des menées cléricales et des directions pontificales. Après le discours de M. Maxime Lecomte (1), le Sénat apprit que M. le président de la République remettrait prochainement la barrette cardinalice à Mgr l'archevêque de Lyon, lequel, à plusieurs reprises, avait encouru les rigueurs des lois concordataires.

M. Joseph Fabre proposa l'ordre du jour suivant :

« Le Sénat, confirmant les ordres du jour antérieurs et prenant acte des déclarations du Gouvernement, l'invite à n'admettre aucune ingérence étrangère dans la politique intérieure de la France et à appliquer avec vigilance et fermeté toutes les lois qui protègent la société civile contre les empiétements des autorités ecclésiastiques. »

1. Voir ce discours, d'après le compte-rendu officiel, pièce annexe C. — A signaler, dans la séance du 3 avril, le discours de M. Bernard Lavergne.

Il fut repoussé par 192 voix contre 72 (1).

L'ordre du jour de MM. Léopold Faye, Demôle et Franck-Chauveau, ainsi conçu :

« Le Sénat, persistant dans ses votes antérieurs, réprouve une fois de plus toute ingérence du clergé dans le domaine de la politique, et, approuvant les déclarations du Gouvernement, et confiant dans sa fermeté pour défendre les droits de la société civile, passe à l'ordre du jour. »

fut voté, la première partie par 235 voix contre 25, et la seconde, par 174 contre 89.

1. Ont voté pour : MM. Abeille (Valentin). Allègre. Allemand. Anglès. Aucoin.

Baduel. Barodet. Bastide (Jules). Bayol. Belle. Bernard. Berthelot. Bézine. Bizot de Fonteny. Bonnefoy-Sibour. Bruel. Brunet.

Caduc. Combes.

Darbot. Deandreis. Delcros. Dellestable. Delpech. Desmons. Destieux-Junca. Ducoudray. Dulac.

Fabre (Joseph). Fayard.

Gadaud (Antoine). Galtier. Garran de Balzan. Gauthier. Guindey.

Hamel (Ernest). Hérisson.

Isaac.

Jouffrault (Camille).

Labrousse. Laterrade. Laubry. Laurens. Lecomte (Maxime). Lefèvre (Alexandre). Leglalic. Leporché. Leydet (Victor). Lourties.

Mercier. Milliès-Lacroix. Monier.

Oudet. Ournac.

Paul Gérente. Pauliac. Pauliat. Perréal. Peytral. Prilleux. Ranc. Régismanset. Rousseau (Gervais).

Signard.

Talou (Léon). Tassin. Taulier. Treille (Alcide).

Velten. Verninac (de). Vilar (Édouard). Villard.

27.

Le 4 mai, Paris fut frappé d'épouvante par la nouvelle d'une catastrophe qui a fait plus de 100 victimes par le feu, au Bazar de la Charité, rue Jean-Goujon. La haute société parisienne était surtout frappée et cet effroyable malheur produisit dans le monde entier une émotion vive et prolongée.

S'il est malheureusement probable que de singulières défaillances de la part des hommes présents augmentèrent le nombre des victimes de l'incendie, les actes de dévouement, particulièrement du côté des ouvriers et des domestiques, furent nombreux, et du dehors de hardis sauveteurs s'élancèrent au milieu du brasier et en arrachèrent beaucoup de personnes.

Il est excessif de soutenir que nulle prudence humaine ne pouvait empêcher une catastrophe empreinte du caractère de la fatalité, qu'aucune précaution, aucune mesure de prévoyance ne pouvaient la conjurer. D'ailleurs, la justice a été saisie de cette question.

Le Gouvernement tint à s'associer à l'affliction générale et décida qu'un service funèbre serait célébré à Notre-Dame. Le président de la République, les membres du Gouvernement, les présidents de la Chambre des Députés et du Sénat assistèrent à cette cérémonie et, à la sortie de l'église, le ministre de l'Intérieur porta la parole au nom du Gouvernement.

Un autre discours, d'un caractère tout différent, avait été prononcé en chaire par le R. P. Ollivier, des frères prêcheurs (dominicains).

Les tristes circonstances dans lesquelles il était tenu firent qu'on écouta ce langage en silence. Il eut ensuite un retentissement tel qu'on peut dire qu'il fit scandale, parce qu'il avait exprimé des sentiments qui détonaient avec ceux de la foule et même de la société choisie qui l'avait entendu.

Le R. P. Ollivier était connu pour l'âpreté de sa doctrine, la fougue de sa parole et la hardiesse de ses attaques contre l'ordre de choses établi. Fut-ce préméditation de la part de ses supérieurs ecclésiastiques de lui assigner un rôle dans la cérémonie dont le Gouvernement avait pris l'initiative ? En tout cas, ce gouvernement, s'il n'avait pas eu la prévoyance banale de s'enquérir de l'orateur et de ce qu'il se proposait de dire, aurait pu, avec un peu de vigilance, prévenir l'incident ; car avant le commencement de la cérémonie on distribuait sur le parvis de Notre-Dame et aux alentours des journaux religieux contenant *in extenso* l'improvisation du dominicain.

Voici le discours du R. P. Ollivier dans ses parties essentielles :

« ... Sans doute, ô Maître souverain des hommes et des sociétés, vous avez voulu donner une leçon terrible à l'orgueil de ce siècle, où l'homme parle sans cesse de son triomphe contre vous. Vous avez retourné contre lui les conquêtes de sa science, si vaine lorsqu'elle n'est pas associée à la vôtre ; et, de la flamme qu'il prétend avoir arrachée de vos mains comme le Prométhée antique, vous avez fait l'instrument de vos représailles. Ce qui donnait l'illusion de la vie a produit l'horrible réalité de la mort, et dans le morne silence qui enveloppe Paris et la France depuis quatre jours, il semble qu'on entend l'écho de la parole biblique : « Par les morts couchés sur votre route, vous saurez que je suis le Seigneur. »

« Mais Dieu ne se plaît pas aux vengeances stériles, et c'est pour sauver qu'il flagelle, — alliant ainsi les exigences de sa gloire et celles de ses miséricordes, plus pressantes encore puisqu'il est avant tout l'éternel amour.

« C'est le propre de l'amour d'avoir des préférences, et les peuples en sont les objets aussi bien que les individus. La France le sait par toutes les prédilections qui marquent son histoire et font de ses malheurs des preuves sensibles de l'amour divin à l'égal des prospérités et des succès dont elle a été glorifiée. Fille aînée de l'Eglise du Christ, elle suit la même route que sa Mère, participant à ses épreuves, payée avec usure des services qu'elle lui rend, châtiée sans retard pour ses abandons ou ses révoltes, avec d'autant plus de sévérité qu'elle est devenue plus nécessaire à l'accomplissement du plan divin dans la conduite des peuples. Sa place est à la tête de l'humanité et non point à sa remorque ; elle y est comme l'étendard du Christ, auquel on ne saurait infliger la honte de passer au second plan, sans que la main divine ne le relève en châtiant la défaillance pour exalter le courage.

« Hélas ! de nos temps mêmes, la France a mérité ce châtiment par un nouvel abandon de ses traditions. Au lieu de marcher à la tête de la civilisation chrétienne, elle a consenti à suivre en servante ou en esclave des doctrines aussi étrangères à son génie qu'à son baptême ; elle s'est pliée à des mœurs où rien ne se reconnaissait de sa fière et généreuse nature, et son nom est devenu synonyme de folie et d'ingratitude envers Dieu. C'était le faire, hélas ! synonyme de malheur, puisque Dieu ne voulant pas l'abandonner, devait la soumettre à l'expiation.

« Il y a vingt-six ans à peine, — et les témoins de votre vengeance n'ont pas eu le temps d'oublier, — vous avez frappé la France à la tête en lui demandant pour victimes d'expiation et de propitiation les hommes de tout rang et de tout âge, et vous avez couché sur les champs de bataille d'une double guerre, soldats et prêtres, financiers et lettrés, artisans et magistrats, marins et laboureurs. Certes, c'étaient là de grandes et nobles victimes, dont le sacrifice avait sur votre justice et votre miséricorde le plus impérieux de tous les droits, celui du libre consentement ou même de la joyeuse acceptation ; car toutes allèrent à la mort comme il sied à des fils de cette vieille France où l'épée fait toujours souvenir de la Croix.

« Ainsi quand, sous les voûtes de cette basilique, habituées à vibrer de nos cris de douleur ou d'enthousiasme, nous déposions les restes sanglants de tous ces morts vénérables, autour du cercueil où dormait l'archevêque martyr, nous avions bien le droit d'espérer que votre justice était satisfaite et que votre miséricorde nous rouvrait les portes de l'avenir.

« O Dieu de nos pères, soyez béni de ne pas avoir rejeté leurs enfants et de les avoir cru capables de payer la rançon de leurs fautes, si lourde que fût la dette et si dur que doit être le paiement.

« Et pourtant, l'expiation n'était pas suffisante, et les plus pures victimes manquaient à l'holocauste ! Sans doute, elles avaient cruellement souffert dans leur âme, ces fières et douces femmes dont les pères, les fils, les époux, les frères avaient versé leur sang

pour la patrie; d'autant plus souffert qu'elles avaient
caché leurs larmes à l'heure de la séparation pour
ne pas amollir les courages, et qu'elles avaient dû,
plus tard, refouler dans leur cœur le chagrin des
pertes irréparbles, pour assurer à la génération
nouvelle la confiance dans les nouvelles destinées
de la France. Mais il semble que Dieu leur eût fait
tort en ne leur demandant que des larmes, des
prières, des leçons et des exemples. Chez nous, de
temps immémorial, les femmes ont le cœur viril, et
dans le sacrifice leur part est aussi belle que celle
de leurs fils ou de leurs époux. Aussi leur fallait-il
mettre dans la coupe un peu de leur propre sang...

« O martyres, n'oubliez pas la patrie et forcez le
Christ, roi des Francs, à rassembler dans la paix de
son règne tous ceux qu'on a essayé d'en séparer,
afin qu'il n'y ait plus à jamais qu'une France invin-
cible à tous ses ennemis, par l'unité dans la foi qui
fut la vôtre et dans les vertus dont vous nous laissez le souvenir. »

M. Brisson, président de la Chambre, qui avait dû
écouter silencieusement l'intempestive harangue
du moine, jugea qu'il était en droit de faire part à
ses collègues de ses sentiments à ce sujet, à la séance
de rentrée, après les vacances de Pâques :

« Nous adressons un souvenir aux victimes du
4 mai et le plus chaleureux hommage aux citoyens
qui ont exposé leur vie pour sauver leurs semblables (*Vifs applaudissements*). La France a reçu des
marques de sympathie du monde entier. Ces témoi-
gnages de la fraternité entre les hommes nous mettent bien loin et planent fort au-dessus de la conception d'un Dieu (*Très bien ! Très bien à gauche*),

qui, non content d'avoir frappé notre pays, il y a vingt-six ans, aurait encore pris une centaine de gracieuses femmes en ôtage de nos crimes (*Applaudissements prolongés et répétés*) et qui poursuivrait la France de sa colère jusqu'à ce qu'il l'ait forcée à rétablir chez elle l'unité d'obédience (*Nouveaux et vifs applaudissements*). Ce langage, Messieurs, ne nous troublera pas dans notre respect pour les croyances (*Très bien! Très bien!*). Le contraste aura son enseignement et ses résultats (*Très bien! Très bien!*). En se démasquant à contre-sens de l'émotion universelle... (*Applaudissements prolongés et répétés*), le fanatisme n'aura pas seulement groupé les républicains dans le combat engagé pour l'indépendance du Gouvernement des sociétés (*Applaudissements répétés*), il aura réuni dans la même révolte tous les cœurs accessibles à la pitié. » (*Acclamations et applaudissements prolongés*).

La cérémonie de Notre-Dame fut l'occasion de débats parlementaires que beaucoup regrettèrent, mais qu'il était bien difficile d'éviter après l'imprudente manifestation du R. P. Ollivier.

A la Chambre, la discussion spéciale fut suivie d'une intervention de M. Delcassé qui se plaça sur le terrain de la politique générale et vint soutenir la doctrine de la concentration.

Il proposa l'ordre du jour suivant :

« La Chambre, convaincue que seule une politique nouvelle, fondée sur l'union des républicains, peut rassurer le pays et donner satisfaction aux justes revendications du suffrage universel, passe à l'ordre du jour. »

La priorité lui fut refusée par 274 voix contre 239 et un ordre du jour approuvant les déclarations du Gouvernement fut voté par 287 voix contre 221 (1).

La question de la cérémonie de Notre-Dame se représenta, au point de vue du vote des crédits, à la Chambre, le 25 juin, et au Sénat, le 29.

A la Chambre M. Hubbard proposa le rejet pur et

1. Séance du 29 mai. Ont voté pour la priorité en faveur de l'ordre du jour Delcassé :

MM. Abel. Alasseur. Argeliès. Augé.

Bachimont. Balandreau. Baron (Bouches-du-Rhône). Bascou. Basly. Baudin (Cher). Baudon (Oise). Baulard. Bazille. Beauquier. Bepmale. Bérard (Alexandre) (Ain). Bérard (Ernest) (Rhône). Berteaux. Bizarelli. Bizot. Bizouart-Bert. Blanc (Louis) (Drôme). Boissy d'Anglas. Bonard. Bony-Cisternes. Bourgeois (J.) (Jura). Bourgeois (Léon) (Marne). Bourrat. Bovier-Lapierre. Boysset. Braud. Breton. Brunet.

Calvinhac. Carnaud. Castelin. Castillard. Caussanel. Cavaignac (Godefroy). Caze (Edmond) (Haute-Garonne). Cazes (Thierry) (Gers). César-Loiné. Chambige. Chamerlat. Chandioux. Chantelauze. Chapuis. Charonnat. Charpentier. Charruyer. Chassaing. Chautemps. Chauvière. Chauvin. Chenavaz. Chevillon. Cliché (Albert). Clapot. Cluseret. Codet. Compayré (Emile). Cornet (Lucien). Cornudet. Cousin (Elie). Coutant. Couturier. Crémieux. Cros-Bonnel.

Dauzon. David (Alban). Decker-David. Defontaine. Defumade. Dejeante. Delanne. Delarue. Delbet. Delcassé. Delmas. Denécheau. Deproge. Derveloy. Desfarges. Deville (Gabriel). Dindeau. Doumergue (Gaston) (Gard). Dron. Dubief. Dujardin-Beaumetz. Dumas (Julien). Dupon. Dutreix. Duvigneau.

Emile (Julien). Estournelles (d'). Euzière.

Faberot. Faure (Alfred). Fiquet. Forcioli. Franconie. Frébault.

Gacon. Gaussorgues (Frédéric). Gauthier (de Clagny). Gavini (Sébastien). Gendre. Genet. Genoux-Prachée. Gérault-Richard. Gerville-Réache. Gillot. Girault. Girodet. Goblet. Gou-

simple et M. Trouillot demanda une réduction de cent francs qui n'obtint que 215 suffrages contre 310.

Au Sénat, M. Maxime Lecomte reprit le système de l'amendement Trouillot. Voici en quels termes :

jat. Gourvil. Goussot. Gras. Grousset (Pascal). Guesde. Guieysse. Guillemaut. Guillemet. Guyot-Dessaigne.

Hennard. Herbet. Hubbard (Gustave). Hubert. Hugues (Clovis) (Seine). Huguet (Henri). Humbert.

Isaac. Isambard. Isambert (Gustave).

Jacques. Jaurès. Jouffray. Jourdan (Joseph) (Var). Jourdan (Louis) (Lozère). Jourde.

Labussière. Lacombe (Louis). Lacôte. Lacretelle (Henri de). Lacroix. Lagnel (Bouches-du-Rhône). Lamendin. Laporte (Gaston) (Nièvre). La Porte (de) (Deux-Sèvres). Lavy. Le Clec'h. Leconte (Alfred). Le Coupanec. Leffet. Le Hérissé. Le Moign (Côtes-du-Nord). Lesage (Cher). Le Senne. Levecque. Leveillé. Leygue (Raymond) (Haute-Garonne). Lhopiteau. Lockroy. Loup. Luce de Casabianca.

Magnien. Malzac. Mandeville. Marcel Habert. Maret (Henry). Martin (Bienvenu). Mas. Masson. Mathé (Félix). Maurice-Faure. Mercier (Joseph) (Haute-Saône). Merlou. Mesureur. Michelin. Michou (Aube). Mielvacque de Lacour. Millerand. Mirman. Montaut (Seine-et-Marne). Morlot. Mougeot.

Pajot. Pams. Paulin-Méry. Pédebidou. Pelletan (Camille). Pétrot (Albert). Philippon. Pierre-Alype. Pochon. Poupin. Pourquery de Boisserin.

Rabier (Fernand). Rigot. Rajon (Claude). Rameau. Reboulin. Renou. Ricard (Henri) (Côte-d'Or). Ricard (Louis) (Seine-Inférieure). Rivet (Gustave) Roche (Ernest) (Seine). Rolland. Rouanet. Rousse (Charles). Rubillard.

Salis. Samary. Sarrien. Sauvanet. Sembat. Sever (colonel). Souhet.

Theulier. Tiphaine. Toussaint. Trouillot (Georges). Turigny.

Vacherie. Vaillant. Vallé. Vaux (Pierre). Viger. Vigné. Ville. Villejean. Vival. Viviani

Walter. Wilson.

« M. le ministre de l'Intérieur a déclaré à la Chambre des Députés que la cérémonie de Notre-Dame n'avait pas eu un caractère officiel. Il y a là une déclaration à retenir.

« Je dois dire cependant que la masse du public ne comprend pas... (*Exclamations sur divers bancs.*)

« Elle ne comprend pas qu'une cérémonie à laquelle ont assisté le chef de l'État, les membres du Gouvernement, pour laquelle on demande des crédits aux Chambres, ne soit pas une cérémonie officielle.

« Le clergé a pensé comme le public. Le cardinal archevêque de Paris, dans une lettre qu'il a publiée, a félicité le Gouvernement, et il a constaté l'existence d'un ordre de choses nouveau. Il paraît qu'il s'est trompé.

« Il y a eu simplement des obsèques, une cérémonie pour laquelle le Gouvernement a tenu à s'associer aux deuils si nombreux et si cruels causés par une épouvantable catastrophe.

« Dans ces limites, et le caractère non officiel de la cérémonie dûment constaté, il semble que le Sénat peut voter ces crédits. Mais il reste, dans l'organisation même de cette cérémonie, un acte du Gouvernement qui, à mes yeux, a constitué une imprudence blâmable. (*Très bien sur quelques bancs à gauche.*)

« Le Gouvernement a su qu'un membre d'une congrégation non autorisée, un dominicain connu par l'exaltation de ses idées et par l'intempérance de son langage, devait prendre la parole. Sachant cela, il a imprudemment exposé le président de la République, les membres du Gouvernement eux-mêmes les républicains présents, à subir un langage blessant, révoltant pour leurs sentiments les plus chers. (*Nouvelle approbation sur les mêmes bancs*).

« Il devait prévoir cette manifestation qui tournerait contre le but qu'il avait poursuivi, but d'apaisement et d'hommage rendu à de si intéressantes victimes. Il devait savoir que la présence seule du père Olivier serait une surprise pour tous ceux qui ont le respect de la loi. Il devait, en même temps, prévoir que les paroles du moine froisseraient des âmes déjà si fortement éprouvées. Enfin il devait savoir qu'il sortirait de cette bouche une injure pour la France républicaine (*Très bien sur quelques bancs à gauche*); car, messieurs, ceux qu'anime le fanatisme religieux s'excitent par les concessions mêmes qui leur sont faites, et nous avons tous remarqué que leurs passions ne se sont jamais si violemment déchaînées que depuis qu'il est tant question d'apaisement.

« Dans ces conditions, le blâme doit être très net ; le Sénat voudra marquer de la façon la plus formelle que ce qui s'est passé ne peut pas avoir la force d'un précédent. Ce blâme peut être proposé par voie de réduction de crédit. C'est ce que je fais. En votant cette réduction, le Sénat indiquera au Cabinet actuel et à ceux qui lui succéderont combien il convient d'être circonspect dans des matières si graves et si délicates ». (*Applaudissements sur quelques bancs à gauche.*)

L'amendement fut repoussé par 175 voix contre 62.

. Pendant la session extraordinaire, le 16 novembre, le Gouvernement et ses alliés de la politique de ralliement furent mis en demeure de se prononcer pour ou contre l'enseignement de l'État aux prises avec l'enseignement congréganiste.

M. Denys Cochin, orateur de la droite, vint soutenir que l'Université subissait une crise : pour l'enseignement secondaire, les forces respectives de l'enseignement universitaire et de l'enseignement congréganiste tendraient à devenir égales; pour l'enseignement primaire, l'Université pécherait par l'insuffisance de l'enseignement moral, de sorte qu'un grand nombre de familles qui lui confiaient leurs enfants se retireraient d'elle. L'orateur alla jusqu'à porter à la tribune l'étrange thèse fondée sur des statistiques peu sûres, et d'après laquelle la criminalité, particulièrement chez les jeunes gens, serait en augmentation, grâce à l'école laïque (1).

M. Léon Bourgeois pensa qu'il y avait quelque chose à ajouter à la réfutation qu'avait essayée le ministre de l'Instruction publique et prononça un magistral discours dont la Chambre ordonna l'affichage (2).

1. On pourrait utilement rapprocher de cette discussion celle qui a eu lieu, au Sénat, sur le budget de l'instruction publique, dans les séances des 11 et 13 mars 1897; discours de MM. Le Provost de Launay, Rambaud, ministre de l'Instruction publique, Combes.

2. Ont voté contre : MM. Adam (Achille). Aillières (colonel d'). Allcot. Arenberg (prince d').

Balsan. Baron (Maine-et-Loire). Baudry d'Asson (de). Beauregard (de). Bernis (comte de). Billiais (de la). Blanc (Edmond) (Hautes-Pyrénées). Bougère. Bourgeois (Paul) (Vendée). Brincard. Broglie (prince de).

Cibiel. Cochin (Denys) (Seine). Cochin (Henry) (Nord).

Dansette (Jules). Delafosse (Jules). Derrien. Desjardins (Jules). Du Bodan. Ducos. Dufaure (Gabriel). Dussaussoy.

Elva (comte d').

Fould (Achille). Fouquet (Camille).

En voici les principaux passages :

« M. Denys Cochin oubliait une chose : c'est que la raison d'être de l'école laïque est précisément la destruction de la haine (*Très bien! très bien! à gauche*); que le but de l'école laïque est l'établissement de la tolérance par la neutralité de l'État en matière d'enseignement; qu'il n'est que l'enseignement du respect de toutes les opinions, de toutes les convictions, par l'interdiction faite à toute personne de s'introduire dans l'école pour agir contre la conscience d'un quelconque de nos enfants. (*Applaudissements sur un grand nombre de bancs à gauche.*)

Galpin (Gaston). Gamard. Gautier (René). Gavini (Antoine). Gayraud. Gellibert des Seguins. Gérard (baron). Gonidec de Traissan (comte le).

Halgouet (lieutenant-colonel du). Hugues (comte d') (Basses-Alpes).

La Bourdonnaye (vicomte de). La Ferronnays (marquis de). Laniel (Henri). Lanjuinais (comte de). La Noue (vicomte de). Largentaye (Rioust de). La Rochefoucauld, duc de Doudeauville. Laroche Joubert. Le Cerf. Le Gavrian. Legrand (Arthur) (Manche). Lemire (Nord). Lévis-Mirepoix (comte de). Lorois (Emile). Loyer.

Mackau (baron de). Malausséna. Maurice-Binder. Montalembert (comte de). Montfort (vicomte de). Mun (comte Albert de). Ornano (Cunéo d').

Passy (Louis). Paulmier. Plichon. Pontbriand (du Breil, comte de). Porteu (Armand). Prax-Paris.

Ramel (de). Rauline. Reille (baron). Reille (baron André). Rohan (duc de). Rotours (baron Raoul des).

Saint-Martin (de). Saint-Quentin (comte de). Savary de Beauregard. Schneider (Henri). Serph (Gusman). Soland (de).

Vogüé (vicomte E. Melchior de).

Witt (Conrard de).

N'ont pas pris part au vote : MM. Alsace (comte d'), prince

« Vous opposez les enfants sortis de l'école congréganiste aux enfants sortis de l'école laïque. Eh bien! Je demande si parmi les enfants sortis de l'école laïque, l'immense majorité n'a pas d'ailleurs suivi très exactement le catéchisme et l'enseignement religieux et reçu, par conséquent, ces directions morales que vous estimez plus efficaces. Si vous ne faites pas tout d'abord cette distinction, quelle valeur peut avoir votre raisonnement (*Applaudissements à gauche*.)

« ..... Cherchons, pour l'enseignement secondaire quelles sont les causes véritables de l'augmentation de la clientèle des établissements congréganistes.

d'Ilénin. Amodru. Arène (Emmanuel). Audiffred. Auricoste. Aynard (Edouard).

Barthou. Batiot (Georges). Berger (Georges). Berne-Lagarde (de). Berry (Georges). Bertrand. Bischoffsheim. Bory. Boucher (Henry). Boudenoot. Brice (Jules) (Meurthe-et-Moselle). Brice (René) (Ille-et-Vilaine). Brindeau. Brisson (Henri).

Carquet. Caussanel. Caze (Edmond) (Haute-Garonne). Chabrié (Adrien). Charles Dupuy. Charles-Roux. Charmes (Francis). Chastenet (Guillaume). Chaulin-Servinière. Chavoix. Chevallier (Emile). Cochery (Georges). Constant. Coudreuse.

Darlan. Decrais. Delaunay. Deloncle (François). Delpeuch. Deluns-Montaud. Demarçay (baron). Deschanel (Paul). Deshayes. Develle (Jules). Disleau. Dorian. Dulau (Constant). Dupuy-Dutemps. Dupuytrem. Duvau (Jules).

Ermant. Escanyé.

Fanien (Achille). Ferry (Charles). Firino. Flourens. Folleville (de) (de Bimorel). Forni. Fournol. Franc.

Gasnier. Gervais (Jules). Gévelot. Girard Gotteron. Goujon (Julien) (Seine-Inférieure). Goujon (Théophile) (Gironde). Grandmaison (de). Graux (Georges). Grenier. Gruet (Charles). Guérin (lieutenant-colonel). Guignard.

Hain-selin. Henrion.

Jacquemin. Jobez. Jonnart. Jouart. Jouffroy d'Abbans comte de). Jules Jaluzot. Jumel.

«Messieurs, il nous suffit à tous, pour avoir la réponse, d'interroger les souvenirs personnels que nous avons pu recueillir dans toutes les villes que nous connaissons, en province comme à Paris, mais surtout en province. Il nous suffit de nous rappeler ce que sont devenues, depuis un certain nombre d'années, les habitudes, les modes pour ainsi dire de la société aisée, de la grande bourgeoisie française.

« Il est devenu de bon ton d'envoyer ses enfants à l'école congréganiste. (*Exclamations à droite.*)

« C'est le droit des parents de choisir cette école au lieu de choisir le lycée ou le collège. Mais si vous

Kerjégu (J. de).

Lannelongue. Lannes de Montebello. Laroze. Lascombes. Lasserre (Maurice). Lasteyrie (de). Laurençon. Lavertujon (Henri). Lebaudy (Paul). Lebon (André) (Deux-Sèvres). Lebon (Maurice) (Seine-Inférieure). Le Borgne. Lechevallier. Léglise. Lemercier (comte). Le Moigne (Manche). Le Myre de Vilers. Levet (Georges).

Marchegay. Marcillat. Marfan. Marmottan. Marty. Méline. Mercier (Jules) (Haute-Savoie). Mézières. Millochau. Morillot (Léon). Mougin. Moustier (marquis de). Munin-Bourdin.

Naquet (Alfred). Néron-Bancel (Emile).

Oriol.

Papelier. Pichon (Louis). Poincaré (Raymond). Pourteyron. Prud'homme-Havette.

Réal. Reboulin. Regnault. Reinach (Joseph). Rémusat (Pierre de). Renault-Morlière. Ribot. Rigaud. Riotteau. Roche (Jules) (Savoie). Rose. Rouvier. Rouvre (Bourlon de). Rouzaud. Royer. Rozet (Albin).

Saumande. Sentenac. Simon (Amaury). Sonnery-Martin. Surchamp.

Tardif. Thierry-Delanoue. Thonion. Thonnard du Temple. Thoulouse. Turrel (Adolphe).

Vacher. Viellard (Armand). Viox (Camille).

Wignacourt (comte de).

voulez bien tenir compte de ceci, que d'un côté se
sont trouvées toutes les influences de la fortune, des
relations mondaines, de la situation sociale, que toutes
ces influences ont été mises au service d'une propagande très habilement faite, et faite avec beaucoup
de continuité auprès de parents qui n'avaient pas
encore pris parti, vous reconnaîtrez que là, dans ces
habitudes mondaines, dans cette incessante action
sociale de la haute bourgeoisie contemporaine, est
la première, la véritable cause de l'augmentation du
nombre des élèves dans les établissements congréganistes. (*Applaudissements à gauche.*)

« Que d'exemples en ai-je vus dans les villes où j'ai
eu l'honneur de représenter le gouvernement de la
République ! Des hommes avec lesquels je causais
du lycée de la ville, de la valeur de ses maîtres, de
l'excellence de sa direction, et auxquels je deman-
dais pourquoi tel de leurs concitoyens plaçait ses
enfants dans une école congréganiste, alors que lui-
même était un fils de l'Université, alors — j'ai vu
ce fait — qu'il était resté lui-même membre de l'association des anciens élèves du lycée, me répon-
daient : Que voulez-vous! question de relations, de
mariage fait dans telles conditions, d'intérêt pour
l'avenir de l'enfant.

« M. LEMIRE. — C'est la liberté!

« M. LÉON BOURGEOIS. — C'est la liberté, je le reconnais, mais j'ai bien le droit de rechercher, dans l'analyse d'un état social déterminé, les causes de l'usage
qu'on fait de cette liberté.

« Oui, me répondait-on, l'enfant se prépare à telle
carrière, on a promis telle protection qu'on ne trouverait probablement pas de l'autre côté. Et l'on
invoquait ainsi ce qu'on appelait l'intérêt bien compris du père de famille (*Applaudissements à gauche
et à l'extrême gauche.*)

« Ce sont des faits : vous les connaissez tous aussi bien que moi. Certainement les parents ont le droit d'agir ainsi. Mais quand vous parliez tout à l'heure d'un certain état d'esprit que vous combattiez chez vos adversaires, j'ai bien le droit d'analyser un autre état d'esprit que je remarque de votre côté et de dire comment cet esprit règne et gouverne du côté où sont toutes les grandes influences mondaines et sociales et comment ces grandes influences ont pu suffire à conduire un nombre toujours croissant d'enfants aux écoles congréganistes.

. . . .

. . . .

« On rend l'école responsable de ce qui est précisément la faute, non de l'école, mais de ce que j'appellerai le défaut d'école. Pourquoi la criminalité a-t-elle été en s'accroissant pendant un certain nombre d'années ? Parce que les circonstances sociales générales ont été favorables à l'éducation de l'enfance, parce que la transformation économique, qui n'est pas spéciale à ce pays, qui existe aussi bien dans tous les pays du monde, a amené peu à peu la famille à travailler dans des conditions différentes de celles où elle travaillait autrefois... (*Applaudissements à gauche.*)

« M. LAVY. Voilà la vraie question !

« M. LÉON BOURGEOIS... parce que l'usine a remplacé le petit atelier ; parce que l'ouvrier ne travaille plus chez lui, n'est plus à son foyer domestique (*Applaudissements à gauche*) ; parce que la femme est obligée, elle aussi, de quitter la maison et qu'il arrive que, dans un grand nombre de familles, le père et la mère sont absents, depuis six heures du matin jusqu'à une heure assez avancée du soir. (*Applaudissements sur les mêmes bancs*).

« Et c'est ainsi que, le matin avant d'entrer à l'école,

à midi pendant le déjeuner, le soir après la sortie de l'école, il s'écoule un certain nombre d'heures pendant lesquelles l'enfant n'est plus surveillé par personne et se trouve livré à lui-même, à tous ses caprices, à toutes les tentations et à tous les dangers de la rue.

« C'est là et non dans l'école elle-même qu'il faut chercher la cause de la criminalité. (*Nouveaux applaudissements*).

« C'est pendant que l'enfant n'est pas à l'école qu'il est en danger moral, et c'est au moment même où il franchit la porte de l'école, où il y entre, où il vient y chercher aide, protection, abri et direction que le péril, pour lui, enfin, disparaît.

. . . .

« Il y a un terrain commun entre tous les esprits, qu'ils soient catholiques, protestants, israélistes ou libre-penseurs. Il y a un certain nombre de devoirs communs à tous les hommes envers leurs semblables, à quelque opinion, quelque religion qu'ils appartiennent : ce devoir social commun, c'est la raison humaine, et non pas telle ou telle religion, qui l'a peu à peu enseigné aux hommes à travers l'histoire de tous les peuples et l'histoire de toutes les religions ; la même évolution de l'humanité s'est produite vers un état supérieur de conscience où le respect des droits de tous et l'accomplissement des devoirs envers tous seront par tous compris et observés. Et c'est, par conséquent, en dehors des influences particulières, des actions spéciales de chacune des religions que doit s'achever, dans notre République, dans la pleine liberté de tous, cette évolution vers la communauté dans le bien. (*Applaudissements à gauche.*)

« Messieurs, voilà notre doctrine, la doctrine de l'école laïque. Et quand vous nous demandez qu'elle est notre morale, nous répondons simplement : il y a quelque chose de commun entre les morales des catholiques, des protestants, des israélites et des libres penseurs; ce fonds commun, c'est ce qu'aucune religion n'y a mis en particulier, c'est-ce que l'esprit humain, évoluant dans sa liberté, y a peu à peu accumulé de vérités définitives; c'est ce que la science, éclairée par la conscience, a donné comme un trésor commun à tous les hommes de tous les pays et de tous les cultes.

« C'est ce trésor que nous considérons comme notre dépôt; c'est celui que nous voulons garder et que nous garderons, au besoin, contre vous. » (*Applaudissements vifs et répétés à l'extrème gauche et à gauche. — L'orateur en retournant à son banc reçoit de nombreuses félicitations*).

CHAPITRE X

L'organisation cléricale.

Le programme clérical. — *L'Eglise et la France moderne*, par M. le duc de Broglie. — L'action du clergé. — Le Congrès de Reims. — L'Union nationale. — La presse religieuse. — Les Congrès de la *Croix*. — Les congrégations. — La propagande. — La fête de Jeanne d'Arc. — Les œuvres cléricales dans l'armée. — Les socialistes chrétiens. — L'action du Pape.

A l'époque des élections générales de 1885, je répondis à un curé qui, sans se livrer à aucune propagande, m'avait écrit qu'il voterait pour la liste républicaine :

« Vous m'écrivez : « *Quoiqu'abbé*, je compte et j'espère compter toujours parmi les électeurs républicains. »

« Je ne veux pas vous décourager, mais il est certain que vous pensez autrement que la majorité du clergé français.

« Vous pensez qu'on peut être catholique et républicain; vous pensez qu'on peut être même ecclésiastique et républicain. Vous avez raison. Notre Constitution n'a rien d'incompatible avec le symbole.

« Vous êtes dans la tradition de ces nombreux membres du clergé sans le concours desquels la République de 89 n'aurait peut être pas été possible. Vous serez avec nous quand, dans quatre ans, nous fêterons le centenaire de l'émancipation des peuples.

« Au moyen-âge, le serf ou l'artisan courbé sur la glèbe ou sur son dur labeur de chaque jour, en butte aux vexations et aux exactions de toute espèce, taillable et corvéable à merci, avait dans chaque cité bâti de ses mains un édifice magnifique, la cathédrale, dont l'ogive s'élançait vers le ciel comme une plainte ou une prière. Ignorant, misérable, sans espoir en ce monde, la cathédrale était son palais; le sermon, l'aliment de son esprit; la religion, la seule consolation de son cœur. La liberté et l'égalité, il ne les espérait que dans le ciel; de la fraternité il ne connaissait que celle qui naît de la communauté du malheur ou celle qui inspire au riche l'aumône et le secours.

« Nous aussi, nous élevons des palais, on nous le reproche assez. Non plus seulement dans chaque grande ville, mais dans chaque commune se trouve le palais des enfants du peuple.

« Qu'apprennent nos enfants ? Tout ce que le génie des siècles a mis à la portée de tous, les éléments de la science, de la science qui rend meilleur, plus habile, plus capable de lutter contre toutes les difficultés de la vie, de se perfectionner par la raison, de s'élever par le travail.

« Nous n'apprenons pas à mépriser, à haïr; nous apprenons à respecter et à aimer, à aimer surtout la patrie, cette noble France, digne de tous les hommages et de tous les dévouements.

« Nous bâtissons les écoles et nous respectons les cathédrales.

« Notre temps est bien supérieur à ceux qui l'ont précédé.

« Vous êtes de ce temps-ci. Votre large esprit en comprend les merveilles et la grandeur.

« Pourquoi tout le clergé ne partage-t-il pas vos sentiments?

« Aux États-Unis, en Angleterre, dans bien d'autres pays encore, le clergé catholique se contente de la liberté. En France, pourquoi veut-il la domination? Il crie à la persécution si on lui refuse le droit de persécuter. Il a toute liberté d'instruire la jeunesse. Cela ne lui suffit pas. Il lui faut instruire toute la jeunesse; il lui faut les écoles de l'État, et ainsi en tout.

« La guerre que le clergé a déclarée à la République fait un tort immense à la religion. Vous le comprenez bien et vous dites : Je suis républicain. Nos écoles laïques ne vous font pas peur ; vous ne les appelez pas un foyer de pestilence.

« Dans toute commune rurale on ne voit guère que deux édifices qui dominent les humbles toits des fermes et des maisonnettes de travailleurs : l'église et l'école.

« L'une semble se dresser contre l'autre. C'est un grand mal.

« Que tous les prêtres fassent comme vous, qu'ils suivent la parole du Christ plutôt que les ordres d'une congrégation, et la paix régnera dans l'Église et dans la Société. A l'école, l'enfant apprend à aimer la science, la France, la République. A l'église, vous lui apprenez à aimer Dieu et à aimer son prochain. C'est avoir un assez grand rôle pour ne pas ambitionner la direction des affaires de l'État.

« Le Christ a dit : *Mon royaume n'est pas de ce monde.* »

Le parti républicain, dans sa grande masse, a toujours désiré la séparation de la politique et de la religion, et, à l'heure qu'il est, par suite de la politique de ralliement, il ne se trouve plus en présence que d'un parti puissant, *le parti clérical*, lequel veut précisément faire servir la religion à ses visées politiques.

Depuis les élections générales de 1885, le parti clérical a suivi la faction boulangiste ; puis, sous la direction du Pape lui-même, il a pleinement accepté la forme gouvernementale actuelle, afin de mieux combattre, sous le bénéfice de cette acceptation, la législation inspirée par les principes républicains et votée par la majorité républicaine. Cette majorité va-t-elle se dissoudre ? Toute la question est là, et il faut considérer que la politique de ralliement a permis au parti clérical non seulement de maintenir ses cadres, mais de les augmenter. On voit se mêler aux fidèles qui suivent aveuglément les enseignements des pasteurs, d'autres laïques, ceux-ci purement politiciens que les questions religieuses intéressent peu, mais qui voient dans la foi, dans les pratiques pieuses et dans les associations dirigées par le clergé des moyens de contenir la démocratie. Comme en 1848, la politique de la peur est responsable de ces recrues si nombreuses. Elles composent une aile droite de réactionnaires résolus, voulant combattre de front les idées nouvelles et une aile gauche de démocrates chrétiens capables d'entente avec les socialistes, les uns en toute sincérité, parce qu'ils pensent que l'évolution socialiste, conforme aux doctrines du Christ, peut revêtir un caractère religieux et chrétien, les autres, par calcul politique, parce qu'ils comptent sur les succès des partis extrêmes pour faciliter l'avènement de leurs idées et de leurs hommes.

Il importe de ne pas confondre avec l'opinion des catholiques, ni avec le clergé le *parti clérical* ; car, s'il renferme toute la fraction du clergé qui n'hésite pas à *faire de la politique*, s'il peut mobiliser presque complètement le personnel des congrégations d'hommes, spécialement de celles vouées à l'enseignement et à la prédication, il comprend comme nous venons de le dire, un grand nombre de laïques, croyants ou non, qui espèrent obtenir par l'action du clergé militant le triomphe de leurs idées de conservation ou de leurs rêves d'ambition.

Ce parti inscrit sur sa bannière : liberté religieuse ou pacification religieuse, apaisement. Il semble ne vouloir conquérir au profit des catholiques que l'exercice du droit commun, l'application des principes de liberté et d'égalité proclamés par les républicains. En réalité, il veut conserver ses privilèges et rayer de la législation ce qui en constitue la compensation nécessaire (1).

1. Voir dans la *Revue des Deux-Mondes*, mai 1897, l'étude de M. le duc de Broglie, intitulée : *L'Eglise et la France moderne*.

Le programme actuel du parti clérical peut être ainsi formulé :

1º L'abrogation de la neutralité de l'école; le prêtre rentrant en maître à l'école, comme en Belgique;

2º L'abolition du service militaire des élèves ecclésiastiques;

3º La renonciation de l'Etat au droit d'accroisse. ment;

4º La reconstitution des congrégations non autorisées;

5º L'inapplication du concordat dans la partie qui accorde à l'Etat des mesures répressives contre les menées du clergé;

6º Comme conséquence, inaction de l'Etat, ou même son appui, pour favoriser les œuvres politiques qui tendent à donner l'enseignement au clergé, à lui assurer, par les chefs de notre armée, une influence sur l'esprit de nos soldats, à faire de chaque chaire une tribune toujours ouverte et à doubler le prêtre d'un membre d'un comité électoral.

Le duc de Broglie (1) a très bien fait ressortir les deux faces des instructions du Pape : « Rien n'égale, dit-il, l'énergie des termes par lesquels le Saint-Père a réprouvé une législation que nos gouvernants proclament pourtant intangible... » et il insiste sur la différence très nette qui existe « entre la forme républicaine, considérée en soi et à laquelle il est conseillé d'adhérer et les actes comme les lois

1. Article cité.

20.

propres à la République d'aujourd'hui et qui, jusqu'ici, la caractérisent... » Il proclame qu'il n'est
pas possible de faire « aucune confusion entre la
République telle qu'elle pourrait et devrait être et la
République telle qu'elle est. » Enfin, il fait le tableau
des visites officielles telles qu'elles sont pratiquées
par les représentants du gouvernement républicain,
telles qu'elles sont imposées aux membres du haut
clergé :

« Plus la parole a été retenue, dit-il, là où elle ne
pouvait éveiller d'écho, plus, quand le cortège aura
passé avec ses tambours, ses clairons et ses vivats
de commande, le temps sera venu de faire entendre
une voix plus libre et plus haute, afin de ne pas
laisser les populations se prendre aux apparences
et confondre la déférence due à l'étiquette avec
l'oubli de l'indépendance épiscopale. »

Les bons principes rétablis et la conquête des
pouvoirs publics faite, il ne resterait plus qu'à
rétablir le régime monarchique consolidant la restauration du pouvoir temporel du Pape, fût-ce par
une grande guerre, restauration complétant celle
de son influence spirituelle.

Comme sous l'ordre moral, ce qu'on veut, c'est
sauver Rome et la France au nom du Sacré-Cœur,
et dans les manifestations cléricales, on voit cou-
ramment le Sacré-Cœur imprimé dans la partie
blanche du drapeau national. Nous ferons sagement
de méditer ces paroles de M. d'Aubray dans la *Satire
Ménippée :*

« Apprenez donc, villes libres, apprenez, pour votre hommage à vous gouverner d'ores en avant d'autre façon, et ne vous laissez plus enchevêtrer, comme nous avons fait, par les charmes et enchantements des *prêcheurs*, corrompus de l'argent et de l'espérance que leur donnent les princes, qui n'aspirent qu'à vous engager et à vous rendre si faibles et si simples qu'ils puissent jouir de vous, de vos biens et de votre liberté, à leur plaisir !... En vîtes-vous jamais d'autres, de ceux qui ont aspiré à la domination tyrannique sur le peuple, qui n'aient toujours pris quelque titre spécieux de bien public ou de religion ? S'ils ont été victorieux, leur fin a toujours été de subjuguer et mâtiner le peuple, duquel ils s'étaient aidés à parvenir au-dessus de leurs désirs. »

Certes, la République est un régime de liberté ; elle doit donner cette liberté entière, à ses adversaires comme à ses partisans ; mais il s'agit de la liberté réglée : *sub lege libertas*, sinon on tombe dans un état anarchique. Les lois concordataires sont des lois qui, aussi bien que les autres, doivent être respectées, sinon la société civile serait vite subjuguée. On peut lutter à armes égales, mais peut-on efficacement combattre ceux à qui on permet de mettre au service de leur esprit de domination temporelle les moyens spirituels que leur donnent leurs fonctions de médecins des âmes, de directeurs de consciences nommés, rémunérés, protégés par l'Etat et qui, aux yeux des fidèles, sont les dispensateurs des célestes récompenses et des châtiments éternels.

Un grand nombre de membres du clergé paroissial font partie des comités électoraux, dirigent des patronages, rassemblent des fonds pour soutenir des écoles libres, se servent de leurs fonctions officielles en chaire, au catéchisme, au confessionnal, comme en dehors de l'Église, pour recruter des lecteurs au journal et des adhérents au comité.

Tout est confondu. Des réunions qui paraissent avoir un caractère purement religieux se tiennent en dehors des églises et des réunions politiques ont lieu dans les sanctuaires et dans les séminaires. M. l'abbé Gayraud, au congrès ecclésiastique de Reims (1), a conseillé à ses auditeurs de ne pas hésiter à prêcher, quand cela était utile, en dehors des églises (2). Voici, d'après les journaux de juillet 1897, un exemple de la situation inverse :

« Il est question de fonder dans la Corrèze un journal ultramontain pour engager, dès à présent, la lutte électorale. L'évêque, dans le but de ne pas retarder d'un instant l'apparition de cette feuille de combat, n'a pas hésité à réunir tout son clergé, et, sous l'apparence d'une retraite, qui se tenait habituellement à une date ultérieure, il a été tenu, au grand séminaire, un véritable congrès politique.

Les conférenciers religieux ont dû céder la chaire à un laïque qui est venu exposer avec vigueur ses

1. Voir compte rendu du congrès ecclésiastique de Reims. Grand volume in-8° de 550 pages. En vente à l'administration du *Peuple français* et à la commission d'initiative, 28, rue Lhomond. Prix, 5 fr., plus 0 fr. 85 pour le port. — Voir Discours de M. Maxime Lecomte, séances du Sénat des 2 et 3 avril 1897. Pièce annexe C.

2. Compte rendu du Congrès de Reims, p. 138.

théories dans ces assises d'un nouveau genre.

« Il a fait le procès des lois républicaines, des « lois scélérates », comme ils di ent, aux applaudissements frénétiques de l'assemblée des curés, qui ont souscrit pour plusieurs milliers de francs. La feuille ultramontaine pourra ainsi paraître incessamment. »

L'*Union nationale* de M. l'abbé Garnier est le type de l'organisation semi-religieuse, semi-politique. Elle a tenu plusieurs fois de grandes assises qui réunissaient les femmes, puis les hommes, avec des assemblées générales, des punchs ou banquets pour couronner l'œuvre (1). Cette association a également un caractère semi-charitable et semi-intéressé (2). Elle compte à son actif de nombreux succès électoraux, et ce point ayant paru être mis en doute par des membres de la droite, M. l'abbé Garnier a cru utile de rétablir l'exact aspect des choses :

« M. Maxime Lecomte avait raison : l'Union nationale menace sérieusement l'antique coalition opportuno-radicale. Et partout où elle prend racine, les amis du sénateur du Nord peuvent constater que son action et son influence sont loin d'être purement théoriques.

« Parmi les victoires électorales dues à l'action de l'Union nationale, nulle peut-être n'a été plus éclatante et plus sensible à nos adversaires que celle

1. Congrès national de Lyon, *Peuple Français*, 20 novembre 1896.

2. Voir l'interpellation de M. Joseph Fabre sur l'étrange affaire du sanatorium d'Aubrac, séance du Sénat du 13 novembre 1896.

que nos amis de Mende ont remportée aux élections municipales complémentaires du 11 avril dernier.

« En 1896, la lutte avait été circonscrite entre les radicaux et les opportunistes. Ces derniers que conduisait à la bataille M. Bourrillon, député, avaient été battus, et la liste radicale, ayant à sa tête le maire actuel, M. Arnault, s'était installée à l'hôtel de ville.

« Cette année, la situation avait changé de face et l'on jugera par là de ce que peut réaliser, en si peu de temps, l'union des hommes d'ordre et des bons citoyens sur notre programme... (1) »

La presse du parti clérical a pris une extension qu'il serait puéril de nier. A sa tête est la *Croix*, de Paris, dirigée par le R. P. Bailly, et les *Croix* se sont multipliées en province. Des congrès de ses propagateurs ont lieu à certaines époques. Nous pouvons donner comme exemple le congrès « pour la province ecclésiastique de Cambrai » qui s'est tenu en octobre 1895. Plus de deux cents croisés y ont assisté. On y remarquait des moines, des aumôniers, des chanoines, des professeurs de l'Université catholique ; Jean-François, supérieur de l'Alumnat à Sainghin ; Le Bail, de la Compagnie de Jésus, à Lille ; Witmann, de la Congrégation du Très-Saint-Rédempteur, à Lille ; les supérieurs des Frères Camilliens, de Lille ; de nombreux prêtres non fixés dans des paroisses ; deux pères assomp-

_____

1. Une victoire de l'Union nationale. *Peuple Français*, 21 avril 1897.

tionnistes venus de l'étranger ; 28 curés et 35 vicaires de la région.

La *Croix* du 10 octobre 1895 exultait de pouvoir faire connaître à ses lecteurs de si brillants résultats :

« On nie l'existence du surnaturel, en ce siècle matérialiste, on refuse de l'admettre dans la solution des grands problèmes qui se posent devant l'esprit humain. Et le surnaturel éclate de toutes parts. Il rayonne partout, même.... dans le journalisme. Sans ce titre et ce signe de la croix qui resplendissent au sommet de nos colonnes, sans les doctrines du crucifié qui pénètrent et inspirent le texte de cette feuille, comment expliquer ce concours de bonnes volontés qui se groupent d'instinct autour d'elle. »

Les congressistes constataient que le journal pénétrait dans plus de 50,000 foyers du département du Nord ; on comptait, dans le Nord, un abonné sur 37 habitants, et dans le Pas-de-Calais, un sur 40.

On a pu remarquer que, malgré l'exécution des décrets du 29 mars 1880, les membres des congrégations non autorisées pullulent dans les réunions : Jésuites, Assomptionnistes, Rédemptionnistes, Passionnistes, Camilliens, etc... c'est que les décrets sont devenus lettre morte ; comme on l'a dit souvent, les moines, sortis par les portes d'une manière si théâtrale, sont tout doucement rentrés par les fenêtres, d'abord un à un, puis en groupe ; ils se sont reformés et mis à catéchiser, à enseigner, comme si rien ne s'était passé. Il est vrai qu'il ne sont que tolérés, de sorte que la République paraît tout aussi persécutrice qu'au moment des décrets, tout en ayant désarmé devant ses plus dangereux adversaires.

M. Ranc nous renseigne à cet égard :

« La milice cléricale est plus nombreuse que jamais. Je parcourais dernièrement un volume terriblement suggestif, l'*Annuaire du Clergé français*. J'y ai trouvé l'état, le dénombrement des congrégations. C'est un réseau qui étend ses mailles sur toute la France. Je prends un diocèse, non pas dans les départements catholiques de l'Ouest, mais dans un de ceux qui sont le moins envahis, le diocèse de Grenoble, et voici ce que je trouve :

« Congrégation d'hommes : les pères Augustins de l'Assomption ; les Bénédictins dits Olivétains ; les frères Mineurs capucins ; les pères Chartreux ; les Cisterciens réformés de Notre-Dame-de-la-Trappe ; les pères de la Compagnie de Jésus ; les Dominicains ; les Missionnaires africains ; les Missionnaires de Notre-Dame-de-la-Salette ; les Oblats de Marie immaculée ; les Rédemptoristes ou Liguoriens ; les pères du Saint-Esprit ; les frères de la Croix-de-Jésus ; les frères de l'instruction chrétienne du Sacré-Cœur ; les frères de Saint-Gabriel ; les petits frères de Marie ; les frères de la Sainte-Famille ; les clercs de Saint-Viateur... » (1).

1. *Dépêche* de Toulouse, mai 1897. — M. Emmanuel Vauchez, dans la *Vendée Républicaine*, a institué une enquête sur le régime légal et l'état des congrégations. Voir aussi la brochure de propagande de M. Lucien Gueneau : *Respect à la loi. A la porte les Jésuites !*

Poussé par le personnel des couvents et par les prêtres qui n'appartiennent ni aux ordres monastiques ni à aucune paroisse déterminée, le clergé séculier, souvent contre ses secrets désirs, s'est mis à créer et propager une foule d'œuvres destinées à influer sur les élections. Il faut mettre au premier rang celles qui s'adressent au personnel enseignant (1) ou bien à nos soldats.

Dans le congrès de la *Croix*, pour la province de Cambrai (octobre 1895) on trouve (rapport du R. P. Félix sur la *Croix* d'Arras et des pays houilliers), une bien jolie anecdocte, qui est en même temps fort suggestive :

« La propagande de la *Croix* est un mode d'apostolat qu'il ne faut pas négliger. En voulez-vous un exemple? Depuis huit ans, je passe tous les matins devant un poste militaire et j'y dépose la *Croix*. Les premiers jours on n'y toucha point; mais bientôt mon journal fut reçu avec joie et aujourd'hui c'est à qui l'aura le premier pour le lire. J'ai, par ce moyen, réussi à me mettre en rapport avec les soldats et j'ai pu leur faire du bien. Jamais je n'ai eu de difficulté à ce sujet. Je me trompe. Un beau matin, je vis s'avancer vers moi un sergent qui, d'un air arrogant, me demanda mon nom et mon adresse. Je lui répondis que je n'avais pas à lui dire qui j'étais, et que ceux qui désiraient me voir savaient où me trouver. Je vous défends, répliqua-t-il, de déposer

---

1. Voir : De la rénovation de l'éducation des jeunes filles catholiques dans les hautes classes de la société française, par l'abbé G. Grémont. Librairie Oudin, 1897.

à l'avenir votre journal au poste. — Je ne connais aucune loi, lui dis-je simplement, qui me défende de déposer un journal où il me plaît, et je m'éloignai. — Les soldats qui assistaient à cette petite scène riaient sous cape. Le sergent ne se tint pas pour battu et fit un rapport en règle. Mal lui en prit, car son supérieur, après l'avoir lu, fit appeler le malheureux sergent et lui dit: Espèce d'im..., vous ferez quatre jours pour avoir rédigé un rapport si b... »

M. Rabier, à la Chambre des Députés, les 18 et 20 mai 1895, a développé une interpellation sur l'ingérence du clergé dans l'armée. Il semble que le seul résultat produit par ce débat ait été l'interdiction imposée aux militaires de tout grade de faire partie d'associations républicaines, tandis que les cercles militaires dirigés par des ecclésiastiques ont été de plus en plus favorisés. En novembre 1887, au moment de la mise en route des jeunes soldats, l'embauchage au profit des œuvres cléricales militaires a été plus que jamais toléré et encouragé sur bien des points du territoire par des représentants de tout ordre de l'autorité civile.

Depuis quelques années, le parti clérical s'est emparé, d'une façon bien inattendue, de la personnalité de Jeanne d'Arc, brûlée comme sorcière, hérétique et relapse, et dont l'Eglise veut, aujourd'hui, faire une de ses saintes. Elle reste avant tout la sainte du patriotisme. L'héroïque et « bonne Lorraine » a été l'âme même de la patrie, n'ayant de joie ni de repos avant que l'envahisseur n'ait été

chassé. On comprend que des patriotes, comme
M. Joseph Fabre qui a étudié avec conscience le
rôle de Jeanne, aient voulu instituer en son honneur une nouvelle fête nationale. Mais le parti clérical n'hésita pas à faire dévier l'idée, à l'accaparer
dans le but de diminuer et d'abolir bientôt la fête
nationale du 14 Juillet, qui rappelle les premiers
jours de la Révolution française, l'aurore de la
liberté et de l'émancipation des esprits (1).

Le 8 juin 1894, le Sénat a adopté par 146 voix
contre 100 le projet de M. Joseph Fabre avec l'article additionnel suivant (voté par 188 contre 21) :
« Il sera élevé en l'honneur de Jeanne d'Arc sur la
place de Rouen où elle a été brûlée vive un monu-
ment avec cette inscription : A Jeanne d'Arc, le peuple français reconnaissant (2). »

A côté de la propagande par le culte de Jeanne
d'Arc, le parti clérical a tenté une agitation en faveur
du rétablissement des processions dans les villes où
la loi autorise les municipalités à les interdire et où
elles sont, en effet, interdites. Des troubles se sont
fréquemment produits ; des scènes violentes ont eu
lieu dans plusieurs localités, et nous n'avons pas
besoin de rappeler ce qui s'est passé à Versailles
en 1897.

1. Voir, par exemple, dans le *Temps* du 10 mai 1894,
diverses notes concernant les fêtes en l'honneur de Jeanne
d'Arc, à Orléans, Roubaix, Lille, Brest, Toulouse, etc.
2. Voir les discours de MM. Joseph Fabre, Demôle, Ch.
Dupuy, président du Conseil, Trarieux.

La fraction du parti clérical qui commet le plus d'imprudences est nécessairement celle qui adopte des principes démocratiques ou socialistes. Elle a sa presse, ses représentants, ses associations, ses congrès (1). Récemment, une réunion générale de l'*Union fraternelle du commerce et de l'industrie* vient d'être tenue, 76, rue des Saints-Pères, sous la présidence de M. Léon Harmel. Celui-ci a rappelé l'origine, le but et les moyens de l'association, qui groupe cinq mille adhérents; elle en a gagné douze cents, cette année.

« Les membres de l'Union sont des chrétiens; ils s'engagent à travailler au relèvement du commerce et de l'industrie en y ramenant l'esprit de justice, d'honnêteté et de solidarité. *Les commerçants catholiques*, dit la *Croix* dans son compte-rendu, *approuvent la Ligue Expert-Besançon* de combattre le socialisme, *mais ils demandent, en outre la pacification religieuse,* condition essentielle à la paix sociale et à la prospérité des affaires. »

En 1896, au congrès qui s'est tenu à Plaisance, sous le haut patronage du cardinal-archevêque de Paris, les membres de l'*Union* ont adopté un programme destiné à servir de direction aux cercles d'études sociales fondés dans les principaux centres par les démocrates chrétiens.

Le congrès a émis le vœu qu'il soit créé un comité

1. Voir: *Autour du catholicisme social*, par M. Georges Goyau, 1897.

électoral permanent dans chaque quartier avec réunions au moins mensuelles pour préparer les élections (municipales); qu'il soit demandé aux candidats de s'engager :

a) A apporter plus d'économie dans la gestion de nos finances, en particulier par la réduction des gros traitements, et une répartition plus équitable des droits d'octroi en attendant leur suppression, mais en dégrevant tous les articles de consommation courante à l'usage des ouvriers et petits employés, et que les articles de luxe, les mets ou gibiers recherchés, les vins fins et liqueurs, etc., paient des droits en rapport direct avec leur prix d'achat;

b) A voter des réformes sérieuses dans l'assistance publique, et notamment la réintégration des sœurs au moins dans certains hôpitaux ;

c) A voter des subventions aux écoles publiques libres, proportionnées au nombre de leurs élèves, pour les fournitures et récompenses scolaires, les vêtements, les aliments, etc., ces secours étant donnés largement aux enfants des écoles communales, il est juste que les enfants des écoles libres en profitent également, leurs parents étant soumis aux mêmes obligations que les parents des enfants des écoles communales;

d) A réserver les travaux publics de la ville ou de la commune aux seuls ouvriers français et les places de garçon de bureau, balayeurs, etc, aux travailleurs d'un certain âge habitant la localité depuis un assez long espace de temps;

c) A faire inscrire, dans les cahiers des charges des adjudications publiques, une clause :

1° Fixant les salaires *minima* suffisants qui devront être payés aux ouvriers employés à l'exécution des travaux faisant l'objet desdits cahiers des charges ;

2° Le maximum d'heures de travail au-delà duquel il sera interdit aux entrepreneurs de les faire travailler ;

3° Stipulant qu'il sera également interdit aux entrepreneurs de faire travailler le dimanche à ces travaux ;

4° Suppression du marchandage.

La plupart des *Cercles catholiques d'ouvriers* ont été fondés par M. le comte de Mun et ont reçu de lui une forte impulsion. Mais un certain nombre de démocrates chrétiens ont manifesté des velléités inquiétantes. Elles ont été révélées au public par une lettre de M. le comte de Mun, publiée dans la *Corporation* du 8 mai 1897.

Paris, le 3 mai 1897.

Mes chers amis,

Je tiens à vous remercier de votre lettre et de la manière dont vous y appréciez le discours que j'ai prononcé à la clôture de l'assemblée générale des Cercles catholiques.

Vous en rapportant au texte même de ce discours, vous avez très bien vu qu'aucune de mes paroles n'impliquait un désaveu des efforts généreux entrepris par les ouvriers chrétiens, groupés dans les associations démocratiques, mais que, sans rien abandonner de mes sentiments d'affection pour eux, j'avais voulu leur donner, dans l'intérêt même de leurs associations, quelques conseils amicaux. La cordiale simplicité avec laquelle vous les avez accueillis est la meilleure récompense de ma franchise.

« J'en userai donc encore une fois, si vous le voulez bien, pour bien préciser ma pensée, afin qu'aucun malentendu ne puisse subsister entre nous.

« Lorsqu'on m'a demandé, il y a quelques années, de venir encourager de ma parole les associations naissantes de Lille et de Roubaix, je n'ai pas hésité à le faire, parce que j'ai pensé que la constitution des syndicats ouvriers, si elle ne réalisait pas pleinement le but social de l'organisation professionnelle, pouvait être, dans les milieux industriels, un moyen de l'atteindre, par la formation de conseils communs, composés des délégués de syndicats séparés, plus faciles, en certains cas, à établir pratiquement que les syndicats ouvriers.

« Je le pense encore, et je n'ai rien à retirer des encouragements que je vous donnais alors.

« J'ai voulu aussi, en répondant à l'appel des ouvriers du Nord, témoigner publiquement ma très vive sympathie pour la courageuse initiative qui les portait à affronter les réunions socialistes, afin d'y combattre les doctrines collectivistes et d'y défendre leurs convictions religieuses.

« Cette sympathie est plus ardente que jamais.

« J'ai tenu enfin à renouveler devant cette réunion populaire l'adhésion que, devant d'autres auditoires, devant la Chambre des Députés elle-même, j'avais donnée aux légitimes revendications de la classe ouvrière et aux réformes sociales que l'organisation professionnelle est le seul moyen de réaliser pratiquement.

« Cette adhésion demeure entière. Je reste fidèle au programme que j'ai proposé, en 1892, à Saint-Etienne, et qui m'a valu, de la part du Souverain-Pontife, une lettre publique d'approbation et d'encouragement.

« Il y a donc, entre nous, plus qu'un lien formé par le souvenir d'une manifestation de confiance réciproque : il y a la solidarité d'une idée commune.

« Mais laissez-moi vous le dire franchement, il me semble que nous n'avons plus, de cette idée commune, tout à fait la même conception.

« Je crains, d'une part, qu'entraînés par l'action politique, par l'ardeur des polémiques et l'agitation des réunions publiques, vous ne perdiez un peu de vue ce qui devrait, à mes yeux, être le grand objet de vos préoccupations, l'organisation professionnelle et les œuvres sociales qui, par les services rendus, en sont le plus ferme point d'appui.

« Je crains aussi, d'autre part, qu'ébranlés dans vos intentions par les difficultés que rencontre leur mise en pratique, vous n'abandonniez un peu trop le but initial de vos efforts, la constitution des groupes communs qui doivent manifester et rendre efficace le rapprochement des patrons et des ouvriers.

« Les deux périls sont liés : l'un conduit à l'autre.

« Ils exposent votre entreprise à dévier, et, malgré vos propres résolutions, malgré la fermeté de vos sentiments catholiques, à perdre, au point de vue social, son caractère chrétien.

« Voilà mon inquiétude.

« Elle se résume dans cette double pensée : vous faites trop de politique et vous vous éloignez trop des classes élevées.

« ... Vous m'opposerez peut-être que vous avez des attaques imméritées à subir, que vous ne trouvez pas toujours, chez les grands patrons, le concours nécessaire à une action commune, que vous ne rencontrez pas toujours, non plus, dans la classe élevée, l'appui et la sympathie désirables. Nul, vous ne l'ignorez pas, ne s'en est plaint plus haut que moi, quand il l'a fallu.

« Mais je vous répondrai par le mot d'un auteur religieux du dix-septième siècle : « Il ne faut prendre conseil, ni de sa passion, ni de celle d'autrui. »

« C'est le secret de la modération et de la justice, aussi nécessaires dans les œuvres politiques que dans les œuvres sociales; et la seconde partie de la maxime est plus difficile à mettre en pratique que la première.

« Voilà donc, mes chers amis, ma pensée bien précise.

« Dans le discours que j'ai prononcé à l'assemblée des cercles de Landerneau, au mois de septembre dernier, je disais : « Le péril, c'est que, par l'effet d'une certaine lassitude après des efforts infructueux, d'un certain découragement devant les malentendus longtemps prolongés et des méfiances difficiles à dissiper, on n'en vienne, dans les œuvres sociales, à négliger l'action des classes élevées, à renoncer à leur concours... et à croire qu'elles peuvent se fonder, vivre et porter leurs fruits par la seule action de la classe populaire. »

« C'est la même idée que j'ai exprimée à l'assemblée générale. Je la recommande instamment à toute votre attention.

« Dans ce même discours de Landerneau je citais un extrait d'une déclaration dans le *Peuple* du 24 juin 1894, ainsi conçue: « Il s'agit de la création de deux syndicats, l'un patronal, l'autre ouvrier,

distincts, mais unis par le lien tout naturel d'une
commission ou conseil mixte composé de représentants régulièrement délégués des deux groupes ».

« Et j'ajoutais : « Tant que les syndicats ouvriers
resteront fidèles à cette déclaration et chercheront
pratiquement à la mettre en œuvre, il n'y a pas de
raison pour nous séparer d'eux : il y en a beaucoup,
au contraire, pour leur rester unis et pour faciliter,
par notre sympathie, par notre influence, par notre
action sur les patrons et sur les ouvriers, l'établissement de ces conseils communs qui, à côté des syndicats mixtes, accompliront la même tâche de rapprochement et de paix sociale »,

« Je renouvelle ici, afin de dissiper tous les malentendus, cette très nette déclaration... ».

A titre de curiosité, nous donnons les portraits à la
plume des principaux protagonistes de la démocratie
chrétienne, publiés par M. l'abbé Victor Charbonnel,
de longs mois avant le jour où il est sorti du giron
de l'Eglise. (Nous laissons de côté l'abbé Gayraud
et l'abbé Garnier qui sont suffisamment connus).

L'ABBÉ NAUDET

C'est l'écrivain du parti, du moins il croit l'être.
Vers l'Avenir est le titre de l'un de ses livres. *La
Justice sociale* est le nom solennel de son modeste
journal hebdomadaire. Tout cela vous a un air de
romantisme et de foi aventureuse. Il y a du Midi là-
dedans. Et cet autre démocrate, en effet, petit, brun,
rablé, très sûr de lui, fut longtemps une de ces célé-
brités oratoires qui bougent avec tout le Midi, dès

qu'apparaît entre Bordeaux et Marseille quelque
conférencier du socialisme provincial, et qui vont
se mesurer avec lui, du poumon, devant le peuple.

Sa parole écrite garde un peu de l'éclat criard qui
ne sied que sous le soleil. Il réforme la société par
de terribles métaphores, comme si celle de Jaurès
hantaient sa mémoire jalouse. Il fait du style. Et je
sais bien qu'il y a un style, de démocrates, des tri-
buns ou de ceux qui veulent en avoir le ton et les
allures. Il ne saurait être pire que la phraséologie redondante, sonore, creuse des prédicateurs.
Mais pourquoi s'imagine-t-on que ce style là, comme
cette phraséologie ci, puisse dispenser de l'ordinaire compétence dans les choses dont on écrit ou
dont on parle ? De la littérature, soit ! à condition
que « la langue dont on doit habiller une pensée »,
s'il est permis de s'exprimer comme M. Naudet lui-
même, ne serve pas le plus souvent à vêtir de lam-
beaux à grands ramages le vide, le fatras ! La littérature de l'auteur de *Vers l'avenir* est fleurie, ver-
beuse, généreuse, cordiale.

C'est tout. Des mots, des mots. Parfois elle em-
porte l'écrivain à des excès de démocratisme en ima-
gination pas en pensée. Mais le cas est rare. Ce n'est,
d'habitude, que beaucoup de bruit, dans les métaphores, pour rien. M. Naudet prépare un livre : *la
Propriété, le Capital, le Travail et les Idées chrétiennes.* Pour Dieu, pour les idées chrétiennes, et
surtout pour sa littérature, que sa démocratie soit
donc sans phrases ! Il a les vaillantes et téméraires

ardeurs d'une âme sociale ou socialiste. C'est déjà trop, au gré de beaucoup de gens. Que ne sait-il s'en contenter !

L'ABBÉ LEMIRE

Il a une si bonne figure ! A tel point que d'aucuns disent : « Il a une bonne tête ! » Et son socialisme n'est pas moins doux et douceâtre que son air de paterne brave homme. Un peu plus, il passerait pour la « poule au pot » du socialisme chrétien. Il va répétant, de congrès en congrès : « La maison du travailleur doit être insaisissable, comme son vêtement. » Cela fût devenu une parole de légende au temps des légendes. Et encore : « Il faut établir une ligue pour reconstituer le coin de la terre et le foyer de tout Français de France. Il faut faire don aux pauvres d'une part du sol insaisissable. Il faut exempter d'impôt le pauvre. » Qui trouverait là à redire, hormis d'affreux bourgeois ? Le député démocrate a donc des succès oratoires qui ne sont pas toujours dus à l'éloquence. Après ça, une doctrine sociale ? Il a, sans doute, les « directions pontificales » de l'Encyclique *Rerum novarum*. Mais comment en interprète-t-il les évangéliques généralités ? M. Lemire ne l'a jamais bien laissé entendre. Dans son livre *Le Cardinal Manning et son action sociale*, il ne nous a présenté guère plus qu'un homme de bonnes œuvres.

Et, depuis, ses abondants discours immergent de belles aspirations dans une trouble prolixité.

Remuant, actif, travailleur, à la fois pratique et agité, tiède discoureur, bon apôtre comme on est bon garçon, incapable de faire du mal tout autant, je pense, que de faire grand bien, c'est un socialiste, mais un socialiste chrétien. La chose n'est ni dangereuse, ni fort utile. M. Lemire est député. L'abbé Bournisien pourrait l'être. Voilà ! »

Nous avons passé en revue le programme, les moyens d'action, par la presse, par la parole, par l'association, ainsi que le personnel du parti clérical. Nous devons ajouter que cette action politique est encouragée et dirigée par le Saint-Siège (1).

Au point de vue de nos prochaines élections législatives, nous devons dire que le Pape s'en préoccupe et que le cardinal Rampolla a envoyé deux *missi dominici* : pour les évêchés du Midi de la France, le R. P. Picard, supérieur général des Augustins de l'Assomption, et pour les évêchés du Nord, dom Sébastien, général des Trappistes (2).

---

1. Il est intéressant de signaler que M. Ernest Legendre, d'Amiens, a publié, dès novembre 1882, le journal *Le Républicain catholique.* Il y défendit ce qui devait être plus tard la politique pontificale, dix ans avant la lettre encyclique. Comme tous les précurseurs, il eut fort à lutter et rencontra peu d'appuis. Le haut clergé surtout fut hostile à son initiative, et ces débuts d'une politique de ralliement pourraient faire le sujet d'une très curieuse conférence.

2. *L'Éclair,* le premier, a produit cette information, qui n'a pas passé pour controuvée. Elle a été confirmée par ce fait que le R. P. Picard, sans s'avouer royaliste, incline à transiger avec les candidats du duc d'Orléans, au moins pour certaines régions, et pourrait bien être remplacé.

L'Union catholique a une puissante organisation mise au service de la politique de ralliement et qui s'inspire des vues du Saint-Siège. Un comité qui s'appelle *Justice-Égalité* et qui a son siège à Paris, rue François Ier, est le principal instrument de l'action électorale catholique. L'Union catholique de chaque département centralise les renseignements des comités locaux et de la presse catholique (*Croix, etc.*), et adresse au Comité central des rapports circonstanciés dans lesquels sont exposés l'état des candidatures, les chances de succès, les programmes et les attaches des candidats, les gages qu'ils ont donnés au parti. Parfois ces rapports ont soin d'indiquer que « le candidat des catholiques » *sera soutenu par la Préfecture* (1).

L'ingérence du Saint-Siège dans les affaires de politique intérieure de la France n'est qu'un épisode de l'action universelle engagée par la papauté pour reconquérir la direction des affaires temporelles et la prééminence sur les gouvernements.

En Italie, le ministère résiste.

« M. di Rudini s'est ému, paraît-il, de l'action du clergé, et le président du Conseil vient d'envoyer au préfet de Vicence l'ordre d'interdire la réunion d'un congrès catholique qui devait être tenu par vingt-six

---

1. Voir le discours de M. Joseph Fabre en réplique à celui de M. Darlan, ministre de l'Instruction publique, séance du Sénat du mardi 30 novembre. A la suite de l'interpellation de M. Fabre, M. Darlan a dû donner sa démission et a été remplacé par M. Milliard, sénateur.

associations dans le but de s'occuper des questions électorales.

« Comme c'est de Milan que semble partir le mot d'ordre aux catholiques, dit le correspondant de Rome, M. di Rudini a prié M. Prinetti, qui est en relations avec le cardinal Ferrari, archevêque de cette ville, de lui exprimer le regret du gouvernement de voir le parti catholique s'agiter dans un but politique, de lui annoncer sa ferme résolution de recourir à tous les moyens de répression, et de l'engager par conséquent à modérer son ardeur. »

Ce léger conflit n'empêchera pas le Pape d'accorder de préférence ses faveurs et ses subsides (même recueillis en France) aux écoles catholiques italiennes et non aux écoles catholiques françaises; cela ne l'empêchera pas de maintenir, en Érythrée, les RR. PP. Capucins italiens et de ne pas y rappeler les Lazaristes français(1).

Le Saint-Siège a remporté des succès partiels (2) et, ainsi encouragé, espère obtenir prochainement des avantages plus marqués.

« Léon XIII désire que la fin du siècle soit l'occasion d'une grande et solennelle manifestation de concorde chrétienne sous les auspices de Jésus-Christ. Dans sa pensée, c'est par une fête de paix et d'amour que la dernière minute du siècle mourant doit être ralliée à la première minute du siècle naissant.

« A cette intention, on a constitué un comité

1. La *Diplomatie*, 20 mai 1897.
2. Discours de M. Joseph Fabre, au Sénat, séance du 2 avril 1897.

général universel à la tête duquel se trouve le très révérend Jacobini.

« Ce Comité général est chargé de faire constituer des comités spéciaux dans chaque pays, et ces comités à leur tour en constitueront dans tous les diocèses.

« Ainsi on aura une puissante organisation universelle.

« Le Comité de Rome, qu'on peut appeler généralissime, sera formé par les représentants de tous les pays où existent des chrétiens et des catholiques.

« Le Comité généralissime sera dirigé par les évêques qui sont chargés d'organiser une propagande parmi les fidèles par l'intermédiaire des curés.

« C'est de cette façon que Léon XIII prépare le monde catholique à célébrer la fin du siècle » (1).

---

1. Article déjà cité de la *Diplomatie*, du 20 mai 1897, de M. Georgio Del Rio.

CONCLUSION

Le ralliement à la République de ceux qui la combattaient était dans les vœux des bons citoyens dévoués de longue date aux institutions républicaines.

Ils attendaient de tous leurs désirs l'adhésion des hommes qui devaient finir par reconnaître l'inanité de leurs luttes, par les condamner dans leur cœur et, faisant plutôt un acte de foi qu'un pacte de lassitude, accepter en toute sincérité, sans esprit de retour vers le passé, non seulement la constitution de la République, mais les lois votées par les républicains, non seulement l'étiquette, mais le programme.

Ces mêmes républicains n'ont jamais songé à faire cause commune avec ceux qui auraient la prétention d'entrer dans la République pour la faire à leur image et la modifier dans un sens conforme à leurs principes.

Comme nous l'avons déjà dit, ces mêmes répu-

blicains appellent purement et simplement des *républicains* les ralliés sincères qui sont venus grossir
leurs rangs. Ils appellent RALLIÉS ceux qui comprennent l'acceptation de la République, non pas comme
une adhésion au programme républicain, mais comme
une obligation pour les anciens du parti de faire un
acte de contrition et de consentir à opérer leur ralliement en se rabattant sur les nouveaux venus.

La crise que traverse la République consiste précisément dans ce fait qu'un certain nombre de républicains modérés, par crainte de ne pouvoir rester à
la tête des leurs et avec l'espoir de commander les
nouvelles troupes, se sont empressés de faire une
concentation à droite. Leur moyen a été la peur du
socialisme; leur but, de former avec leurs adversaires
de la veille une ligue pour empêcher d'aboutir le
vieux programme républicain. Ils essaient de constituer une majorité conservatrice contre une minorité de progressistes qui s'allie aux radicaux et dont
quelques uns, par peur de la réaction, iront jusqu'aux socialistes.

Les ralliés ont donc pour eux les républicains plus
ou moins vieillis (et quelques-uns sont malgré cela
très jeunes), lassés et désabusés, qui s'étaient d'abord
avancés résolument dans les voies nouvelles ouvertes
à la démocrat e, et peu à peu se sont essoufflés, ont
éprouvé le besoin de faire halte et sont disposés à
rebrousser chemin, pourvu qu'ils puissent le faire
en nombreuse et bonne compagnie.

Les ralliés ont encore pour eux toutes les forces

du clergé. *L'Union libérale* de M. Barboux et *l'Union nationale* de M. l'abbé Garnier ont fusionné sous l'œil bienveillant de ceux qui ont la garde des destinées de la République.

Les ralliés, à l'instar des boulangistes, se présentent comme le parti de la réconciliation nationale. faisant appel à tous les bons Français dans l'amour de la patrie commune. Mais ils font, sous couleur d'apaisement, une guerre acharnée aux républicains de principes, qu'ils confondent à plaisir avec les ennemis de l'ordre social.

Le péril peut s'aggraver de la puissance de toutes les manœuvres et de tous les moyens de pression qui constituent la candidature officielle.

Mais que les ralliés aient ou non en leur faveur ce que l'on peut attendre du pouvoir dans un pays de centralisation administrative, ils ne s'en présentent pas moins, aux prochaines élections générales, dans une situation beaucoup meilleure que celle qu'ils avaient eu 1893. S'appuyant ici sur la droite, là sur les républicains modérés, presque partout soutenus par le clergé, ils forment le pivot de cette formation politique qui s'appelle *la concentration à droite.*

Le suffrage universel aura sans doute assez de clairvoyance et de fermeté pour déjouer les pièges qui lui sont tendus et pour infliger une nouvelle défaite à la réaction, si habile dans ses transformations, si ingénieuses dans ses déguisements.

La politique qu'il convient de soumettre avec

confiance au pays est celle de *la concentration à gauche,* de la concentration progressiste.

Par là il faut entendre non pas le programme d'un parti quelconque parmi les partis républicains, mais *le programme même du parti républicain,* programme commun, assez large et assez·précis à la fois pour que l'esprit gouvernemental apparaisse et que les coupures nécessaires soient faites. On a dit, il y a longtemps : *Ni réaction ni révolution !* En effet, il faut laisser de chaque côté du fossé les *ralliés* qui veulent servir de pont aux cléricaux et aux réactionnaires, et les *socialistes* qui veulent servir de pont aux révolutionnaires.

Depuis quelques années, la République a perdu en profondeur ce qu'elle a paru gagner en superficie. Désirons ardemment qu'elle conserve sa puissance de rayonnement et de diffusion, et en même temps qu'elle fasse fortement pénétrer ses racines jusque dans le cœur même de la nation.

ANNEXE A.-B.

Lettre Encyclique de Léon XIII aux Archevêques, Evêques, au Clergé et à tous les Catholiques de France.

Au milieu des sollicitudes de l'Eglise universelle, bien des fois, dans le cours de Notre Pontificat, Nous Nous sommes plu à témoigner de Notre affection pour la France et pour son noble peuple. Et Nous avons voulu, par une de Nos Encycliques encore présente à la mémoire de tous, dire solennellement, sur ce sujet, tout le fond de Notre âme. C'est précisément cette affection qui Nous a tenu sans cesse attentif à suivre du regard, puis à repasser en Nous-même, l'ensemble des faits, tantôt tristes, tantôt consolants, qui depuis plusieurs années se sont déroulés parmi vous.

En pénétrant à fond, à l'heure présente encore, la portée du vaste complot que certains hommes ont formé d'anéantir en France le christianisme, et l'animosité qu'ils mettent à poursuivre la réalisation de leur dessein, foulant aux pieds les plus élémentaires notions de liberté et de justice pour le sentiment de la majorité de la nation, et de respect pour les droits inaliénables de l'Eglise catholique, comment ne serions-Nous pas saisi d'une vive douleur? Et quand Nous voyons se révéler, l'une après l'autre, les conséquences funestes de ces coupables attaques qui conspirent à la ruine des mœurs, de la religion et même des intérêts politiques sagement compris, comment exprimer les amertumes qui Nous inondent et les appréhensions qui Nous assiègent?

D'autre part, Nous Nous sentons grandement consolé lorsque Nous voyons ce même peuple français redoubler, pour le Saint-Siège, d'affection et de zèle, à mesure qu'il le voit plus délaissé, Nous devrions dire plus combattu sur la terre. A plusieurs reprises, mus par un profond sentiment de religion et de vrai patriotisme, les représentants de toutes les classes sociales sont accourus de France jusqu'à Nous, heureux de subvenir aux nécessités incessantes de l'Eglise, désireux de nous demander lumière et conseil, pour être sûrs qu'au milieu des présentes tribulations, ils ne s'écarteront en rien des enseignements du Chef des croyants. Et Nous, réciproquement, soit par écrit, soit de vive voix, Nous avons ouvertement dit à Nos fils ce qu'ils avaient droit de demander à leur Père. Et loin de les porter au découragement, Nous les avons fortement exhortés à redoubler d'amour et d'efforts dans la défense de la foi catholique, en même temps que de leur patrie : deux devoirs de premier ordre, auxquels nul homme, en cette vie, ne peut se soustraire.

Et aujourd'hui encore, Nous croyons opportun, nécessaire même, d'élever de nouveau la voix pour exhorter plus instamment, Nous ne dirons pas seulement les catholiques, mais tous les Français honnêtes et sensés, à repousser loin d'eux tout germe de dissentiments politiques, afin de consacrer uniquement leurs forces à la pacification de leur patrie. Cette pacification, tous en comprennent le prix, tous, de plus en plus, l'appellent de leurs vœux. Et Nous qui la désirons plus que personne, puisque Nous représentons sur la terre le *Dieu de la Paix* (1), Nous convions, par les présentes Lettres, toutes les âmes droites, tous les cœurs généreux à Nous seconder pour la rendre stable et féconde.

Avant tout, prenons comme point de départ une vérité notoire, souscrite par tout homme de bon sens et hautement proclamée par l'histoire de tous les peuples, à savoir que la religion, et la religion seule, peut créer le lien social ; que seule elle suffit à maintenir sur de soli-

---

1. Non enim est dissensionis Deus, sed pacis. (I COR. XIV.)

des fondements la paix d'une nation. Quand diverses
familles, sans renoncer aux droits et aux devoirs de la
société domestique, s'unissent, sous l'inspiration de la
nature, pour se constituer membre d'une autre famille
plus vaste, appelée la société civile, leur but n'est pas
seulement d'y trouver le moyen de pourvoir à leur bien-
être matériel, mais surtout d'y puiser le bienfait de leur
perfectionnement moral. Autrement la société s'élève-
rait peu au-dessus d'une agrégation d'êtres sans raison,
dont toute la vie est dans la satisfaction des instincts
sensuels. Il y a plus; sans ce perfectionnement moral,
difficilement on démontrerait que la société civile, loin
de devenir pour l'homme, en tant qu'homme, un avantage, ne tournerait pas à son détriment.

Or, la moralité, dans l'homme, par le fait même qu'elle
doit mettre de concert tant de droits et tant de devoirs
dissemblables, puisqu'elle entre comme élément dans
tout acte humain, suppose nécessairement Dieu, et, avec
Dieu, la religion, ce lien sacré dont le privilège est
d'unir, antérieurement à tout autre lien, l'homme à Dieu.
En effet, l'idée de moralité importe avant tout un ordre
de dépendance à l'égard du vrai, qui est la lumière de
l'esprit ; à l'égard du bien, qui est la fin de la volonté :
sans le vrai, sans le bien, pas de morale digne de ce
nom. Et quelle est donc la vérité principale et essentielle, celle dont toute vérité dérive? C'est Dieu. Quelle
est donc encore la bonté suprême, dont tout autre bien
procède? C'est Dieu. Quel est enfin le créateur et le conservateur de notre raison, de notre volonté, de tout notre
être, comme il est la fin de notre vie? Toujours Dieu.
Puis donc que la religion est l'expression intérieure et
extérieure de cette dépendance que nous devons à Dieu
à titre de justice, il s'en dégage une grave conséquence
qui s'impose: tous les citoyens sont tenus de s'allier
pour maintenir dans la nation le sentiment religieux
vrai, et pour le défendre au besoin, si jamais une école
athée, en dépit des protestations de la nature et de l'histoire, s'efforçait de chasser Dieu de la société, sûre par
là d'anéantir bientôt le sens moral au fond même de la
conscience humaine. Sur ce point, entre hommes qui

n'ont pas perdu la notion de l'honnête, aucune dissidence ne saurait subsister.

Dans les catholiques français, le sentiment religieux doit être encore plus profond et plus universel, puisqu'ils ont le bonheur d'appartenir à la vraie religion. Si, en effet, les croyances religieuses furent, toujours et partout, données comme base à la moralité des actions humaines et à l'existence de toute société bien ordonnée, il est évident que la religion catholique, par le fait même qu'elle est la vraie Église de Jésus-Christ, possède plus que toute autre l'efficacité voulue pour bien régler la vie, dans la société comme dans l'individu. En faut-il un éclatant exemple ? La France elle-même le fournit. — A mesure qu'elle progressait dans la foi chrétienne, on la voyait monter graduellement à cette grandeur morale qu'elle atteignit comme puissance politique et militaire. C'est que la générosité naturelle de son cœur, la charité chrétienne était venue ajouter une abondante source de nouvelles énergies; c'est que son activité merveilleuse avait rencontré, tout à la fois comme aiguillon, lumière directive et garantie de constance, cette foi chrétienne qui, par la main de la France, traça dans les annales du genre humain des pages si glorieuses. Et encore aujourd'hui, sa foi ne continue-t-elle pas d'ajouter aux gloires passées de nouvelles gloires ? On la voit, inépuisable de génie et de ressources, multiplier sur son propre sol les œuvres de charité ; on l'admire partant pour les pays lointains où, par son or, par les labeurs de ses missionnaires, au prix même de leur sang, elle propage d'un même coup le renom de la France et les bienfaits de la religion catholique. Renoncer à de telles gloires, aucun Français, quelles que soient par ailleurs ses convictions, ne l'oserait : ce serait renier la patrie.

Or, l'histoire d'un peuple révèle d'une manière incontestable quel est l'élément générateur et conservateur de sa grandeur morale. Aussi, que cet élément vienne à lui manquer, ni la surabondance de l'or, ni la force des armes ne sauraient le sauver de la décadence morale, peut-être de la mort. Qui ne comprend maintenant que, pour tous les Français qui professent la religion catholique, la grande sollicitude doit être d'en assurer la conservation; et cela avec d'autant plus de dévouement, qu'au milieu d'eux le christianisme devient, de la part des sectes, l'objet d'hostilités plus implacables ? Sur ce terrain, ils ne peuvent se permettre ni indolence dans l'action, ni division de partis; l'une accuserait une lâcheté indigne du chrétien, l'autre serait la cause d'une faiblesse désastreuse.

Et ici, avant de pousser plus loin, il Nous faut signaler une calomnie astucieusement répandue, pour accréditer, contre les catholiques et contre le Saint-Siège lui-même, des imputations odieuses. — On prétend que l'entente et la vigueur d'action inculquées aux catholiques pour la défense de leur foi ont, comme secret mobile, bien moins la sauvegarde des intérêts religieux, que l'ambition de ménager à l'Eglise une *domination politique sur l'Etat.* — Vraiment, c'est vouloir ressusciter une calomnie bien ancienne, puisque son invention appartient aux premiers ennemis du christianisme. Ne fut-elle pas formulée d'abord contre la personne adorable du Rédempteur? Oui, on l'accusait par des visées politiques, alors qu'il illuminait les âmes par sa prédication, et qu'il soulageait les souffrances corporelles ou spirituelles des malheureux avec les trésors de sa divine bonté : « *Nous avons trouvé cet homme travaillant à bouleverser notre peuple, défendant de payer le tribut à César, et s'intitulant le Christ-roi. Si Vous lui rendez la liberté, vous n'êtes pas ami de César : car quiconque se prétend roi, fait de l'opposition à César... César est pour nous le seul roi* (1). »

Ce furent ces calomnies menaçantes qui arrachèrent à Pilate la sentence de mort contre Celui qu'à plusieurs reprises il avait déclaré innocent. Et les auteurs de ces mensonges, ou d'autres de la même force, n'omirent rien pour les propager au loin, par leurs émissaires, ainsi

1. Hunc invenimus subvertentem gentem nostram, et prohibentem tributa dare Cæsari, et dicentem se Christum regem esse. (Luc. XXIII, 2). Si hunc dimittis, non es amicus Cæsaris : omnis enim qui se regem facit contradicit Cæsari... Non habemus regem nisi Cæsarem. JOAN., XIX; 12-15.

que saint Justin martyr, le reprochait aux Juifs de son temps : « *Loin de vous repentir, après que vous avez appris sa résurrection d'entre les morts, vous avez envoyé de Jérusalem des hommes habilement choisis, pour annoncer qu'une hérésie et une secte impie avaient été suscitées par un certain séducteur appelé Jésus de Galilée (2)* ».

En diffamant si audacieusement le christianisme, ses ennemis savaient ce qu'ils faisaient ; leur plan était de susciter contre sa propagation un formidable adversaire, l'Empire romain. La calomnie fit son chemin ; et les païens, dans leur crédulité, appelaient à l'envi les premiers chrétiens « *des êtres inutiles, des citoyens dangereux, des factieux, des ennemis de l'Empire et des empereurs (3)* ». En vain les apologistes du christianisme, par leurs écrits, en vain les chrétiens, par leur belle conduite, s'appliquèrent-ils à démontrer tout ce qu'avaient d'absurde et de criminel ces qualifications : on ne daignait même pas les entendre. Leur nom seul leur valait une déclaration de guerre ; et les chrétiens, par le seul fait qu'ils étaient chrétiens, non pour aucune autre cause, se voyaient forcément placés dans cette alternative : ou l'apostasie, ou le martyre. — Les mêmes griefs et les mêmes rigueurs se renouvelèrent plus ou moins dans les siècles suivants, chaque fois que se rencontrèrent des gouvernements déraisonnablement jaloux de leur pouvoir et animés contre l'Eglise d'intentions malveillantes. Toujours ils surent mettre en avant, devant le public, le prétexte des prétendus envahissements de l'Eglise sur l'Etat, pour fournir à l'Etat des apparences de droit, dans ses empiétements et ses violences envers la religion catholique.

Nous avons tenu à rappeler en quelques traits ce passé, pour que les catholiques ne se déconcertent pas du pré-

---

2. Tantum abest ut pœnitentiam egeritis, post quam Eum a mortuis, resurrexisse accepistis, ut etiam…, eximiis delectis viris, in omnem terrarum orbem eos miseritis, qui renunciarent hæresim set ectam quamdam impiam et iniquam excitatam esse a Jesu quodam galilæo seductore. (*Dialog. cum Tryphone.*)

3. Tertull. *In Apolog.* ;   Minutius Felix, in *Octavio.*

sent. La lutte, en substance, est toujours la même : toujours Jésus-Christ mis en butte aux contradictions du monde ; toujours mêmes moyens mis en œuvre par les ennemis modernes du christianisme, moyens très vieux au fond, modifiés à peine dans la forme ; mais toujours aussi mêmes moyens de défense clairement indiqués aux chrétiens des temps présents par nos apologistes, nos docteurs, nos martyrs. Ce qu'ils ont fait, il nous incombe de le faire à notre tour. Mettons donc au-dessus de tout la gloire de Dieu et de son Eglise ; travaillons pour elle avec une application constante et effective ; et laissons le soin du succès à Jésus-Christ qui nous dit : « *Dans le monde, vous serez opprimés ; mais ayez confiance, j'ai vaincu le monde* (1). »

Pour aboutir là, nous l'avons déjà remarqué, une grande union est nécessaire, et si l'on veut y parvenir, il est indispensable de mettre de côté toute préoccupation capable d'en amoindrir la force et l'efficacité. — Ici Nous entendons principalement faire allusion aux divergences politiques des Français, sur la conduite à tenir envers la république actuelle : question que Nous désirons traiter avec la clarté réclamée par la gravité du sujet, en partant des principes et en descendant aux conséquences pratiques.

Divers gouvernements politiques se sont succédé en France dans le cours de ce siècle, et chacun avec sa forme distinctive : empires, monarchies, républiques. En se renfermant dans les abstractions, on arriverait à définir quelle est la meilleure de ces formes, considérées en elles-mêmes ; on peut affirmer également en toute vérité que chacune d'elle est bonne, pourvu qu'elle sache marcher droit à sa fin, c'est-à-dire le bien commun, pour lequel l'autorité sociale est constituée ; il convient d'ajouter finalement, qu'à un point de vue relatif, telle ou telle forme de gouvernement peut être préférable, comme s'adaptant mieux au caractère et aux mœurs de telle ou telle nation. Dans cet ordre d'idées spéculatif,

---

1. In mundo pressuram habebitis : sed confidite, ego vici mundum (JOAN, XVI, 33.)

les catholiques, comme tout citoyen, ont pleine liberté de préférer une forme de gouvernement à l'autre, précisément en vertu de ce qu'aucune de ces formes sociales ne s'oppose, par elle-même, aux données de la saine raison, ni aux maximes de la doctrine chrétienne. Et c'en est assez pour justifier pleinement la sagesse de l'Église alors que, dans ses relations avec les pouvoirs politiques, elle fait abstraction des formes qui les différencient, pour traiter avec eux les grands intérêts religieux des peuples, sachant qu'elle a le devoir d'en prendre la tutelle, au-dessus de tout autre intérêt. Nos précédentes Encycliques ont exposé déjà ces principes; il était toutefois nécessaire de les rappeler, pour le développement du sujet qui nous occupe aujourd'hui.

Que si l'on descend des abstractions sur le terrain des faits, il faut nous bien garder de renier les principes tout à l'heure établis : ils demeurent inébranlables. Seulement, en s'incarnant dans les faits, ils y revêtent un caractère de contingence déterminé par le milieu où se produit leur application. Autrement dit, si chaque forme politique est bonne par elle-même et peut être appliquée au gouvernement des peuples, en fait, cependant, on ne rencontre pas chez tous les peuples le pouvoir politique sous une même forme; chacun possède la sienne propre. Cette forme naît de l'ensemble des circonstances historiques ou nationales, mais toujours humaines, qui font surgir dans une nation ses lois traditionnelles et même fondamentales; et par celles-ci, se trouve déterminée telle forme particulière de gouvernement, telle base de transmission des pouvoirs suprêmes.

Inutile de rappeler que tous les individus sont tenus d'accepter ces gouvernements et de ne rien tenter pour les renverser ou pour en changer la forme. De là vient que l'Église, gardienne de la plus vraie et de la plus haute notion sur la souveraineté politique, puisqu'elle l'a fait dériver de Dieu, a toujours réprouvé les doctrines et toujours condamné les hommes rebelles à l'autorité légitime. Et cela dans le temps même où les dépositaires du pouvoir en abusaient contre Elle, se privant par là du plus puissant appui donné à leur autorité, et du moyen

le plus efficace pour obtenir du peuple l'obéissance à
leurs lois. On ne saurait trop méditer sur ce sujet, les
célèbres prescriptions, que le Prince des apôtres, au
milieu des persécutions, donnait aux premiers chrétiens:
« *Honorez tout le monde : aimez la fraternité : crai-
gnez Dieu : rendez honneur au roi* (1). Et celles de
saint Paul : « *Je vous en conjure donc avant toutes
choses : ayez soin qu'il se fasse au milieu de vous
des obsécrations, des oraisons, des demandes, des
actions de grâce pour tous les hommes; pour les rois
et pour tous ceux qui sont élevés en dignité, afin que
nous menions une vie tranquille, en toute piété et
chasteté : car cela est bon et agréable devant Dieu notre
Sauveur* (1) ».

Cependant, il faut soigneusement le remarquer ici :
quelle que soit la forme des pouvoirs civils dans une
nation, on ne peut la considérer comme tellement définitive qu'elle doive demeurer immuable, fût-ce l'intention de ceux qui, à l'origine, l'ont déterminée. — Seule,
l'Eglise de Jésus-Christ a pu conserver, et conservera
sûrement jusqu'à la consommation des temps, sa forme
de gouvernement. Fondée par Celui qui *était*, qui *est*, et
qui *sera dans les siècles* (2), elle a reçu de Lui, dès son
origine, tout ce qu'il lui faut pour poursuivre sa mission
divine à travers l'océan mobile des choses humaines.
Et, loin d'avoir besoin de transformer sa constitution
essentielle, elle n'a même pas le pouvoir de renoncer aux
conditions de vraie liberté et de souveraine indépendance
dont la Providence l'a munie dans l'intérêt général des
âmes. — Mais, quant aux sociétés purement humaines,
c'est un fait grave cent fois dans l'histoire, que le temps
ce grand transformateur de tout ici-bas, opère dans leurs

---

1. Omnes honorate ; fraternitatem diligite; Deum timete; regem
honorificate (I Petr. II. 17.)

1. Obsecro igitur primum omnium fieri obsecrationes, orationes pos-
tulationes, gratiarum actiones; pro omnibus hominibus : pro regibus,
et omnibus qui in sublimitate sunt, ut quietam et tranquillam vitam
agamus, in omni pietate et castitate : hoc enim bonum est, et acceptum
coram Salvatore nostro Deo. (I Timoth., II, 1. seqq.

2. Jesus Christus heri, et hodie : ipse in sæcula. (HEBR., XIII, 8.)

institutions politiques de profonds changements. Parfois il se borne à modifier quelque chose à la forme de gouvernement établie ; d'autres fois, il va jusqu'à substituer aux formes primitives, d'autres formes totalement différentes, sans en excepter le mode de transmission du pouvoir souverain.

Et comment viennent à se produire ces changements politiques dont Nous parlons ? Ils succèdent parfois à des crises violentes, trop souvent sanglantes, au milieu desquelles les gouvernements préexistants disparaissent, en fait ; voilà l'anarchie qui domine ; bientôt l'ordre public est bouleversé jusque dans ses fondements. Dès lors une *nécessité sociale* s'impose à la nation ; elle doit, sans retard, pourvoir à elle-même. Comment n'aurait-t-elle pas le droit, et plus encore le devoir de se défendre contre un état de choses qui la trouble si profondément, et de rétablir la paix publique dans la tranquillité de l'ordre ? Or, cette nécessité sociale justifie la création et l'existence des nouveaux gouvernements, quelque forme qu'ils prennent ; puisque, dans l'hypothèse où nous raisonnons, ces nouveaux gouvernements sont nécessairement requis par l'ordre public, tout ordre public étant impossible sans un gouvernement. Il suit de là que, dans de semblables conjectures, toute la nouveauté se borne à la forme politique des pouvoirs civils, ou à leur mode de transmission ; elle n'affecte nullement le pouvoir considéré en lui-même. Celui-ci continue d'être immuable et digne de respect ; car, envisagé dans sa nature, il est constitué et s'impose pour pourvoir au bien commun, but suprême qui donne son origine à la société humaine. En d'autres termes, dans toute hypothèse, le pouvoir civil, considéré comme tel, est de Dieu et toujours de Dieu : « *Car il n'y a point de pouvoir si ce n'est de Dieu* (1) ».

Par conséquent, lorsque les nouveaux gouvernements qui représentent cet immuable pouvoir sont constitués, les accepter n'est pas seulement permis, mais réclamé,

---

1. Non est enim potestas nisi a Deo. (Rom., xiii, 1.)

voire même imposé par la nécessité du bien social qui
les a faits et les maintient. D'autant plus que l'insurrection attise la haine entre citoyens, provoque les guer-
res civiles et peut rejeter la nation dans le chaos de
l'anarchie. Et ce grand devoir de respect et de dépendance persévérera, tant que les exigences du bien commun le demanderont, puisque ce bien est, après Dieu,
dans la société, la loi première et dernière.

Par là s'explique d'elle-même la sagesse de l'Église
dans le maintien de ses relations avec les nombreux
gouvernements qui se sont succédé en France, en moins
d'un siècle, et jamais sans produire des secousses violentes et profondes. Une telle attitude est la plus sûre et
la plus salutaire ligne de conduite pour tous les Français, dans leurs relations civiles avec la République,
qui est le gouvernement actuel de leur nation. Loin
d'eux ces dissentiments politiques qui les divisent ; tous
leurs efforts doivent se combiner pour conserver ou relever la grandeur morale de leur patrie.

Mais une difficulté se présente : « Cette République,
fait-on remarquer, est animée de sentiments si antichré-
tiens que les hommes honnêtes, et beaucoup plus les
catholiques, ne pourraient consciencieusement l'accepter. » Voilà surtout ce qui a donné naissance aux dissentiments et les a aggravés. — On eût vite évité ces
regrettables divergences si l'on avait su tenir soigneusement compte de la distinction considérable qu'il y a
entre *pouvoirs constitués* et *législation*. La législation
diffère à un tel point des pouvoirs politiques et de leur
forme, que, sous le régime dont la forme est la plus excellente, la législation peut être détestable ; tandis qu'à
l'opposé, sous le régime dont la forme est la plus impar-
faite, peut se rencontrer une excellente législation.
Prouver, l'histoire à la main, cette vérité, serait chose
facile ; mais à quoi bon ? tous en sont convaincus. Et
qui mieux que l'Église est en mesure de le savoir, elle
qui s'est efforcée d'entretenir des rapports habituels
avec tous les régimes politiques ? Certes, plus que tout
autre puissance, elle saurait dire ce que lui ont souvent
apporté de consolations ou de douleurs les lois des di-

vers gouvernements qui ont successivement régi les peuples de l'empire romain jusqu'à nous.

Si la distinction tout à l'heure établie a son importance majeure, elle a aussi sa raison manifeste : la législation est l'œuvre des hommes investis du pouvoir et qui, de fait, gouvernent la nation. D'où il résulte qu'en pratique, la qualité des lois dépend plus de la qualité de ces hommes que de la forme du pouvoir. Ces lois seront donc bonnes ou mauvaises, selon que les législateurs auront l'esprit imbu de bons ou de mauvais principes, et se laisseront diriger, ou par la prudence politique ou par la passion.

Qu'en France, depuis plusieurs années, divers actes importants de la législation aient procédé de tendances hostiles à la religion, et, par conséquent, aux intérêts de la nation, c'est l'aveu de tous, malheureusement confirmé par l'évidence des faits. Nous-même, obéissant à un devoir sacré, nous en adressâmes des plaintes vivement senties à celui qui était alors à la tête de la République. Ces tendances cependant persistèrent, le mal s'aggrava, et l'on ne saurait s'étonner que les membres de l'épiscopat français, placés par l'Esprit-Saint pour régir leurs différentes et illustres Eglises, aient regardé, encore tout récemment, comme une obligation, d'exprimer publiquement leur douleur, touchant la situation créée en France à la religion catholique. Pauvre France ! Dieu seul peut mesurer l'abîme de maux où elle s'enfoncerait si cette législation, loin de s'améliorer, s'obstinait dans une telle déviation, qui aboutirait à arracher de l'esprit et du cœur des Français la religion qui les a faits si grands.

Et voilà précisément le terrain sur lequel, tout dissentiment politique mis à part, les gens de bien doivent s'unir comme un seul homme pour combattre, par tous les moyens légaux et honnêtes, ces abus progressifs de la législation. Le respect que l'on doit aux pouvoirs constitués ne saurait l'interdire ; il ne peut importer ni le respect, ni beaucoup moins l'obéissance sans limites à toute mesure législative quelconque, édictée par ces mêmes pouvoirs. Qu'on ne l'oublie pas, la loi est une prescription ordonnée selon la raison et promulguée, pour le bien de la communauté, par ceux qui ont reçu à cette fin le dépôt du pouvoir. — En conséquence, jamais on ne peut approuver des points de législation qui soient hostiles à la religion et à Dieu : c'est, au contraire, un devoir de les réprouver. C'est ce que le grand évêque d'Hippone, saint Augustin, mettait en parfaite lumière dans ce raisonnement plein d'éloquence : « *Quelques fois, les puissances de la terre sont bonnes et craignent Dieu : d'autres fois, elles ne le craignent pas. Julien était un empereur infidèle à Dieu, un apostolat, un pervers, un idolâtre. Les soldats chrétiens servirent cet empereur infidèle. Mais, dès qu'il s'agissait de la cause de Jésus-Christ, ils ne reconnaissaient que Celui qui est dans le Ciel. Julien leur prescrivait-il d'honorer les idoles et de les encenser; ils mettaient Dieu au-dessus du prince. Mais, leur disait-il : Formez vos rangs pour marcher contre telle nation ennemie : à l'instant ils obéissaient. Ils distinguaient le Maître éternel du maître temporel, et cependant, en vue du Maître éternel, ils se soumettaient même à un tel maître temporel* » (1). Nous le savons, l'athée, par un lamentable abus de sa raison et plus encore de sa volonté, nie ces principes. Mais, en définitive, l'athéisme est une erreur si monstrueuse qu'elle ne pourra jamais, soit dit à l'honneur de l'humanité, y anéantir la conscience des droits de Dieu pour y substituer l'idôlatrie de l'État.

Les principes qui doivent régler notre conduite envers Dieu et envers les gouvernements étant ainsi définis, aucun homme impartial ne pourra accuser les catholiques français, si, sans épargner ni fatigues ni sacrifices, ils

---

1. Aliquando... potestates bonæ sunt, et timent Deum; aliquando non timent Deum. Julianus extitit infidelis imperator, extitit apostata, iniquus, idolatra: milites christiani servierunt Imperatori infideli; ubi veniebatur ad caussam Christi, non agnoscebant nisi Illum qui in cœlis erat. Si quando volebat ut idola colerent, ut thurificarent, præponebant illi Deum equando autem dicebat ; Producite aciem, ite contra illam gentem; statim obtemperabant. Distinguebant Dominum æternum, a domino temporali; et tamen subditi erant propter Dominum æternum, tiam domino temporali. (EXARRAT in Psalm. CXXIV. n. 7, fin.)

travaillent à conserver à leur patrie ce qui est pour elle une condition de salut, ce qui résume tant de traditions glorieuses enregistrées par l'histoire, et que tout Français a le devoir de ne pas oublier.

Avant de terminer Notre Lettre, Nous voulons toucher à deux autres points connexes entre eux, et qui, se rattachant de plus près aux intérêts religieux, ont pu susciter parmi les catholiques quelque division. — L'un d'eux est le *Concordat*, qui, pendant tant d'années, a facilité en France l'harmonie entre le gouvernement de l'Église et celui de l'État. Sur le maintien de ce Pacte solennel et bilatéral, toujours fidèlement observé de la part du Saint-Siège, les adversaires de la religion catholique eux-mêmes ne s'accordent pas. — Les plus violents voudraient son abolition, pour laisser à l'État toute liberté de molester l'Église de Jésus-Christ. — D'autres, au contraire, avec plus d'astuce, veulent, ou du moins assurent vouloir la conservation du Concordat : non pas qu'ils reconnaissent à l'État le devoir de remplir envers l'Église les engagements souscrits, mais uniquement pour le faire bénéficier des concessions faites par l'Église ; comme si l'on pouvait à son gré séparer les engagements pris des concessions obtenues, alors que ces deux choses font partie substantielle d'un seul tout. Pour eux, le Concordat ne resterait donc que comme une chaîne propre à entraver la liberté de l'Église, cette liberté sainte à laquelle elle a un droit divin et inaliénable. De ces deux opinions, laquelle prévaudra ? Nous l'ignorons. Nous avons voulu seulement les rappeler, pour recommander aux catholiques de ne pas provoquer de scission sur un sujet dont il appartient au Saint-Siège de s'occuper.

Nous ne tiendrons pas le même langage sur l'autre point, concernant le principe de la séparation de l'État et de l'Église, ce qui équivaut à séparer la législation humaine de la législation chrétienne et divine. Nous ne voulons pas nous arrêter à démontrer ici tout ce qu'a d'absurde la théorie de cette séparation ; chacun le comprendra de lui-même. Dès que l'État refuse de donner à Dieu ce qui est à Dieu, il refuse, par une conséquence

nécessaire, de donner aux citoyens ce à quoi ils ont
droit comme hommes; car, qu'on le veuille ou non, les
vrais droits de l'homme naissent précisément de ses
devoirs envers Dieu. D'où il suit que l'Etat, en manquant, sous ce rapport, le but principal de son institution, aboutit, en réalité, à se renier lui-même, et à démen-
tir ce qui est la raison de sa propre existence. Ces vérités
supérieures sont si clairement proclamées par la voix
même de la raison naturelle, qu'elles s'imposent à tout
homme que n'aveugle pas la violence de la passion. Les
catholiques, en conséquence, ne sauraient trop se garder
de soutenir une telle séparation. En effet, vouloir que
l'Etat se sépare de l'Eglise, ce serait vouloir, par une
conséquence logique, que l'Eglise fût réduite à la liberté
de vivre selon le droit commun à tous les citoyens. —
Cette situation, il est vrai, se produit dans certains pays.
C'est une manière d'être qui, si elle a de nombreux et
graves inconvénients, offre aussi quelques avantages,
surtout quand le législateur, par une heureuse inconsé-
quence, ne laisse pas que de s'inspirer des principes chrétiens; et ces avantages, bien qu'ils ne puissent justifier
le faux principe de la séparation, ni autoriser à le défendre, rendent cependant digne de tolérance un état de
choses qui, pratiquement, n'est pas le pire de tous.

Mais, en France, nation catholique par ses traditions
et par la foi présente de la grande majorité de ses fils,
l'Eglise ne doit pas être mise dans la situation précaire
qu'elle subit chez d'autres peuples. Les catholiques peuvent d'autant moins préconiser la séparation qu'ils connaissent mieux les intentions des ennemis qui la dési-
rent. Pour ces derniers, et ils le disent assez clairement,
cette séparation, c'est l'indépendance entière de la législation politique envers la législation religieuse; il y a
plus, c'est l'indifférence absolue du pouvoir à l'égard
des intérêts de la société chrétienne, c'est-à-dire de
l'Eglise, et la négation même de son existence. — Ils
font cependant une réserve qui se formule ainsi : Dès
que l'Eglise, utilisant les ressources que le droit commun laisse au moindre des Français, saura, par un
redoublement de son activité native, faire prospérer son

œuvre, aussitôt l'Etat intervenant pourra et devra mettre les catholiques français hors du droit commun lui-même. — Pour tout dire, en un mot, l'idéal de ces hommes serait le retour au paganisme, l'Etat ne reconnaît l'Eglise qu'au jour où il lui plaît de la persécuter.

Nous avons expliqué, Vénérables Frères, d'une manière abrégée, mais nette, sinon tous, au moins les principaux points sur lesquels les catholiques français et tous les hommes sensés doivent pratiquer l'union et la concorde pour guérir, autant qu'il est possible encore, les maux dont la France est affligée, et pour relever même sa grandeur morale. Ces points sont, la religion et la patrie, les pouvoirs politiques et la législation, la conduite à tenir à l'égard de ces pouvoirs et à l'égard de cette législation, le Concordat, la séparation de l'Etat et de l'Eglise. — Nous nourrissons l'espoir et la confiance que l'éclaircissement de ces points dissipera les préjugés de plusieurs hommes de bonne foi, facilitera la pacification des esprits, et par elle l'union parfaite de tous les catholiques, pour soutenir la grande cause du *Christ qui aime les Francs.*

Quelle consolation pour Notre cœur de vous encourager dans cette voie, et de vous contempler tous, répondre docilement à notre appel! — Vous, Vénérables Frères, par votre autorité et avec le zèle si éclairé pour l'Eglise et la patrie, qui vous distingue, vous apporterez un puissant secours à cette œuvre pacificatrice. — Nous aimons même à espérer que ceux qui sont au pouvoir voudront bien apprécier nos paroles, qui visent à la prospérité et au bonheur de la France.

En attendant, comme gage de Notre affection paternelle, Nous donnons à vous, Vénérables Frères, à votre clergé, ainsi qu'à tous les catholiques de France, la bénédiction apostolique.

Donné à Rome, le 16 février de l'année 1892, de Notre pontificat la quatorzième.

                          LÉO PP. XIII.

ANNEXE C

Discours prononcé au Sénat par M. Maxime Lecomte dans la discussion de l'interpellation de M. Joseph Fabre.

I

Séance du 2 avril 1897

M. MAXIME LECOMTE. — Messieurs, le Sénat comprend mon embarras.

Voix diverses. — Mais non! Pourquoi?

M. MAXIME LECOMTE. — Parce que j'avais des observations assez longues à présenter et que je vais être obligé de les écourter considérablement pour être agréable au Sénat. (*Parlez! parlez!*)

La question cléricale, messieurs, se compose de questions cléricales nombreuses, complexes et délicates, par exemple la concurrence faite aux établissements de l'État par les établissements d'enseignements congréganistes. Dans une de nos dernières séances, M. Combes, et après lui M. le ministre de l'Instruction publique, en ont tous deux excellemment parlé.

La situation, en droit et en fait, des congrégations, les impôts qu'elles devraient payer et qu'elles ne payent pas, la propagande cléricale dans l'armée, voilà un certain nombre de ces questions. De l'ensemble, l'honorable M. Joseph Fabre, dans un magnifique discours, a détaché deux chapitres. Il a parlé de l'ingérance du pontife romain dans la politique intérieure de notre pays. Il a parlé de l'action politique et électorale du clergé.

Je désirais donc présenter au Sénat quelques observations et lui donner quelques renseignements uniquement sur ce dernier point. Mais, même pour traiter une seule de ces questions, il est nécessaire, selon moi, de s'être fait une philosophie sur notre droit ecclésiastique, d'avoir une doctrine sur les rapports entre l'Église et l'État.

L'Église se prétend immuable. L'État, au contraire, change dans ses principes et dans ses formes. Vis-à-vis de l'Église, ou l'État doit la soumettre, ou il doit se soumettre, ou il doit passer avec elle un traité d'alliance, faire un pacte qui comporte des droits et des obligations pour chacune des parties contractantes : c'est le système du Concordat.

Et il m'a semblé ressortir des explications données tout à l'heure par l'honorable ministre de la Justice et des Cultes qu'il était partisan du maintien de la politique concordataire.

Mais nous savons qu'il y a une quatrième solution.

En présence d'une véritable incompatibilité d'humeur qui peut exister entre les principes de la Révolution et les anathèmes du Syllabus, on peut penser au divorce, à la séparation, et, je dois rappeler que, pendant longtemps, le parti républicain a cru qu'il devait consacrer ses efforts à préparer cette quatrième solution qui, véritablement, est la solution libérale.

Je crois que nous sommes dans une situation complètement faussée, dans une situation qui est pleine de confusion et de danger, parce que la politique concordataire ne peut désormais s'exercer qu'à l'avantage de l'Église et au détriment de l'État. Pourquoi? Parce que le contrat, de synallagmatique qu'il était, comme disent les juristes, c'est-à-dire, liant l'une et l'autre parties, est devenu peu à peu unilatéral, c'est-à-dire qu'il n'oblige plus que l'État et n'oblige plus l'Église. La partie qui contenait des obligations pour le clergé a disparu, portion par portion, successivement, et presque tout est devenu caduc. A ce propos, ai-je besoin de rappeler d'un mot les mémorables discussions qui se sont élevées?

Tout à l'heure, M. le comte de Blois parlait d'un éloquent discours de Mgr Freppel et en citait des passages

A cette affirmation des libertés nécessaires dont devraient profiter les membres du clergé comme les autres citoyens, il avait été répondu de la façon la plus topique et la plus irréfutable, par un grand orateur du parti républicain, l'honorable M. Waldeck-Rousseau, qui avait rétabli la véritable doctrine de la défense de l'État contre les prétentions de l'Église.

Voulez-vous que je vous rappelle qu'en 1880, quelques temps avant l'exécution des décrets, un duel oratoire a eu lieu, au Sénat même, entre M. Jules Ferry et M. le duc de Broglie ? C'était à propos de la discussion de la loi sur le conseil supérieur de l'instruction publique.

Je ne veux pas, à l'heure qu'il est, faire devant vous des citations. Le moment serait mal choisi pour cela. (*A demain. — Parlez! parlez!*)

Je continue, messieurs, à être de plus en plus embarrassé. Les uns me disent : « Parlez ! » les autres : « Ne parlez pas ! (*A demain ! — Parlez! parlez!*)

M. LE PRÉSIDENT. — Le Sénat vient de décider, il y a quelques instants, que la séance continuait.

M. MAXIME LECOMTE. — Si vous voulez que je parle (*Parlez: parlez!*), soyez assez bienveillants pour m'écouter.

Sans citer le discours du duc de Broglie même par extraits, je n'ai qu'à indiquer l'esprit de ce discours. Il disait que, véritablement, on avait détourné le Concordat dans son application de l'esprit qui l'avait inspiré, que c'était un pacte d'alliance, un instrument de concordat et qu'on en avait fait un instrument de discorde, qu'il était un instrument de paix et qu'on en avait fait un instrument de guerre.

Nous pensons absolument la même chose, et en présence de l'évolution historique dont nous avons été les témoins, nous croyons que c'est plutôt nous qui sommes dans le vrai.

Oui, je crois qu'il est absolument vrai de dire que poursuivre une politique concordataire c'est agir dans un sens qui facilite à l'Église la domination des esprits et l'action électorale à laquelle elle s'attache à l'heure qu'il est.

Nous pourrions aisément accepter de revenir au point de départ. Certes, lorsque le premier consul a été le restaurateur du culte catholique, il a voulu, en même temps, empêcher l'Eglise de reprendre et sa puissance territoriale et sa puissance politique.

Si vous nous rendez le Concordat qu'avait fait le premier consul, lequel, plus tard, vous le savez du reste parfaitement, a fait de l'autorité ecclésiastique un instrument de règne, nous aurons votre appui en faveur non seulement des institutions républicaines, mais de la législation républicaine.

Je prends le Concordat à l'origine, et, dans l'esprit du discours que je rappelais tout à l'heure, je puis dire : Le restaurateur du culte catholique avait voulu avoir un clergé purement séculier, se composant de prêtres ayant des fonctions dans les diocèses ; il avait voulu que ce clergé restât appliqué au devoir de son ministère sacré, et n'eût aucune espèce d'associations ni de réunions.

Vous savez parfaitement, messieurs, que le Concordat et les lois qui font corps avec lui et qui ont été consacrés par tous les régimes, même par la Restauration, — on vous le rappelait tout à l'heure, — interdisaient les conciles nationaux ou métropolitains, les synodes diocésains, en un mot, toute assemblée délibérante sans l'autorisation de l'Etat.

Vous savez parfaitement que la loi du 18 germinal an X interdit tout attentat aux libertés, franchises et coutumes de l'Eglise gallicane.

Quelle était la règle fondamentale pour l'Eglise de France, pour l'Eglise gallicane ? Elle est bien simple et c'est une très belle formule. La trouveriez-vous libérale ?

Si nous en réclamions l'application aujourd'hui, nous appelleriez-vous persécuteurs ?

La règle de l'Eglise gallicane est celle-ci : l'Eglise est dans l'Etat et non pas l'Etat dans l'Eglise! c'est-à-dire que la société civile revendique son indépendance.

Actuellement, M. Joseph Fabre vous l'a dit tout à l'heure dans un magnifique langage, il n'y a plus de gallicans, il ne peut plus y en avoir, de sorte que les choix du Gouvernement, qu'il le veuille ou non, ne peuvent s'exercer que parmi des ultramontains plus ou moins militants. On s'incline devant l'étiquette républicaine mais on se réserve, on en use et on en abuse pour combattre les lois républicaines.

Est-ce que l'auteur du Concordat aurait souffert un seul instant une action politique du clergé capable de contrarier les vues de son Gouvernement ?

Vous voyez bien qu'il n'y a plus de contrat liant les deux parties ; qu'il n'y a plus que des droits revendiqués par l'Eglise. Aucune obligation ne le lie plus et elle peut tout tourner contre l'indépendance de la société civile.

Je le répète, messieurs, nous sommes loin et nous ne pouvons être que très loin de l'esprit concordataire, du pacte d'alliance !

Nous sommes absolument à l'opposé des principes de d'Aguesseau et de Bossuet, des principes de d'Aguesseau sur les biens de mainmorte.

M. AUDREN DE KÉRDREL. — Contentez-vous du libéralisme de Napoléon.

M. MAXIME LECOMTE. — Je n'en veux pas.

M. LE PRÉSIDENT. — Monsieur de Kerdrel, veuillez ne pas interrompre.

M. AUDREN DE KERDREL. — Je n'abuse pas des interruptions, monsieur le président, mais vraiment quand j'entends parler du libéralisme de Napoléon !

M. MAXIME LECOMTE. — Je ne parle pas en ce moment de Napoléon, monsieur Audren de Kerdrel, je parle de Bossuet. Je vous dis que le Concordat est basé sur les principes de l'Eglise gallicane tels qu'ils ont été formulés par l'aigle de Meaux.

Enfin, messieurs, quand on parle de l'application stricte du Concordat et d'une politique concordataire, pouvez-vous nous faire croire un seul instant que l'Etat serait bien venu, qu'il serait recevable dans la prétention de faire enseigner même dans les séminaires les quatre articles de la déclaration de 1682.

M. BUFFET. — Ce n'est pas dans le Concordat, l'enseignement des quatre articles !

33.

M. Lucien Brun. — Il faudrait d'abord rappeler le roi !

M. Maxime Lecomte. — Voici le premier article de la déclaration (A demain ! — Parlez !)

— Le pape et l'Eglise elle-même... » (Bruit. — A demain ! — Parlez !)

Je vais au moins vous lire cet article de la déclaration :

« Le pape et l'Eglise elle-même n'ont reçu de puissance de Dieu que sur les choses spirituelles et non sur les choses temporelles et civiles. »

Voilà notre charte écrite de la main de Bossuet.

M. Audren de Kerdrel. — Elle n'y est pas tout entière !

M. Maxime Lecomte. — Je ne lis pas la déclaration tout entière pour une excellente raison, monsieur de Kerdrel, c'est que la République française ne peut pas avoir la prétention de faire enseigner dans les séminaires une doctrine qui, à l'heure qu'il est, est hérétique.

Elle est hérétique en vertu du concile de Rome qui a proclamé l'infaillabilité du pape...

Voix diverses. — A demain ! à demain ! — Parlez ! parlez !

M. Maxime Lecomte. — Je suis de plus en plus embarrassé, messieurs.

M. Le Provost de Launay. — Continuez votre conférence religieuse.

M. Maxime Lecomte. — Monsieur Le Provost de Launay, nous sommes en matière religieuse, je dis au Sénat que nous ne pouvons pas traiter cette question sans avoir une doctrine sur les rapports nécessaires, à l'heure actuelle, entre l'Eglise et l'Etat. C'est du droit ecclésiastique et je ne peux pas traiter cette importante question sans faire du droit ecclésiastique et une conférence religieuse, si vous le voulez; je vous parlerai même, quoique je ne sois pas très qualifié pour cela, des intérêts de la religion.

Voix nombreuses. — A demain ! — Parlez ! parlez !)

J'avertis le Sénat que j'ai encore d'assez longs développements à lui soumettre (*Mouvements et bruits divers.*)

M. LE PRÉSIDENT. — J'engage mes collègues à écouter l'orateur...

Voix diverses. — A demain! — Parlez! — Continuez!

M. DESTIEUX-JUNCA. — On demande le renvoi à demain, monsieur le président.

M. LE PRÉSIDENT. — J'ai bien entendu, monsieur Destieux-Junca.

... et s'ils ne sont pas décidés à écouter ou s'ils ne le peuvent plus, à se prononcer pour le renvoi à demain.

M. TRARIEUX. — Il serait utile de savoir si M. Maxime Lecomte en a encore pour longtemps.

M. MAXIME LECOMTE. — J'en ai encore pour une bonne demi-heure (*A demain! — Parlez!*)

M. LE PRÉSIDENT. — Insiste-on pour le renvoi de la discussion à demain? (*Oui! Non!*)

J'entends dire oui et non.

Je consulte le Sénat.

(Le Sénat décide que la suite de la discussion est renvoyée à la prochaine séance.)

II

Séance du 3 avril 1897

M. MAXIME LECOMTE. — Messieurs, mon premier mot sera un mot de remerciement pour la grande bienveillance et la courtoisie du Sénat qui a bien voulu renvoyer à aujourd'hui la suite de la discussion; mais je le remercierai plus efficacement encore, je l'espère, en n'abusant pas de son attention, en ne la fatiguant pas (*Très bien!*) Je suis obligé de reprendre, mais très brièvement, ce que j'affirmais hier; je constatais avec M. le garde des Sceaux que la politique du Gouvernement était une politique purement concordataire, et j'indiquais qu'il y en avait une autre qui avait été longtemps et qui est encore, je crois, la politique d'une importante fraction du

parti républicain. Cette autre politique, se basant sur
l'incompatibilité entre les principes de la Révolution et
les anathèmes du *Syllabus*, tend à préparer la séparation de l'Eglise et de l'Etat, notamment en commençant
par une loi sur les associations.

J'indiquais qu'il n'était plus possible, à l'heure qu'il
est, avec l'évolution historique qui s'est produite, d'appliquer strictement le Concordat, parce qu'alors, ainsi
que me l'objectait, n'ayant pas saisi toute ma pensée,
l'honorable M. Audren de Kerdrel qui me faisait l'honneur de m'interrompre, nous avions le même libéralisme
que Napoléon. De même que nous ne pouvons plus exiger du clergé, à l'heure qu'il est, l'habit à la française,
nous ne pouvons pas davantage exiger, au nom du Concordat qui reste une loi de la République, l'enseignement dans les séminaires des quatre articles de la déclaration de 1682. Il est certain que s'ils ne sont pas déjà
excommuniés pour d'autres causes, les ministres républicains, même ceux qui siégent sur ces bancs, le seront s'ils
poursuivent cette prétention de faire enseigner dans les
séminaires ces quatre articles.

Il y a donc, comme j'en faisais l'observation, dans le
Concordat, des parties caduques; l'esprit qui a inspiré ce
pacte d'alliance n'existe plus; il y avait un pouvoir fort
qui l'appliquait. Tout cela a disparu. Depuis le premier
consul, nous avons eu la reconstitution des congrégations et des biens de mainmorte. Nous avons eu la
Seconde République qui a donné la liberté de l'enseignement secondaire; la Troisième République qui a donné
la liberté de l'enseignement supérieur.

Nous avons la liberté de la presse, la liberté de réunion; et, de plus, le clergé a conquis une liberté qui
n'appartient pas à l'ensemble des autres citoyens, la
liberté d'association.

De sorte que, malgré l'esprit du Concordat et celui qui
l'a fait, l'Eglise, en France, a repris et sa puissance territoriale et sa puissance politique. En face du clergé,
nous, parti républicain, nous sommes un pouvoir faible
et débonnaire, et nous n'avons à notre service, ce me
semble, que d'impuissantes sanctions.

M. de Blois, dans son discours d'hier, indiquait que
le clergé était en droit de revendiquer toutes les libertés
dont nous jouissons. Il invoquait l'autorité non seulement de M. Freppel, mais aussi celle de M. de Lanes-
san. Il pouvait ajouter le mandement de carême qui
vient d'être lu dans un diocèse de France, le mandement
de Mgr Mathieu, archevêque de Toulouse, que citait
l'honorable M. Joseph Fabre.

Cela se résume ainsi : « Laissez toute indépendance
au clergé. » Et l'on ne fait pas attention que cette indépendance est faite de la dépendance et de la soumission
de la société civile. (*Très bien ! très bien ! sur plusieurs
bancs à gauche.*)

A cette prétention, je disais que l'honorable M. Waldeck-Rousseau avait répondu. En effet, dans la séance
de la Chambre des Députés du 24 novembre 1881, M. Waldeck-Rousseau concluait au respect absolu, de la part
du clergé, des lois et de la Constitution. Voilà donc bien
le pacte d'alliance comme je le revendiquais moi-même
à cette tribune. Nous pouvons avoir la paix, entre l'Etat
et l'Eglise, à la condition que nous ayons réellement un
clergé gallican, en ce sens que nous aurions un clergé
français, respectant tout aussi bien les lois de la République française qu'il dit en respecter l'étiquette et les
institutions fondamentales. Cet article 1ᵉʳ de la déclaration de 1682, dont je vous parlais hier, n'est pas caduc,
lui ; il subsiste. Je le citais et j'en reproduis encore les
termes en les résumant : « Le Pape et l'Eglise elle-même
n'ont reçu de puissance de Dieu que sur les choses spirituelles et non sur les choses temporelles et civiles. »

Le ministre de l'Intérieur de 1881, l'honorable M. Waldeck-Rousseau, répondant à M. Freppel, disait ceci :

« Sous prétexte de l'enseignement, de la morale sociale,
sous prétexte d'ouvrir aux membres du clergé le champ
infini des dissertations philosophiques appliquées à
la politique contemporaine, ce n'est rien moins que l'im-
mixtion du clergé dans toutes les élections que l'on propose. (*Aplaudissements prolongés*), et je ne veux pas
perdre de vue qu'un semblable appel — je ne dis pas seulement un semblable encouragement — nécessite im-

médiatement une protestation aussi brève qu'énergique.

« M. BIZARELLI. — Et des mesures.

« M. LE MINISTRE. — Nous entendons que le clergé se renferme absolument dans le rôle qui lui a été rappelé par les lois que l'on citait tout à l'heure: (*Très bien!*) Nous entendons aussi mettre au service du respect de cette partie de notre législation, comme de toutes les autres, toutes ressources que la loi met à notre dispositions. » (*Nouveaux applaudissements*).

Les prêtres jouissent, à l'heure qu'il est, de toutes les libertés; seulement le pacte d'alliance est rompu : c'est qu'ils n'acceptent aujourd'hui aucune espèce d'obligation. Ils continuent à s'armer pour combattre les lois scolaires et les lois militaires, pour inspirer le mépris du mariage; pour être les rédacteurs et les propagateurs de journaux, pour fonder des comités, pour se réunir en congrès et créer une foule d'associations.

Le prêtre dont le rôle a été défini dans un admirable langage hier à cette tribune par l'honorable M. Joseph Fabre, sort de son rôle tel qu'il est commandé par son ministère sacré.

Il transforme la chaire de vérité en tribune, et le clergé paroissial devient ainsi, je le répète, le moteur de comités électoraux.

Le pacte d'alliance est donc rompu, puisque cette alliance a été faite pour que nous ayons des ministres du culte, des professeurs de morale qui disent : « Aimez Dieu; aimez votre prochain », et qui ajoutent : « Aimez le gouvernement de votre pays. » (*Légères rumeurs à droite*).

Oui, messieurs, les prêtres ont des devoirs particuliers envers l'État. Ils ne sont pas des citoyens comme les autres, des fonctionnaires comme les autres. Et pourquoi? Ma réponse est bien simple, et vous la devinez, je l'ai donnée par avance : A cause du Concordat; non seulement parce qu'ils sont consacrés par le sacrement comme ministres du culte, par leurs supérieurs ecclésiastiques, mais parce qu'ils sont en même temps, en vertu du Concordat, investis de l'autorité de l'État; ils sont payés ils sont protégés par l'État.

Il y a, à l'appui de cette protection, des sanctions pénales. Nul n'est admis à troubler leurs offices, à les contredire lorsqu'ils sont dans cette chaire de vérité dont je parlais tout à l'heure et qui malheureusement est trop souvent transformée en tribune.

Il est donc intolérable de permettre de la part du clergé cet abus de fonctions qui lui sont conférées par l'État, abus qui consiste à en faire un instrument à la disposition d'un parti politique quelconque.

Et ce danger, messieurs, est encore plus grand maintenant que nous en sommes revenus, comme on nous l'indiquait si bien hier, au « Sauvez Rome et la France au nom du Sacré-Cœur » De sorte que les cléricaux — j'entends par cléricaux tous ceux qui, sous couleur de religion, font de la politique — les cléricaux, dis-je, touchent? quand ils représentent la France comme une nation déchue et qui a mérité sa déchéance, comme une nation perdue et qu'il faut sauver.

Eh bien, dans mon cœur de patriote, je n'admettrai jamais qu'il en soit ainsi, et je ne permettrai pas aux cléricaux de dire que notre France a besoin d'être sauvée par eux (*Très bien! et applaudissement à gauche*).

Ils touchent même — c'est un symbole — au drapeau national, et vous savez parfaitement qu'ils en ont fait une bannière.

Tout cela messieurs, s'est révélé notamment — cela vous a été indiqué hier — au congrès de Reims, les grandes assises ecclésiastiques. J'en ai le compte rendu sous forme d'un gros volume que je tiens à votre disposition. On lit, à la fin de ce volume, cette déclaration :

« Vous avez mis la main à la charrue, ô prêtre! sans vous occuper de ce qu'on dira ou de ce qu'on ne dira pas autour de vous, poussez tranquillement votre sillon. »

Quelle est la direction de ce sillon? Je dois vous le dire : c'est que nous en sommes revenus au concile de Trente; il a même été aggravé par le *Syllabus*.

Il y a un tout petit volume, beaucoup moins grand celui-là que le compte rendu du congrès de Reims, et que je recommande à vos méditations : c'est l'ouvrage de Mgr Gaume, c'est le *Petit Catéchisme du Syllabus,* édition de 1894. Je puis en recommander la lecture notamment à notre honorable collègue, M. le comte de Blois.

M. le comte de Blois, j'en suis persuadé, se considère comme un catholique libéral. Eh bien, le *Syllabus* et le *Petit Catéchisme du Syllabus*, qui en est le résumé, nous disent que le catholicisme libéral est une peste. (*Rires à gauche.*) Il nous dit aussi — tout cela est bien instructif — que « c'est une erreur qui doit être anathématisée que celle qui prétend que le pontife romain peut et doit se réconcilier et marcher d'accord avec la civilisation moderne ».

D'autres erreurs qui sont condamnées sont : la liberté de conscience, l'égalité des cultes, la liberté de la presse, — on ne s'en douterait guère en lisant le journal la *Croix*, — l'approbation de la sécularisation de la politique. J'appelle, messieurs, toute votre attention sur ce mot qui résume bien la question : C'est la sécularisation de la politique que nous voulons, c'est-à-dire la séparation de deux choses qui doivent rester distinctes, la politique et la religion. Eh bien, le *Syllabus* condamne cette idée qui est la vôtre, la sécularisation de la politique : « Elle laisserait la conscience humaine sans autre règle que le caprice des princes ou des assemblées régnant sans contrôle. »

Et, dans ce petit opuscule, je trouve à cet endroit une note qui a une grande valeur ; elle est ainsi conçue :

« Pour des raisons graves, ces libertés prétendues peuvent quelquefois être tolérées ; mais jamais elles ne peuvent être élevées à la dignité d'un droit. »

Je disais que je n'étais peut-être pas assez qualifié pour prendre en mains la défense des intérêts de la religion...

M. LE GARDE DES SCEAUX. — Ce que vous venez de lire remonte à 1894, et c'est l'expression d'une opinion individuelle.

M. MAXIME LECOMTE. — Je tiens l'ouvrage à votre disposition. C'est le résumé du *Syllabus*, fait de façon à permettre à tous les fidèles et à vous même, monsieur le ministre (*Sourires*), d'être en possession de la règle qui s'impose, pour sa conduite et sa pensée, à tout chrétien.

M. DE MARCÈRE. — Ce n'est pas l'interprétation de Léon XIII !

M. RANC. — Les doctrines de l'Eglise sont immuables. Par conséquent, que la note ait paru en 1894 ou à une autre époque, c'est la même chose.

M. MAXIME LECOMTE. — Si j'étais qualifié pour prendre en mains la défense des intérêts religieux, je pourrais manifester certaines inquiétudes. Je dis cela pour mes collègues de ce côté (*l'orateur désigne la droite*), car l'Eglise militante politique mêle d'une singulière façon le sacré et le profane, et prend une allure passablement simoniaque.

Nous trouvons, en effet, ce que j'appellerai des prêtres fin de siècle. (*Sourires*). Monseigneur le cardinal archevêque de Reims dit « le clergé de demain ». — Ces prêtres fin de siècle n'appartiennent à aucune paroisse; ils vivent en marge du clergé ordinaire; ils ont le parti pris de s'occuper d'affaires temporelles; ce sont des journalistes et des missionnaires; maîtres Jacques de la politique et de la religion, ils méconnaissent les vrais intérêts de celle-ci et violent le Concordat qui les lie à l'Etat.

Je vais, par exemple, vous montrer dans le compte rendu du congrès de Reims ce que dit le curé de Plaisance — c'est un des rédacteurs et des propagateurs de la *Croix* — et en passant je fais cette observation : voilà ce qu'en vertu du Concordat le Gouvernement ne peut guère admettre, c'est que le clergé paroissial se fasse l'agent d'une certaine presse, le rédacteur et le propagateur de journaux qui distillent la haine, sont des instruments de discorde et impriment à chaque page l'injure et la calomnie.

J'indiquais donc que le curé de Plaisance, à l'occasion de la *Croix*, dit ceci :

« Songeons un peu moins à la clientèle catholique qui devient tous les jours plus rare et qui vieillit; renouvelons-la en tâchant d'entrer dans la clientèle (sans épithète) que de toute façon il nous faut conquérir. »

C'est ainsi encore que l'abbé Gayraud, missionnaire apostolique, déclare qu'il faut prêcher quelquefois en dehors des églises; et nous arrivons à ce curieux désordre que dans l'intérieur des églises on parle politique, et que l'on prêche en dehors des églises. (*Très bien! à gauche*).

Je dois insister, messieurs, sur ces prêtres qui sont comme je le disais tout à l'heure, en marge du clergé diocésain et du clergé paroissial.

Vous connaissez, depuis l'interpellation sur le sanatorium d'Aubrac, l'abbé Garnier. L'abbé Garnier, c'est le directeur du *Peuple français* et le fondateur de l'Union nationale sur laquelle j'aurai quelques renseignements à vous donner tout à l'heure.

Nous avons à côté de lui l'abbé Naudet, qui est directeur de la *Justice sociale*.

Nous avons le révérend père Bailly, qui est à Paris le directeur de la *Croix*. On l'appelle la *Croix* mère, parce qu'elle a de très nombreux enfants qui pullulent dans nos départements.

M. RANC. — C'est celui qu'on appelle « le Moine ». (*Sourires*).

M. MAXIME LECOMTE. — Il s'appelle « le Moine », d'après l'indication que nous donne mon honorable ami M. Ranc.

M. RANC. — C'est l'*Union* et la *Gazette de France* qui l'appellent ainsi.

M. MAXIME LECOMTE. — Eh bien, ce clergé que je viens de définir, et dont je viens de montrer les principaux piliers, s'impose au clergé ordinaire, non seulement au petit clergé, mais même au haut clergé, de sorte que vous voyez, au congrès de Reims, S. Em. le cardinal Langénieux, qui est président d'honneur; vous y trouvez Mgr Peschenard, vicaire général, qui est devenu depuis recteur de l'institut catholique de Paris; Mgr Amédée Cure, ancien aumônier de Mgr le comte de Chambord, et beaucoup d'autres monseigneurs.

Vous êtes renseigné, n'est-ce pas, monsieur le ministre, sur ce qui s'est passé, dit et fait au congrès de Reims; vous savez encore ce qui s'est dit et fait au congrès de Lyon, qui avait exactement le même esprit et dont l'âme a été l'abbé Garnier que nous connaissons si bien.

L'abbé Garnier, je le disais tout à l'heure, est le fondateur et la cheville ouvrière de l'Union nationale. Qu'est-ce que l'Union nationale? C'est une vaste association qui se répand dans tout le pays et qui a remporté quelque succès — M. le ministre de l'Intérieur doit le savoir — sur le terrain électoral, particulièrement sur le terrain des élections municipales.

Elle présente, comme je le disais tout à l'heure, ce mélange, odieux à mes yeux, du sacré et du profane.

Dans l'Union nationale, il y a la partie religieuse et la partie politique.

Dans la partie religieuse, il y a des associations pseudo-religieuses : Notre-Dame-de-l'Usine ; Notre-Dame-des-Champs ; Notre-Dame-du-Travail.

Mais il y a la partie politique qui nous est révélée par le rapport lu au congrès ecclésiastique de Reims. Je vois, en propres termes, dans ce rapport, et en notes marginales, en « rubriques » pour employer l'expression consacrée « caractère politique, politique, organisation, programme ». Cela a assez d'importance pour que je le place sous les yeux du Sénat; c'est le rapport même de l'abbé Garnier.

« Mais l'Union nationale a surtout un caractère politique et électoral ; elle ne se contente pas du bien fait en particulier et dans les différents pays : elle cherche en plus à réunir en faisceaux tous ses moyens d'action pour en tirer une conclusion pratique qui sera le triomphe de la France chrétienne. Nos plus vaillants efforts demeurent stériles faute de cohésion et d'entente ; nous mourons de nos divisions : il y a dans l'œuvre de l'Union nationale une idée féconde pour le groupement et l'union de tous les hommes de cœur.

« Le siège de l'Union nationale est à Paris, 1, rue Feydeau. Un comité central dirige les nombreux rouages de cette œuvre immense qui bientôt aura des représentants dans les communes les plus reculées. A l'heure actuelle, la formation de comités par départements, par

arrondiessments, par cantons et par communes se poursuit activement avec les meilleures chances de succès.

« La région de l'Est surtout fait merveille, grâce au
dévouement et à l'activité de nos amis de Lyon.

« Aux comités d'hommes sont joints de nombreux
comités de jeunes gens, de dames et de jeunes filles,
chargés de promouvoir surtout l'étude de la discussion
des questions sociales et l'éclosion des associations cha-
ritables et économiques qui s'y rattachent.

« L'Union nationale appelle tous les concours; elle
les utilise sur tous les terrains en vue du bien général.
Le concours du clergé est, de tous, le plus précieux.

« Son programme est absolument celui des deux encycliques politique et sociale du souverain pontife. »

M. LE COMTE DE MAILLÉ. — C'est la liberté!

M. LE PROVOST DE LAUNAY. — C'est, d'ailleurs, absolument théorique, vous le savez bien. Ces gens-là ne
disposent pas d'une circonscription en France.

M. MAXIME LECOMTE. — Oh! non, ce n'est pas absolument théorique et je pourrais vous donner des exemples d'application.

M. BUFFET. — C'est un droit.

M. MAXIME LECOMTE. — C'est un droit, dites-vous?
Nous avons discuté ces questions, et je n'y reviens pas.

Je voulais vous montrer l'influence du clergé extrapa-
roissial sur le clergé ordinaire qui, par suite de ces agissements qu'on a eu le tort de permettre, est complétement
dévoyé; il a perdu de vue l'esprit concordataire, il combat les lois de la République. Contrairement aux principes proclamés par M. Waldeck-Rousseau en 1881; il
recueille des fonds au profit des écoles congréganistes;
fonde des comités, des syndicats sociaux et économiques;
— je fais appel ici à l'expérience personnelle de mes collègues — il crée des syndicats qui, sous prétexte d'ac-
quisition de denrées, d'engrais même, mêlent singulié-
rement l'économie sociale et politique à la religion et à
la politique électorale. (Applaudissements sur quelques bancs à gauche).

M. LE PROVOST DE LAUNAY. — Il va vous lire et il
sera converti.

M. MAXIME LECOMTE. — De sorte que nous voyons le
clergé agir dans le sens que je viens d'indiquer en chaire,
au catéchisme, c'est-à-dire dans les fonctions de son ministère sacré ; il recrute ainsi des lecteurs pour le journal
dont le curé ou le vicaire est ou le rédacteur ou le correspondant ; il organise des comités électoraux dont le
curé ou le vicaire est soit le président, soit le membre.
On en est arrivé à ceci, que dans les pays où ils sont en
majorité, n'ayant pas de contre-poids, ils peuvent priver
du pain et du sel, comme on disait dans l'antiquité.
La privation de toute relation et même de subsistance
est la contre-partie et le complément du refus de sa-
crements qui vous était indiqué hier. (*Réclamations à
droite.*)

Au point de vue de la prédication, je demande au
Sénat la permission de placer sous ses yeux un document que je trouve dans le compte rendu du congrès de
Reims et qui enseigne de quelle façon on doit se servir
de la chaire pour un but électoral et politique :

« Prédication plus en rapport avec les besoins actuels :
prêcher la vérité intégrale, expliquer les encycliques,
question de l'école du devoir électoral. » C'est ce qui
était dévolu à l'examen de la 4e commission. « Les hôpitaux, les aumôniers, les sœurs de charité... » — à propos
de l'extrême-onction — « ... le service militaire des
prêtres... » — à propos de l'ordre — « ... mariage civil,
devoir conjugal, relativement à la nativité... » — à propos du mariage.

« N'oublions pas qu'il y a 36,000 paroisses, donc
36,000 curés, plus les vicaires : environ 40,000 prêtres
bien organisés, ils arriveraient à arracher la France au
joug honteux de la secte judéo-maçonnique. »

C'est la République qui est ainsi qualifiée. On dit,
messieurs, que la République est puissante, qu'elle est
désormais indestructible ! Sur le rivage de Lilliput, Gul-
liver endormi était encore un géant, mais, à son réveil,
il s'est senti enlacé dans un réseau de petits cordages,
de petites ficelles, et il a été livré sans défense aux petits hommes de Lilliput. — *Sourires. — Très bien !
très bien ! à gauche.*) Nous aussi, nous sommes enlacés

dans un réseau dont vous connaissez du reste les différents... cordages.

M. BUFFET. — Alors, vous êtes les géants et nous sommes les Lilliputiens? (*Rires à droite.*)

M. MAXIME LECOMTE. — C'est ce que je voulais dire; mais il ne faut pas que nous laissions pulluler les Lilliputiens, parce que le géant resterait enchaîné.

M. LE PROVOST DE LAUNAY. — Vous n'êtes pas modeste!

M. LE COMTE DE MAILLÉ. — Vous ne faites pas un beau portrait de la liberté!

M. MAXIME LECOMTE. — J'ai parlé de la liberté, mon cher collègue, au début de mes observations; je n'y reviens pas. Peut-être en dirai-je encore un mot à la fin, mais en ce moment, je cherche à conclure et je vais m'adresser au Gouvernement.

Les empiètements dont nous nous plaignons, monsieur Buffet...

M. LUCIEN BRUN. — N'a-t-on plus le droit de se préparer aux élections?

M. MAXIME LECOMTE. — Je vous engage à vous y préparer, comme parti politique, mais engagez donc le clergé à ne pas faire cause commune avec vous; parce qu'alors il fait dévier la religion du rôle qui lui appartient. (*Vifs applaudissements sur un certain nombre de bancs à gauche.*)

M. LUCIEN BRUN. — Le clergé fait cause commune avec les catholiques; il est assez naturel de le trouver de leur côté! Il ne peut pourtant pas faire élire des francs-maçons?

M. LE PRÉSIDENT. — Monsieur Lucien Brun, veuillez cesser, je vous prie, vos interruptions.

M. MAXIME LECOMTE. — Oh! je sais, monsieur Lucien Brun, que je ne vous convertirai pas!

Mais je m'adresse maintenant au Gouvernement.

Je dis que les empiètements dont nous nous plaignons consistent tout d'abord en l'embrigadement du clergé dans un parti politique.

Je me plains que le petit clergé reçoive des directions

qui ne sont même pas celles de ses supérieurs ecclésiastiques.

Je dis qu'il y a désordre dans tous les degrés de la hiérarchie.

Un sénateur à gauche. — Très bien.

M. MAXIME LECOMTE. — Le prêtre a la chaire, il a
l'église, il a le confessionnal; — je ne veux pas m'appe-
santir sur tous ces points que M. Joseph Fabre a admirablement traités hier — cela ne lui suffit pas. Nous avons
les preuves les plus certaines et le Gouvernement les a
plus complètes que nous, de l'action du clergé, par sa
presse et par ses comités électoraux.

Je demande alors au Gouvernement ce qu'il a fait et
ce qu'il doit faire ?

Je sais bien que le Gouvernement, dans ces derniers
temps surtout, a pris des mesures ; il a ou il va frapper
disciplinairement un officier supérieur qui s'est un peu
trop engagé dans la propagande cléricale dans l'armée.

Dans la même ville, il a ou il va faire fermer la cha-
pelle des jésuites.

Dernièrement, il a suspendu le traitement d'un curé
qui n'avait pas respecté suffisamment les lois scolaires.

M. LE PROVOST DE LAUNAY. — Ce sont de beaux états
de services !

M. MAXIME LECOMTE. — Hier, répondant à M. Joseph
Fabre, M. le garde des Sceaux a indiqué que des suppressions de traitement avaient été opérées depuis un certain temps et que même un évêque avait été frappé
d'appel comme d'abus.

M. HALGAM. — Il s'est fait un honneur d'actes de persécution !

M. MAXIME LECOMTE. — Il a été dit de ce côté (*la
droite*) qu'il se faisait un honneur d'actes de persécution ? ...

M. MAXIME LECOMTE. — Les martyrs que vous faites,
d'abord se portent très bien (*Sourires à gauche*), et
ensuite ils profitent et ils se font gloire des mesures dont
vous les frappez. Ils s'en font gloire, tout le monde le
sait, et ils en profitent, puisque les fidèles ou certains
syndicats se mettent en mesure de doubler, de tripler et

même plus les traitements dont ils sont momentanément privés.

M. LE MARQUIS DE CARNÉ. — Vous voudriez qu'on les laissât mourir de faim, probablement?

M. MAXIME LECOMTE. — Ne croyez pas que j'aie des desseins si noirs!

M. LE PROVOST DE LAUNAY. — Ce serait de l'ingratitude de votre part, car on dit que vous avez été élevé par les jésuites!

M. MAXIME LECOMTE. — Non, je n'ai pas été élevé par les jésuites, c'est une erreur; mais cela ne change rien à la question : Voltaire aussi, mon cher collègue, a été élevé par les jésuites.

J'avertis M. le garde des Sceaux, qui le sait peut-être mieux que moi, que, sur le terrain des suppressions de traitement, il se trouve en présence d'un nouveau syndicat qui s'appelle « le denier des curés » et, dans la *Croix*, on ajoute — et cela va plaire aux collègues qui m'interrompent — que cette œuvre devrait s'appeler « le denier des curés... volés ». (*Exclamations à gauche*)

J'arrive donc à poser au Gouvernement un certain nombre de questions. Je lui demande pourquoi il a laissé faire les congrès ecclésiastiques de Reims et de Lyon? Pourquoi laisse-t-il faire les congrès de la *Croix*? C'est absolument contraire à la politique du Concordat, à la lettre et à l'esprit du pacte qui existe entre l'Eglise et l'Etat.

Deuxième question : Pourquoi tolérez-vous cette vaste association que vous ne devez pas connaître, l'Union nationale?

Est-ce qu'il n'y a pas eu la dissolution de la Ligue des patriotes? Est-ce qu'on n'a pas frappé législativement l'Internationale, et nous nous trouvons ici en face de ce qu'on peut appeler l'Internationale noire. (*Très bien! très bien! à gauche.*)

M. LOUIS BARTHOU, *ministre de l'Intérieur.* — Est-ce qu'elle date de nous?

M. LE GARDE DES SCEAUX. — Quel est le texte de loi à appliquer? Pour les congrès de Lyon et de Reims, où il n'y avait que des laïques, des prêtres libres et des moines, ce qu'on appelle des réguliers, quel texte eussiez-vous appliqué si vous eussiez été le Gouvernement ? (*Rires approbatifs à droite.*)

M. MAXIME LECOMTE. — Je vois que M. le garde des sceaux me répond avant que je n'aie terminé.

M. LE GARDE DES SCEAUX. — Vous posez des questions, j'y réponds.

M. MAXIME LECOMTE. — Si vous voulez me répondre question par question, je suis tout à votre disposition. Je dis que vous avez un texte législatif : ce sont les lois concordataires, notamment celle du 18 germinal an X. Elles existent toujours ; vous ne pouvez tolérer de la part du clergé...

M. LE GARDE DES SCEAUX. — Vous avez dit qu'il s'agissait d'un clergé en marge du Concordat. (*Exclamations sur quelques bancs à gauche.*)

M. MAXIME LECOMTE. — Je vais répondre en droit et en fait.

En droit, vous avez un texte : il ne peut y avoir aucune assemblée délibérante de clercs sans l'autorisation de l'Etat. Voilà la loi. En fait c'est une erreur absolue et je vous le montrerai dans un instant, si vous voulez me permettre d'aller chercher et de vous remettre le compte rendu du congrès de Reims. Du reste, vous pouvez le trouver, 28, rue Lhomond, chez M. l'abbé Lemire.

Dans ce congrès, il n'y avait pas seulement le clergé régulier, sur lequel vous avez action, monsieur le ministre, directement et indirectement ; mais il y avait aussi le clergé séculier de tous les degrés de la hiérarchie. A l'une des séances, Mgr Langénieux, archevêque de Reims, venait présider en personne ; les trois vicaires généraux de Reims faisaient partie du congrès, notamment Mgr Peschard. Voilà ma réponse en fait.

J'arrive à ma troisième question et c'est la plus pratique. Pourquoi n'exigez-vous pas des évêques, — car c'est leur rôle et leur devoir, — de faire rentrer dans l'ordre et le clergé diocésain et les missionnaires, plus ou moins apostoliques ? Si vous ne jugez pas avoir des armes suffisantes, demandez-nous-en. Je suis persuadé que le Sénat ne vous les refusera pas. (*Applaudisse-ments sur divers bancs à gauche.*)

M. BUFFET. — En un mot, c'est la suppression des libertés publiques.

M. MAXIME LECOMTE. — C'est entendu, monsieur Buffet, puisque vous n'avez pas voulu me comprendre.

Il me reste une crainte à l'égard du Gouvernement, c'est qu'il n'ait pas la grâce d'état, c'est-à-dire la volonté ferme, constante et énergique d'être ce qu'il faut être à l'égard du clergé à l'heure actuelle : un pouvoir fort. (*Approbation sur les mêmes bancs.*)

M. DE LAMARZELLE. — A poigne !

M. MAXIME LECOMTE. — Voulez-vous des exemples ? Tenez : je ne l'ai pas entendu, car je n'y suis pas allé, mais il est un prêtre étranger qui, il y a quelques années, à Paris même, a causé un très grand scandale, et ce prêtre a encore prêché le carême à Saint-Germain-des-Prés. Je dis que c'est là un acte de faiblesse.

Un autre exemple a trait à un archevêque qui a été frappé comme d'abus et qui, je crois être bien informé, va recevoir dans quelque temps la pourpre cardinalice le chef de l'Etat lui remettra la barrette. Je dis que c'est encore un acte de faiblesse !

L'Etat républicain est libéral, quoi que vous en pensiez... (*Très bien ! sur quelques bancs à gauche. — Exclamations à droite.*)

M. LE COMTE DE MAILLÉ. — Vous le prouvez bien.

M. MAXIME LECOMTE... et il doit continuer à être libéral ; son principe est « liberté », comme le vôtre est « autorité », et on n'ignore pas que, quand vous êtes au pouvoir, vous savez pousser votre principe jusqu'au bout. (*Applaudissements*).

Le régime républicain doit faire respecter non seulement ses institutions, mais aussi toutes ses lois.

M. LE COMTE DE MAILLÉ. — Et ses passions !

M. MAXIME LECOMTE. — Il doit défendre son indépendance, et sous la République comme sous n'importe quelle forme de gouvernement, il est toujours vrai de dire avec les gallicans que l'Eglise est dans l'Etat et non pas l'État dans l'Église. (*Nouveaux applaudissements à gauche.*)

Maintenant, si vous voulez, pour vous être agréable, je continuerai en vous disant que ce qui convient le moins à l'État républicain, c'est le régime des concessions à perpétuité. (*Rires.*) Nous n'en voulons pas; et, répondant au discours de l'honorable M. de Blois, qui se présentait hier, dans un langage très élevé et très patriotique, à cette tribune, comme un pacificateur, je lui dis : Oui, vous pouvez jouer un rôle très utile comme pacificateur. Je vous engage fortement à dire à vos amis du clergé qu'ils sont dévoyés et qu'ils doivent rentrer dans l'ordre républicain. (*Vive approbation.*)

M. de Blois invoquait la parole du divin Maître : « Rendez à César ce qui appartient à César et à Dieu ce qui appartient à Dieu. »

Nous sommes complètement d'accord. Mais César, ce n'est pas un souverain, ce n'est pas telle ou telle forme de gouvernement; César, c'est la société civile, c'est l'État; César, c'était Napoléon; César, c'est la République. (*Vifs applaudissements. — L'orateur, revenant à son banc, est félicité par ses amis.*)

LISTE ALPHABÉTIQUE DES NOMS

cités dans l'ouvrage

35

G

H

TABLE DES MATIÈRES

CHAPITRE VI
La Politique pontificale

CHAPITRE VII
Le Panama

CHAPITRE VIII
L'Esprit nouveau

CHAPITRE IX
Les Interpellations

CHAPITRE X

L'Organisation cléricale

IMP. CH. LÉPICE, 8-10, RUE DES CÔTES, MAISONS-LAFFITTE.

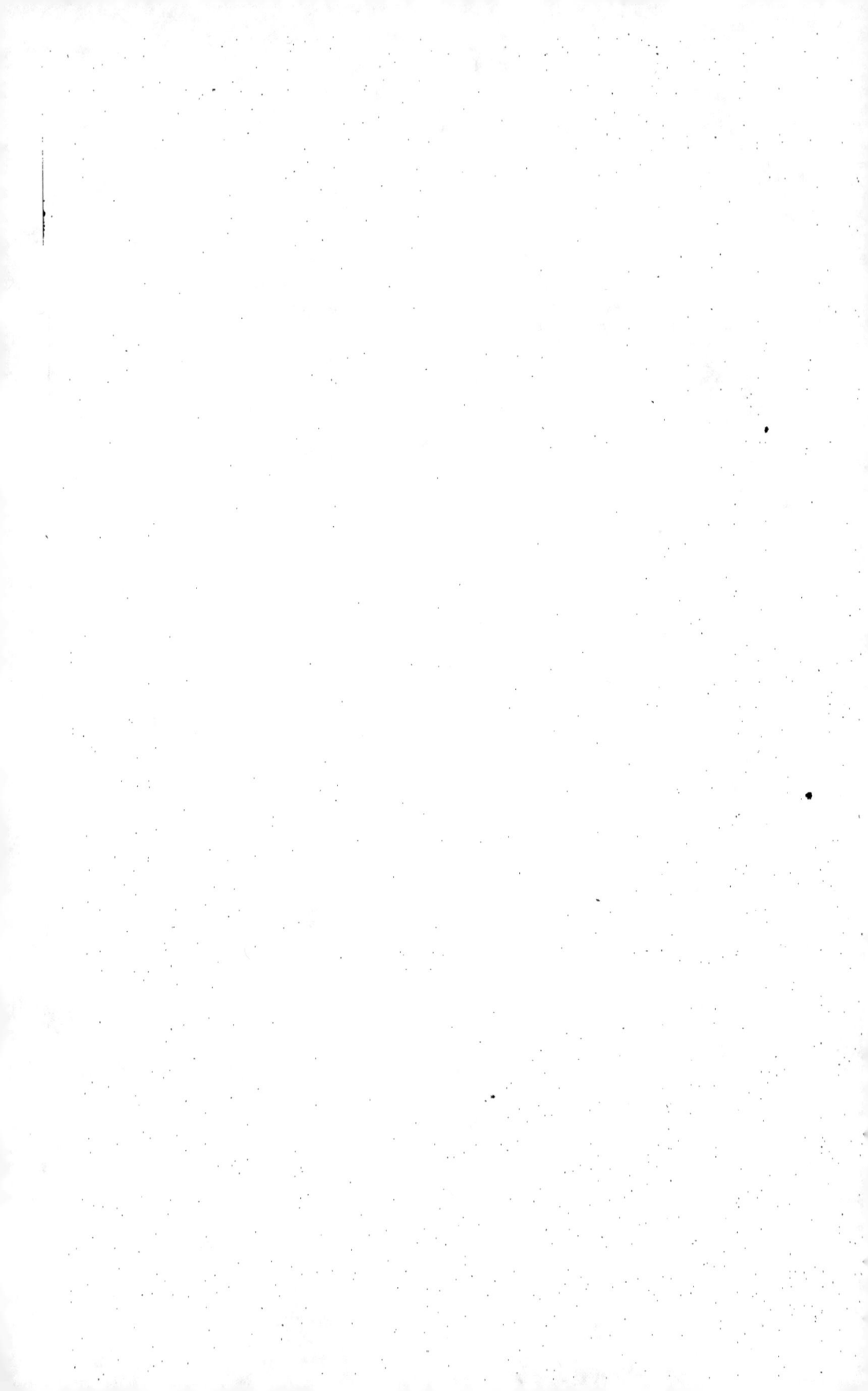